古籍保护研究

第十辑

《古籍保护研究》编委会 编

中原出版传媒集团
中原传媒股份公司
大象出版社
·郑州·

图书在版编目(CIP)数据

古籍保护研究. 第十辑 /《古籍保护研究》编委会编. — 郑州：大象出版社，2023.3
ISBN 978-7-5711-1790-0

Ⅰ. ①古… Ⅱ. ①古… Ⅲ. ①古籍-图书保护-中国-文集 Ⅳ. ①G253.6-53

中国国家版本馆 CIP 数据核字(2023)第 055843 号

古籍保护研究（第十辑）
GUJI BAOHU YANJIU(DI-SHI JI)
《古籍保护研究》编委会　编

出 版 人	汪林中
责任编辑	吴韶明
责任校对	牛志远　安德华
装帧设计	付锞锞

出版发行	大象出版社（郑州市郑东新区祥盛街 27 号　邮政编码 450016）
	发行科　0371-63863551　总编室　0371-65597936
网　　址	www.daxiang.cn
印　　刷	郑州新海岸电脑彩色制印有限公司
经　　销	各地新华书店经销
开　　本	787 mm×1092 mm　1/16
印　　张	13.75
字　　数	236 千字
版　　次	2023 年 3 月第 1 版　2023 年 3 月第 1 次印刷
定　　价	75.00 元

若发现印、装质量问题，影响阅读，请与承印厂联系调换。
印厂地址　郑州市鼎尚街 15 号
邮政编码　450002　　　　电话　0371-67358093

国家古籍保护中心主办
天津师范大学古籍保护研究院承办

编辑委员会

顾　　　　问：杨玉良　李致忠　刘惠平　安平秋
　　　　　　　高玉葆　顾　青　史金波　王余光
　　　　　　　程焕文　郑杰文　李　培　王刘纯
　　　　　　　沈　津　艾思仁(美)
主　　　　编：熊远明　钟英华
常 务 副 主 编：张志清　姚伯岳
副　　主　　编：李国庆　苏品红
编　　　　委：陈红彦　王红蕾　杜伟生　接　励
　　　　　　　顾　钢　黄显功　杨光辉　林　明
　　　　　　　刘家真　孔庆茂　陈　立　刘　强
　　　　　　　朱本军　吴晓云　刘心明　韦　力
编 辑 部 主 任：王振良
编辑部副主任：周余姣　赵文友
编　　　　辑：强　华　胡艳杰　李华伟　凌一鸣
　　　　　　　王骜嘉　王希罗　彧　付　莉
　　　　　　　宋家梅
编　　　　务：廖　雪

目 录

古籍保护综述

云南省藏文古籍保护工作调研报告 ……………………… 计思诚　张云湘　001

普查与编目

善本家谱序跋与出版年考订 ………………………………………… 鲍国强　011
"四书五经"书目关系的 FRBR 应用研究………… 金正贤撰　董桂存编译　038
书画文献在四部分类体系中的部类演变
　　——兼谈书画史传著作的归类问题 ……………………………… 张　磊　054

修复与装潢

四川大学图书馆藏三册清人手迹文献的修复 ………… 张黎俐　许卫红　066
《退想斋日记》修复保护述略 ……………………………………… 邢雅梅　081
桐城派珍稀古籍修复研究二则 …………………………………… 臧春华　094
试论古籍修复的"上门服务" ……………………………………… 徐晓静　105

再生与传播

《两浙藏书志辑刊》前言 …………………………………………… 陈东辉　113

人才培养

图书馆学本科专业古籍修复课程建设的探索与实践
——以贵州民族大学为例 ………………………………… 唐 亚 123

史事与人物

1923年中国对日本东京大学捐赠古籍活动考
——以日本外务省赈灾档案为线索 …………………………… 潘 超 134

名家谈古籍

宋代的出版管理与宋人的版权意识 ………………………… 李致忠 144

版本与鉴赏

钱谦益《重编义勇武安王集》稿本考论 ………… 裴振濮 秦帮兴 154
《张皋文笺易诠全集》考略 ……………… 周余姣 汪明杰 杨效雷 166
马叙伦藏书题跋补录 ……………………………………… 杨 健 177

书评与书话

吴文津的古籍书缘
——兼评《书剑万里缘：吴文津雷颂平合传》 …………… 凌一鸣 184

研究生论坛

中美两版《国会图书馆藏中国善本书录》的分类与体例研究
…………………………………………………… 王子怡 王泽丰 191

编后记 ……………………………………………………… 王振良 204

CONTENTS

1. An Investigation Report on the Conservation of Ancient Tibetan Books in Yunnan Province .... Ji Sicheng, Zhang Yunxiang 001

2. A Textual Research on the Relevance of the Preface and Postscript to the Publication Year of Rare Genealogy Books .... Bao Guoqiang 011

3. A Study on the Adoption of the FRBR According to the Bibliographic Relationships of "Five Classics and Four Books" ....
.... Kim Jeong-Hyen, trans. by Dong Guicun 038

4. The Development of Categorization of the Calligraphic and Painting Documents in the Four-part Categorization System: And a Discussion of the Classification of Biographical Works of Calligraphy and Painting .... Zhang Lei 054

5. A Restoration Report of Three Qing Manuscripts in Sichuan University Library
.... Zhang Lili, Xu Weihong 066

6. A Brief Introduction of the Restoration and Conservation of the *Tuixiangzhai Diary*
.... Xing Yamei 081

7. Two Notes on the Restoration of Two Rare Books of the Tongcheng School
.... Zang Chunhua 094

8. A Preliminary Remark on the "On-site Service" of Ancient Books Restoration .... Xu Xiaojing 105

9. Preface to *A Collection of the Bibliographies of Ancient Books in Liangzhe* .... Chen Donghui 113

10. Exploration and Practice of the Course Construction of Ancient Books Restoration for Undergraduates Majoring in Library Science: Taking Guizhou Minzu University as an Example .... Tang Ya 123

11. A Research on China's Donation of Ancient Books to Tokyo University in 1923: Based on the Disaster-relief Archives from the Japanese Ministry of Foreign Affairs .... Pan Chao 134

12. The Publication Management and the People's Sense of Copyrights in the Song Dynasty .... Li Zhizhong 144

13. A Study of Qian Qianyi's Manuscript of *A New Edition of Collected Works on Yiyong Wuanwang* .... Pei Zhenpu, Qin Bangxing 154

14. A Study on the *Zhang Gaowen Jian Yi Quan Quanji* .... Zhou Yujiao, Wang Mingjie, Yang Xiaolei 166

15. A Supplement of the Postscripts in the Books Collected by Ma Xulun .... Yang Jian 177

16. Eugene W. Wu and his Devotion to Chinese Rare Books: A Review of *A Lifelong Romance Rooted in Books and the Sword : A Joint Biography of Eugene and Nadine Wu* .... Ling Yiming 184

17. A Study on the Classification and Style of the Chinese and American Versions of *A Descriptive Catalog of Rare Chinese Books in the Library of Congress* .... Wang Ziyi, Wang Zefeng 191

古籍保护综述

云南省藏文古籍保护工作调研报告*

An Investigation Report on the Conservation of Ancient Tibetan Books in Yunnan Province

计思诚　张云湘

摘　要：据统计，云南省藏文古籍约17000多册（件），云南省委省政府、云南省文化和旅游厅等机构对藏文古籍保护工作高度重视。为更好地开展保护工作，云南省图书馆相关工作人员于2020年5月对迪庆藏族自治州藏文古籍公藏单位进行了全面调研。调研通过实地调研与调查问卷相结合的方式，从藏文古籍保护现状、藏文古籍修复成果和古籍保护宣传推广情况、完成课题项目及出版成果几方面，较为全面地掌握了保护工作的情况，为下一步开展云南省藏文古籍保护工作打下了坚实基础。

关键词：藏文古籍；古籍保护；少数民族文字古籍

据统计，云南省少数民族文字古籍达10万余册卷，其中藏文古籍约17000多册（件）。藏文古籍内容涵盖佛典、佛典注疏、历史、文学、医药、哲学、艺术、星相、历算等方面，形式特殊，装帧别具一格。开展藏文古籍普查和保护是"中华古籍保护计划"的重要组成部分。根据2019年文化和旅游部等八部委关于加强藏文古籍保护工作的文件精神、云南省委省政府主要领导对我省古籍保护工作的重要指示批示精神，云南省文化和旅游厅拟牵头制定云南省藏文古籍保护工作方案，对藏文古籍保护工作的总体思路、基本原则、工作机制和总体目标等提出具

---

* 本文系国家社会科学基金重大项目"古籍保护学科建设与基础理论研究"（项目编号：19ZDA343）研究成果之一。

体措施,旨在从 2020 年起到 2025 年,全面推动全省藏文古籍保护工作。

为了解云南省涉藏州县开展藏文古籍保护工作情况,听取涉藏州县古籍保护工作的意见,进一步开展藏文古籍保护工作,本文对笔者在云南省迪庆藏族自治州开展的调研和考察情况进行梳理,总结云南省涉藏州县开展藏文古籍保护工作现状,并就此提出今后工作的具体思路,旨在为云南省藏文古籍保护工作的长远规划提供参考。

一、调研情况

在调研组出发之前,笔者就云南省公藏机构的藏文古籍收藏情况进行了电话和微信摸查。在对云南省图书馆、云南少数民族整理出版规划办公室、云南大学图书馆、云南师范大学图书馆、昆明理工大学图书馆、云南省社科院图书馆、丽江东巴文化研究院、丽江市博物院、大理州图书馆、大理州博物馆等 10 家单位进行调查后得知,只有云南省社科院图书馆有藏文古籍 28 册加 753 页,其他都没有藏文古籍,云南省的绝大部分藏文古籍都在迪庆州内。

2020 年 5 月 20 日至 24 日,云南省文化和旅游厅、云南省图书馆组织了 7 人的调研组,到迪庆州的香格里拉、德钦、维西三县对藏文古籍的保护情况进行实地调研。

5 月 21 日,调研组一行到达迪庆州图书馆并召开座谈会。迪庆州民宗委、文旅局、档案局、藏学研究院、文化馆、博物馆、图书馆等单位的负责人与藏学专家参加座谈。调研组认真听取了迪庆州藏文古籍保护工作的开展现状、存在的问题和困难,特别是与会各单位领导及专家的宝贵意见和建议。调研组还现场调研了迪庆州图书馆古籍收藏保护情况,发放了藏文古籍调查问卷表。

5 月 22 日,调研组深入到迪庆州德钦县,实地参观了德钦县奔子兰镇文化站、云上乡愁书院农家书屋、奔子兰锅庄传习中心。

在德钦县图书馆,调研组召开了调研座谈会,德钦县文化和旅游局、文联、文物管理所、文化馆、博物馆等单位的领导及古籍普查志愿者等参加。会上,调研组认真听取了德钦县藏文古籍保护、总分馆建设、数字图书馆建设等相关情况介绍,并重点听取了关于德钦县图书馆 800 多册西文古籍保护工作的进展和现状,为下一步保护工作的开展提供了重要的工作思路。

5 月 23 日,调研组沿路对德钦县燕门乡、茨中村,维西县巴迪乡、叶枝镇、康普乡等文化站和图书室进行调研考察,并于 5 月 24 日来到维西县图书馆进行调研,重点听取了维西县藏文古籍保护工作、地方文献工作、少儿阅读、读者服务工作的情况汇报。

通过此次调研,调研组较为全面地掌握了迪庆州藏文古籍的保护工作情况,特别是藏文古籍收藏、保护、修复、数字化等方面的具体做法、成果和存在问题,并详细了解了相关县、乡、镇的公共文化服务情况,为下一步更好地开展云南省藏文古籍保护工作打下了坚实的基础。

二、云南省迪庆州藏文古籍保护现状调查

迪庆州是云南省唯一的藏族自治州和全国十个藏族自治州之一,也是全国涉藏州县中民族成分最多的自治州之一。辖区内有一个民族自治县和3个民族乡,少数民族人口占总人口的89.08%,藏、傈僳、纳西、白、彝、回、普米、苗等25个少数民族和汉族兄弟姐妹和睦相处,形成了以藏文化为主的多民族、多宗教、多元和谐的迪庆特色文化。

迪庆州处于滇、川、藏三省区接合部,滇、川、藏、青、甘"中国民族走廊"南部,同时处于茶马古道的要冲,中国南方民族与北方民族在迪庆州区域内相融交流,多种民族文化在这里交相辉映,各民族遗留和传承着藏文、东巴文、彝文、傈僳文、马里马撒文等多民族文字文献。因此,与全国多民族地区相比,迪庆州更具备实施民族古籍文献保护、抢救和研究项目的得天独厚的人文地理环境。

截至调研时,迪庆州的几家主要公藏单位藏文古籍收藏情况为藏文古籍2046册加2285页,另有西文古籍841册、傈僳族古籍1套(参看表1),已修复藏文古籍2565页,建设有1个省级修复中心,各级各项经费投入共72.22万元。其中,2018年国家古籍保护中心投入12万元用于举办藏文古籍展览;2021年由国家图书馆推荐北京苹果基金会投入18.22万元,由云南省图书馆负责实施"纳格拉洞藏经装具、藏书柜配置及数字化项目";2020年、2021年云南省图书馆共投入42万元开展"德钦县图书馆特藏古籍数字资源库"建设。

表1 迪庆州藏文古籍收藏情况初步统计

收藏机构	数量	备注
迪庆州藏学研究院	2000册	院藏文化研究室一直开展藏文古籍收集保护与整理工作
迪庆州档案馆	无收藏	
迪庆州博物馆	3册	
迪庆州图书馆	2285页	以"纳格拉洞藏经"藏文古籍为主

(续表)

收藏机构	数量	备注
德钦县图书馆	藏文古籍43册,西文古籍841册	主要来源为茨中教堂遗留文物,其中有43册藏文版国外名著,包括藏文版《圣经》、藏文注解的天主教书籍等
维西县图书馆	傈僳族古籍1套	由于当时不具备收藏条件,于2013年移交维西县档案馆保存,现馆内无任何古籍资料
寺庙	待普查	经书、占卜、工具书等
个人	待普查	民间私人收藏
其他公藏机构	无收藏	根据目前的调查情况,其他公藏机构没有收藏
小计	藏文古籍2046册加2285页,另有西文古籍841册,傈僳族古籍1套	

(一)迪庆州藏文古籍普查登记工作现状

迪庆州全州的藏文古籍普查工作尚未全面系统开展。目前已经开展的普查工作主要有两个方面:一是在公共图书馆系统,普查工作大多在单位内部开展,对本单位的古籍普查已基本完毕。目前比较确切的古籍主要有州图书馆"纳格拉洞藏经"和德钦县图书馆西文古籍和少量藏文古籍。二是迪庆州藏学研究院于2015年正式开始实施古籍保护和普查项目,目前已有一定的成果。

1. 迪庆州公共图书馆

由于缺乏经费,普查工作尚未全面开展,对全州古籍情况尚未掌握,底数不清晰。目前确切了解的只有州图书馆"纳格拉洞藏经"、德钦县图书馆西文古籍、维西县的傈僳族音节文字(尚未确认)古籍,而各大寺庙、私人收藏的古籍品种、数量亟待普查。购买于民间的香格里拉市三坝纳西族乡东巴文经书有几册目前在州图书馆内,是否为古籍还有待鉴定。

2. 迪庆州藏学研究院

为了系统规划和深入开展云南所存藏文古籍的普查和搜集、整理工作,加强对云南藏文古籍中文献类、碑石类、历史档案类与反映藏族文化的唐卡、谕旨、诏书等文书类,以及口传文献等藏族重要史料文献的保护,迪庆州藏学研究院于2014年启动实施"云南藏文古籍收集和保护"课题中长期工作方案,成立了专门的工作机构,组建课题小组,于2015年1月正式开展实施。主要以迪庆、丽江、怒江、大理四个涉藏州县为中心,对全省各个州市相关机构进行一次深度普查,全面掌握云南省藏文古籍文献资料分布和存藏情况,甄别相关文献资料,对重要文献资料加以研究、利用和保护。根据课题计划,科研小组分别到曲靖市爨文化研究所、文山州民委古籍办、省民委古籍办、省社科院图书馆等实地调研,现已完成省内15个州市和州内24个乡镇的实地调研普查任务,基本掌握省内藏文古籍分布和存藏情况。

对于即将开展的普查工作,需要做好面对诸多困难的思想准备。专家和学者普遍认为:第一,收藏的广度和深度都很大,普查需要大量的人力物力。除了已知的藏文古籍,还有大量未知的藏文古籍散落于迪庆州各大小寺院、民间博物馆和私人手中。第二,联合机制欠缺。例如,如果需要查阅收藏于州档案馆的藏文档案,需要相关的审批手续。而且,由于可能涉及藏族人民的宗教信仰问题,对于收藏于寺庙等处的藏文经书,普查工作人员需要考虑得比较周全,也会比一般的古籍普查更有难度。第三,项目资金太少,没有固定的州级财政预算,没有享受过省级财政的资金支持。

(二)迪庆州藏文古籍存藏现状

通过此次实地调研和座谈会,调研组了解到迪庆州的古籍存藏条件有限,对古籍的保护和保存十分不利。

首先,古籍存藏缺乏专业库房,只是利用一般的开放式铁书架和普通阅览室来进行存藏。例如,迪庆州图书馆古籍书库面积仅有50平方米,为一般书库并使用开放式普通书架。德钦县图书馆古籍书库为20平方米(为专库专架),迪庆州藏学研究院古籍书库为16平方米,难以满足需求。在实地调研中调研组也看到,虽然州图书馆对于现有的库房已经重新规划,同时也对现有库存资料和新增资料进行全面整理,分库保存普通图书资料和重要古籍文献资料,但因为库房有限,无法实现图书资料库的分层、分级和分类管理。

其次,缺乏古籍保护必要的设施设备。例如没有压书机、专业书柜、恒温恒湿等古籍保护的基础设备。一些收藏有藏文古籍的机构和个人,也不具备古籍存藏的专门场所和设备。

(三)迪庆州藏文古籍人才培养现状

在调研过程中,迪庆州古籍保护人才严重缺乏是各个机构和参与座谈的各位专家都非常关注的一个问题。在调研的迪庆州藏学研究院、迪庆州博物馆、迪庆州图书馆、德钦县图书馆、维西县图书馆等5家公藏单位中,藏文古籍保护工作人员总数为17人,其中副高职称9人,本科学历16人,少数民族古籍人才10人。由此可见,工作人员缺乏研究生以上学历的人才、专业人才、有相关研究背景的专家学者等。而人才的培养和队伍的壮大、多元化,是藏文古籍保护工作非常重要的部分。

在迪庆州图书馆,2014年至2018年期间,在国家图书馆(国家古籍保护中心)、云南省图书馆(云南省古籍保护中心)的重视、关心、支持和帮助下,共开展了一期"藏文古籍修复技艺培训班"、三期"全国少数民族古籍修复技艺培训班"。这些培训都是专门针对"纳格拉洞藏经"的修复而进行的,并最终完成了2258页的修复任务,培养了一批古籍修复人才和传承人。但是在古籍保护的其他方面,基本没有开展相关的人才培养项目。

在德钦县图书馆,长期举办基础藏文培训班及《格萨尔》说唱艺术培训班。

在座谈会上,与会单位和专家的主要观点归纳如下:首先,缺乏专业的专家团队。其次,专业人才的配备也不合理,特别是缺乏精通藏汉双语,对藏文化和藏族的宗教信仰具备相关知识背景,或者有一定的研究,同时熟悉古籍保护工作的工作方法和专业知识的人才。最后,缺乏古籍保护专业的管理人员,特别是缺乏专门的古籍保护人才的人事管理编制。只有建立完善的人才管理体系,并统筹组织本地区积极开展短期培训和长期跟班学习的培训,增加汉藏文化相互的学习和交流,才能形成人才培养的长效机制。

(四)迪庆州藏文古籍数字化与数据库建设

根据调研情况,目前迪庆州古籍数字化建设尚未全面开始,有待进一步的推进。迪庆州图书馆利用北京苹果基金会支持项目,完成了4570拍"纳格拉洞藏经"的数字化工作。德钦县图书馆得到云南省图书馆数字化项目支持,2020年、2021年共完成104册49432页的古籍数字化工作。

(五)迪庆州藏文古籍修复成果和古籍保护宣传推广情况

目前,迪庆州的藏文古籍保护成果主要体现在州图书馆"纳格拉洞藏经"的修复成果方面,德钦县图书馆也在2020年开始逐步开展展览等成果展示。同时州博物馆也对古籍保护宣传推广提出了非常有可行性的构想。具体情况如下:

1. "纳格拉洞藏经"修复成果

目前,迪庆州藏文"纳格拉洞藏经"经过多次修复,已经取得了一定的成果,并已经开始策划下一步的宣传推广活动。

在国家古籍保护中心、云南省古籍保护中心的重视、支持、关心下,2014年起"纳格拉洞藏经"先后经历了五次大规模的抢救性修复,至2018年全部完成修复,快速推动了迪庆州古籍修复、保护工作,同时为迪庆州培养了一批古籍修复人员。2014年迪庆州图书馆被文化部授予"全国古籍保护工作先进单位"称号。

2016年6月,修复后的部分藏经送至国家图书馆,在"民族记忆 精神家园——国家珍贵古籍特展"上展出。2017年10月,修复的藏经在迪庆州图书馆"册府千华——云南省藏国家珍贵古籍特展"中展出。2018年9月,修复后的部分藏经送至国家图书馆典籍博物馆进行专题展出至今。藏经与纳格拉村风土人情逐渐被世人知晓,其本身蕴含的文化价值、历史价值、艺术价值及背后的故事,掀起了世人的寻访热情,已经成为推动迪庆文旅产业融合发展的有利条件。

2018年9月,国家古籍保护中心投入12万元支持的"册府千华——纳格拉洞藏经修复成果展"暨修复成果移交仪式在迪庆州图书馆举行。此后修复成果展持续展出。2019年国庆节期间,结合文化旅游周在古城月光广场举办古籍展;在"全面阅读"活动期间,到中小学校园内举办古籍展;从2020年元旦至5月,在迪庆州博物馆内持续展出。

在宣传推广方面,迪庆州图书馆通过微信公众号推出藏经修复成果线上展览;发放宣传册、宣传折页进行推广;拍摄纪录片《历史的记忆——"纳格拉洞藏经"探秘之旅》进行宣传;通过《社会主义论坛》月刊、"学习强国"平台、央视、新华网、云南卫视等媒体进行宣传推广;向州委宣传部争取资金6万元,争取出版《纳格拉洞藏经修复成果图册》。

在聚焦深度文旅融合方面,迪庆州图书馆提出"纳格拉藏经洞探秘线路开发"项目建议,积极申报云南涉藏州县"十四五"项目规划;在2020年全州"两会"期间,向大会提交《关于将香格里拉"纳格拉洞藏经"打造成迪庆州图书馆文旅融合体验区新名片的提案》。

2022年,在云南省图书馆(云南省古籍保护中心)的支持和帮助下,在迪庆州图书馆建设藏文古籍保护研究服务中心,专门设立集保护、研究、展示、服务于一体的场所。

2. 迪庆州博物馆关于藏文古籍保护的宣传推广构想

迪庆州博物馆依托公共博物馆公共教育的经验,提出许多积极的构想。例如,可以通过讲述文物背后的故事的方式,让藏文古籍文献"活起来"。充分利用公共教育的途径,以通俗和感性的方式向公众宣传和解读藏文古籍的历史文化内涵,弘扬藏文化的精神,让更多的人"看得懂"和喜欢上藏文古籍,由此去喜欢和了解藏文化。同时,可以策划和开发有意义的文创产品、影视等。更可以利用目前已有的甚至是未来会有的新技术,例如大数据、云计算、人工智能等各类创新的技术方式。

(六)迪庆州藏文古籍已完成的课题项目以及出版成果

根据此次调研结果,迪庆州藏学研究院目前已经出版有关藏文古籍研究的著作12部,参与了4项藏文古籍研究的课题,未来还计划出版10部。其他单位目前暂未有确定的课题或者其他成果。

目前迪庆州藏文古籍的课题研究和出版成果还比较欠缺。迪庆州图书馆的"纳格拉洞藏经"项目虽然已经取得了很多成绩,遗憾的是由于缺乏经费等诸多原因,还没有开展相关的整理、翻译、研究等工作。主要的成果集中在迪庆州藏学研究院的课题方面。

迪庆州藏学研究院通过现场拍摄、扫描和后期翻译、整理,独立出版和合作出版藏文古籍资料6卷,由云南省人民出版社出版。根据项目规划和年度工作计划,藏学研究院整理院藏藏文典籍《金刚亥母》《顶礼》2卷已出版。"云南藏文古籍收集和保护"课题取得了一个重要的阶段性成果。

三、调研结果分析

通过调研,调研组了解到了迪庆州藏文古籍保护的基本情况。对此,调研组进行了如下分析:

迪庆州藏文古籍保护尽管已经取得一定成绩,特别是州图书馆的古籍修复项目和藏学研究院所开展的研究和调查工作,但是在很多方面仍然处于停滞的状态。这主要体现在全州藏文古籍普查情况的不全面,专业人才的匮乏和人才培养的严重不足,加上经费有限,由此造成了没有能力对藏文古籍进行进一步的整理、编目、数字化等工作,也影响了更深一层的课题研究和整理出版等成果。对于藏文古籍的宣传和推广也有待进一步策划和开发,扩大影响力。

此外,由于迪庆州特殊的高原地理位置、多民族文化和宗教信仰背景,藏文古籍保护工作的开展更需要多方的联动协调,形成机制。特别是需要得到各级政府、机构、单位积极支持,争取专题项目,共同将云南省藏文古籍保护工作做好。

调研组也从与会单位和专家那里了解到,对于大家来说,这是有史以来藏文古籍保护最好的年代,迪庆州一定要抓住时机。建议宣传部、统战部、民宗委、文旅厅加强组织协调,形成合力,加大经费的支持力度。迪庆州应该建立一个藏文古籍保护机制,组建一个藏文古籍保护的专家团队,加强共建共享,整理出版一批有价值的藏文古籍文献。

四、云南省藏文古籍保护工作下一步的思路

（一）建立云南省藏文古籍保护的工作机制

由云南省委宣传部统筹指导，依托"云南省古籍保护工程"和云南省古籍保护工作厅际联席会议等机制，按照2022年10月印发的《云南省推进新时代古籍工作的实施方案》（云宣通〔2022〕61号）要求，由省文旅厅牵头，会同省委统战部、省教育厅、省民委、省财政厅、省文物局和省社科联等有关部门（单位），加强组织协调，各有关州市研究提出各自工作方案，各相关部门根据职责提出具体支持项目，建立云南省藏文古籍保护专家委员会，省古籍保护中心负责具体实施和项目的落地。

同时，也需要加强组织保障，在建立省级工作组织的同时，州、县级政府也积极建立起合作组织，组织协调工作，保障藏文古籍保护工作的全面开展。

（二）全面开展藏文古籍普查登记工作

藏文古籍保护工作急需扩大藏文古籍的普查面，在充分了解涉藏州县藏文古籍存藏情况的前提下，开展相应的保护工作。

重点对迪庆州全州的图书馆、博物馆、档案馆和松赞林寺、东竹林寺等寺庙，以及迪庆州藏学研究院、云南民族大学、丽江市、大理州等主要收藏机构的藏文古籍进行调查。编撰《云南省藏文古籍普查登记目录》，对收藏在我省博物馆、文管所和野外的藏文金石进行普查、传拓，形成我省藏文拓片目录和数据库，丰富我省藏文古籍文献品种。

（三）全面启动藏文古籍存藏条件改善项目

力争到2025年，能够通过古籍保护工作全面改善收藏单位的存藏条件。能够按照《图书馆古籍书库基本要求》（GB/T 30227—2013）实施专库和专架管理，建设符合国家标准的古籍寄存书库，为无存藏条件的单位和个人提供寄存服务。

（四）全面推动藏文古籍数字化与数据库建设工作

通过前文可知，迪庆州藏文古籍的数字化工作才刚刚起步，要力争到2025年能够实现藏文古籍目录数据库和藏文资源库的建设工作。特别是需要收录藏文古籍的全文图像，展现古籍原貌。

（五）扎实推进藏文古籍保护专业人才的培养工作

除了充分发挥现有人才条件，建立专家库、人才库、修复传承体系等，更需要从多角度出发，吸纳社会优秀人才和不同专业背景的志愿者，实现古籍保护人才的积累。

同时，依托条件较为成熟的云南省图书馆、云南民族大学、迪庆州藏学研究院等单位和高校建立藏文古籍保护人才培育基地。选派优秀人才到中央民族大学、西藏大学、西北民族大学、西南民族大学进行深造，定向培养一批精通藏汉双语、掌握古籍保护知识的专业人才，完善藏文古籍保护人才体系，为全省和全国培养30名以上的藏文古籍修复师。

（六）逐步开展藏文古籍整理出版项目

由省委宣传部协调领导，对藏文古籍的整理和出版工作做出安排，鼓励相关出版社与古籍保护研究机构沟通，实施一批藏文古籍普查和影印出版项目，形成系列出版成果。例如，迪庆州图书馆已完成"纳格拉洞藏经"藏文古籍修复项目和数字化工作，积极参与《中国少数民族古籍总目提要——藏族卷》《中华大典——藏文卷》两个国家级编撰出版项目，从而使藏文古籍得到再生性保护。

（七）大力开展藏文古籍保护成果宣传推广工作

利用数字化、网络化、信息化等新技术手段，开展藏文古籍保护成果宣传推广。通过展览、讲座、影视等不同方式，向社会宣传保护成果，推动优秀传统文化的传承。

建设云南典籍博物馆。为深入贯彻落实习近平总书记"让书写在古籍里的文字活起来""图书馆是国家文化发展水平的重要标志，是滋养民族心灵、培育文化自信的重要场所"的重要指示，落实省委领导对云南省古籍保护工作的重要批示，在省文旅厅、省财政厅的关心和支持下，云南省图书馆正在馆内建设云南典籍博物馆。云南典籍博物馆将通过常设展及各种专题展，以图片、文字、实物、影像和网上展览等多种媒介和展示手段，勾勒中国典籍的发展轨迹，反映典籍在中国和云南思想文化史上的贡献与地位。藏文古籍作为云南少数民族古籍的重要组成部分，将作为重要藏品进行展陈。2022年7月15日，云南典籍博物馆正式开馆对外服务。

将保护成果进行长期的展览和宣传。在扎实做好古籍、民国文献、民族宗教文献、革命文献、非物质文化遗产精品文献、民间文献等具有文化历史传承价值和代表地域文化特色的文献征集工作过程中，重点做好藏文古籍文献的征集工作，服务保障重点文献收藏和展陈。协调各地相关单位，抓紧开展文献普查，摸清家底，汇聚现有成果数据库，形成相关文献普查成果，重点做好云南省藏文古籍普查，统一汇入文献资源库。

（计思诚，云南省图书馆研究馆员；张云湘，云南省图书馆副研究馆员）

普查与编目

善本家谱序跋与出版年考订

A Textual Research on the Relevance of the Preface and Postscript to the Publication Year of Rare Genealogy Books

鲍国强

摘 要:家谱序跋与出版年关系比较密切,但需要分析考订具体情况。家谱的前序、后序、跋文、世系、传记、识语、付梓、告文、谱号、手书及谱外等方面资料均可证实序跋所系年代是否为出版年。在序跋与出版年关系考订中还应该正确处理序跋与全谱、修谱与刊谱、谱成与书成、付梓与梓竣的相互关系。

关键词:家谱;序跋;出版年;考订;古籍编目;版本鉴定

"以序定年"是古籍编目中的老话题,意即将书中最晚原镌序跋的撰写年当作本书出版年著录,乃至于衍生出专有名词"序刻本"。比较规范的古籍目录是不采纳此名词与做法的。那最晚的原镌序跋中已有"授梓"等字时,其撰写年就一定可作为本书的出版年著录?或最晚的原镌序跋中没有"镌竣"等字时,其撰写年就一定不能作为本书的出版年著录?笔者认为还需要分析考订具体情况。下面笔者就编校国家图书馆(以下简称"国图")藏善本家谱时所见现象,结合家谱内外相关资料,分述如何比较准确地看待序跋年与出版年的关系,敬请方家指正。

一、前序

前序是指家谱前所冠序文。北宋文学家苏洵因其父名"序",所写序文改称"引"。其子苏轼为他人作序时,又改称"叙",后人袭用之。也有称"记"者,如

《凌氏宗谱》不分卷(明崇祯刻本)首冠南宋开禧三年(1207)九月十五日凌大东撰《歙北沙溪凌氏谱系记》。今人常称的"弁言"也古已有之,如《汪氏通宗世谱》一百四十卷(清乾隆五十九年刻本)收录清乾隆三十六年(1771)汪鼎科撰《金溪支谱弁言》(该世谱收序181篇)。

与家谱出版年关系密切的往往是新撰前序,但由于家谱从倡修到颁谱经常需要若干年,其间不同年份都会撰有前序,需要甄别。若某序本身记载出版年信息不足,则须有其他资料来证实哪个年份的前序撰年可看作出版年。

(一)年表寿序佐证

家谱年表是按年记载族人史实的表式编年史。寿序即祝寿文章,具有传记性质,赞美色彩浓,明中叶起开始盛行。当家谱中有年表等纪年性质资料时,尤其需要逐年考察其记载内容,不能遗漏一条有助于出版年考订的资料。

《休宁山斗俞氏宗谱》十卷,(明)俞尚玉纂修,明天启二年(1622)刻本,善本索书号14214

《中国古籍善本书目(史部)》[1]第603页第6530号著录"明万历四十八年"。

《中国家谱总目》[2]第1782页第241-0157号著录两部藏本,均为"明天启二年"。

国图藏本存卷一至八,贺万祚所作序缺前2页半,卷五末、卷八末缺页,卷六前4页残破。上海图书馆藏本存卷八。

本谱收有关序:

1. 贺万祚,(序题佚),天启二年(1622)正月。

2. 江文明,《山斗俞氏重修谱序》,万历四十七年(1619)。

3. 俞乔,《续修山斗俞氏宗谱序》,万历四十七年(1619)。

4. 俞尚玉,《重修族谱序》,万历四十八年(1620)。

《中国古籍善本书目(史部)》出版年著录来自俞尚玉撰《重修族谱序》,但该序并未提及家谱梓竣之事。

而卷二俞尚玉编次《休宁山斗俞氏历代世祖支系生年纪》载"廿一年壬寅 廿六世尚玉生 万历庚申修谱"。"万历庚申"即万历四十八年。该年就是"修谱"年,并非家谱出版年。

卷八收录明天启元年(1621)十月余启元撰《寿仰筠俞公八帙序》亦可证之。

上述《休宁山斗俞氏历代世祖支系生年纪》末尾(卷二第32页)载:"泰昌元年庚申 三十世大楚生 廿九世应真生 卅一世自光生。自宋太祖建隆二年辛酉(961)起至我大明天启元年辛酉(1621)计六百六十二年。""泰昌元年""天启元年"均在修谱资料收录范围内,更能说明"万历四十八年"不是出版年,且连家谱都还没有纂修完成。

故《中国家谱总目》按贺万祚撰序年著录本谱出版年为"明天启二年"是比较合适的。

(二)改版增刻佐证

如果发现新修家谱有改版和增刻等现象,尤其要注意重新审视家谱的出版年问题。

《新安洪氏统宗谱》不分卷,(明)洪烈纂修,明嘉靖四十四年(1565)刻万历增修本,善本索书号14213

《中国古籍善本书目(史部)》第599页第6486号著录"明嘉靖四十三年"。

《中国家谱总目》第1836页第250-0160号著录同上。

本谱国图藏有两部(另一部索书号14285),原著录出版年均同上。

实际上,索书号14285《新安洪氏统宗谱》不分卷([明]洪烈纂修,明嘉靖四十四年[1565]刻本)收序:

1. 洪垣,《歙西涌塘家乘序》,嘉靖四十四年(1565)。

2. 周廷陈,《歙南洪鲸家乘序》,嘉靖四十三年(1564)。

3. 胡松,《绩邑弘城家乘序》,嘉靖四十三年(1564)。

4. 黄文灿,《宁邑云门中村家乘序》,嘉靖四十三年(1564)。

洪垣撰《歙西涌塘家乘序》载:"今官源合诸族,一心编刊统谱,欲垂永久。"谱中又有嘉靖四十四年(1565)洪垣撰《歙洪源村首洪经纶公祠堂记》。即索书号14285《新安洪氏统宗谱》不分卷出版年宜著录为"明嘉靖四十四年"。而索书号14213《新安洪氏统宗谱》不分卷出版年情况更为复杂:

本谱收序:

1. 洪垣,《休邑霞庄家乘序》,万历八年(1580)二月十五日。

2. 洪国麟,《休邑延川家乘序》,嘉靖四十四年(1565)。

3. 洪照,《歙西唐川家乘序》,嘉靖四十四年(1565)。

4. 吕仲仪,《旌川横溪家乘序》,隆庆元年(1567)正月十五日。

洪垣撰于嘉靖四十四年的《歙洪源村首洪经纶公祠堂记》仍在谱内。

索书号14285《新安洪氏统宗谱》不分卷《世系图》止于中村派末尾之"洪四应"。《祠墓图》为原刻,仅3幅。《新安洪氏统宗谱字号簿数》第2页上栏:危字号回溪、室字号云山、壁字号黄石、奎字号虎溪、娄字号桃源、胃字号洪源、昴字号山上、毕字号岩镇、觜字号王干叶村(以上正面)、参字号旌川、井字号横城、鬼字号云门中村（以上为反面）。而本谱在"洪四应"后还有上源派、横溪派、窄南派、墩厚派世系图。《祠墓图》原 3 幅为重刻，又多出新刻 6 幅。

关键是《新安洪氏统宗谱字号簿数》第 2 页为新刻，属于改刻增刻内容，上栏：危字号回溪、室字号云山、璧字号杉川、奎字号霞源、娄字号黄石、胃字号远富、昴字号、毕字号虎溪、嘴字号桃源、参字号（以上正面）、井字号洪源、鬼字号浩宅、柳字号山上、星字号岩镇、张字号王干叶村、翼字号、轸字号横城，附派：角字号旌川、亢字号宁邑云门中村（以上为反面）。

可见，本谱所收洪垣《休邑霞庄家乘序》撰序年"万历八年（1580）"，以及吕仲仪《旌川横溪家乘序》撰序年"隆庆元年（1567）"是应予重视的，即本谱版本当著录为"明嘉靖四十四年刻万历增修本"。

二、后序

后序也写作"后叙""书……后"及"叙……后"等，常常附于谱末。相对于前序，因为后序往往作于刊谱竣工之年，故在序中会含有"刊谱竣工"字样，其撰序年也就可以看作家谱出版年，再有其他资料证实则更好。若一篇或若干篇后序未有"刊谱竣工"的记载，则须有其他资料来证实哪篇后序的撰序年可以作为家谱出版年著录。

（一）后序年即为出版年

后序明确记载镌版竣工，后序年也可证实前序年即为出版年。

《祁门金吾谢氏宗谱》四卷，（明）谢镒纂修，明嘉靖九年（1530）刻本，善本索书号 12740

《中国古籍善本书目（史部）》第 625 页第 6806 号著录"明"。

《中国家谱总目》第 4769 页有两条著录：

第 560-0156 号著录"祁门金吾谢氏宗谱不分卷　（明）谢镒纂修　明嘉靖九年刻本　北大、上图"。

第 560-0157 号著录"祁门金吾谢氏宗谱四卷　纂修者不详　明刻本　国图"。

此两条实为同一版本：国图藏本是将宗谱正文旧统宗系（第 1~6 页）、孟宗派系（第 1~37 页）、仲宗派系（第 1~27 页）、季宗派系（第 1~67 页）各计一卷，共四卷；又因《叙金吾谢氏宗谱后》末行"明嘉靖庚寅"之后缺字，故著录为"纂修者不详"。上海图书馆藏本则还有"金吾二十世孙镒谨序" 9 字，故可著录为"（明）谢镒纂修"。

此间仅述出版年问题。本谱正文前冠两序，后附一叙：

1. 方豪,(方豪所撰序),嘉靖九年(1530)。
2. 程昌,《金吾谢氏宗谱序》,嘉靖九年(1530)。
3. 序作者不详(字残佚),《叙金吾谢氏宗谱后》,嘉靖九年(1530)。

程昌撰《金吾谢氏宗谱序》载:"今年春,又以源远派分,支繁丽夥,其间盖有继嗣失伦、行次失序者,乃佥议协谋,原始续今一本。先世图谱自金吾上溯中郎将,缵凡二十九世列图于首,而以金吾为始迁祖,列三宗于下,以迄于今,为加详焉。则凡失伦越次者,皆据实正之。谱成,命之曰《金吾谢氏宗谱》。庠生诚彦守奉以谒序。"

关于本谱纂修时间,谱中三篇序皆撰于明嘉靖九年(1530),且《叙金吾谢氏宗谱后》载:"佥曰允,而始诸梓焉,□□竣工。序之首者程君和溪、方君□□□。谱首末若干板,印钉成帙□□,收者计帙而识之,板随销焉,为后虑深也。"其间亦有残缺。

笔者曾至上海图书馆查核此《叙金吾谢氏宗谱后》,补全后文字为:"佥曰允,而始诸梓焉,期奇竣工。序之首者程君和溪、方君棠陵也。"

故《中国家谱总目》应将本谱出版年定为明嘉靖九年(1530),且合二为一。

(二)前序世系佐证

谱中世系"纪事至"最晚前序年可以证实记载刊谱的后序年即是出版年。

《新安唐氏宗谱》二卷,(明)唐仕编订,明嘉靖二十三年(1544)刻本,善本索书号13285

《中国古籍善本书目(史部)》第603页第6533号著录"明嘉靖十八年"。

《中国家谱总目》第2249页第307-0095号著录"明嘉靖二十三年"。

本谱仅国图有藏,谱中前后序有:

1. 唐仕,《新安唐氏宗谱序》,嘉靖十八年(1539)。
2. 汪思,《新安唐氏宗谱序》,嘉靖二十三年(1544)。
3. 王良俊,《新安唐氏族谱叙》,嘉靖二十二年(1543)。
4. 程廷佐,《新安唐氏宗谱后序》,嘉靖二十三年(1544)。

本谱编订者唐仕在《新安唐氏宗谱序》中载:"归自景州,重取东园叔所藏旧编而阅之,沉潜反复,若有所得。然犹不敢自是,命子世绅敦请诸宗共出故实,参互考订,伐其舛讹,补其缺漏,离者合之,异者同之,本末并举,先后相因,以备一家之乘。盖五逾年,四易稿,而后始成焉。"撰序时间为嘉靖十八年,故纂修起始时间应为嘉靖十三年(1534),嘉靖十八年为家谱成稿年。此是《中国古籍善本书目(史部)》著录出版年的来源。

其卷下"槐塘邦立公派"载：

"七久,生嘉靖壬寅六月十三日午时。"即嘉靖二十一年(1542)。

"益老,生嘉靖辛丑九月初五日戌时。"即嘉靖二十年(1541)。

卷下第88页正面世系又载：

"汝奇字克学,生嘉靖癸卯正月十五日未时。"即嘉靖二十二年(1543)。此为本谱"纪事至"年。此几条世裔新生信息说明宗谱成稿后,最后刻竣前又增补了若干条。

谱后附明嘉靖二十三年(1544)程廷佐撰《新安唐氏宗谱后序》起首云："唐大夫琴山(唐仕号)梓其家乘垂成,前川程子序其左曰……"

故《中国家谱总目》著录"明嘉靖二十三年"是合适的。

(三)谱中诗文佐证

家谱中所载诗文若有刊谱竣工记载,也能成为含有相同记载的后序年是出版年的佐证。

《重修李氏族谱》五卷,(明)李昺纂修,明嘉靖八年(1529)刻本,善本索书号04855

《中国古籍善本书目(史部)》第592页第6395号著录"明嘉靖"。

《中国家谱总目》第756页第124-0518号著录同上。

本谱仅国图有藏,谱后附明嘉靖八年(1529)二月李昺撰《重修家谱后序》。

逐行审视李昺《重修家谱后序》,第2页正面起首载："……是乃遍叩文人志士,窃己资,劳己力,尚义施为,沽梓楮,成册帙,礼散宗遗。"体味其间词意,是谱乃李昺独力重修刊刻,嘉靖八年已经祭祖颁予宗人。

谱中有李昺之孙李泳所作七绝云："大父忧思宗族稠,旧新重续纪来由。今朝一本分遗后,知道何年又复修？"

李昺本人所作《叹辞》末："花繁子实当顾本,本茂根深枝叶重。一本传来固不悭,扬抑恩由何再三？再三思忖谱之力,若还弃制恩情散。吾今含耻访修为,三载方成板上刊。古今人文皆具录,付与宗人仔细看。"

现第2册"旌德十九都东山派十四都汤村派"下镌有"嘉靖六年(1527)重修"字样。

上述3条记载均可证实李昺《重修家谱后序》词意：李昺在嘉靖六年重修族谱,嘉靖八年上版刊成,且散谱时仅装订成1册。目前2册乃后人金镶玉装修重订所致。全谱仅70余版,装订1册正好；修刊费资费时不多,李昺亦可独任。

故本谱出版年应为"明嘉靖八年"。

(四)补刻序辩佐证

晚于出版年的个别增刻内容也能成为后序年即出版年的佐证。

《施氏统宗正传家谱》十卷,(明)施金瓒、(明)施永康纂修,明万历三年(1575)刻本,善本索书号12766

《中国古籍善本书目(史部)》第600页第6492号著录"明万历"。

《中国家谱总目》第1798页第244-0116号著录同上。

本谱仅国图有藏,附前后有关序:

1. 张德夫,《浮北榔田重修统宗正传家谱序》,隆庆四年(1570)。
2. 施伯礼,《彭泽九都轩家山施氏重修谱序》,万历四年(1576)。
3. 曹天佑,《浮北柳溪统修正传家谱序》,万历元年(1573)。
4. 施大陵,《施氏统宗正传家谱序》,万历二年(1574)。
5. 余一龙,《叙施氏世谱后》,万历三年(1575)。

张德夫撰《浮北榔田重修统宗正传家谱序》载:"……始于嘉靖之壬戌(1562),终于隆庆之庚午(1570)而谱成,将梓而传之,来征予叙诸首。"

余一龙撰《叙施氏世谱后》载:"……既旋归省,适施之谱刻梓告成。"

正文卷一在谱例之后另有《谱辩》两篇,并在篇题"谱辩"下方明言"无此辩者即是私谱"。文中言原委云:"今吾族续谱能统其同不遗不弃,辩其异毋附毋冒,余何庸于辩哉!夫何鸦桥之人窃取序文,用工翻刻,冒接非宗,有昼村、南坑之不正焉,有塘田、潭埠之不明焉。慕富贵之势而莫得,苟贫贱之利而牵合。君子羞之,乡人作谚以鄙之。暧昧一时,名遗万世,何其惑之甚也!"可见锓谱竣工后即有冒宗纠纷,故有此举。此《谱辩》及施伯礼《彭泽九都轩家山施氏重修谱序》增刻于万历四年(1576),而谱中世系"纪事至"则是万历三年(1575),可知全谱出版年为万历三年,与余一龙撰《叙施氏世谱后》之年及其记载相合。

三、跋文

家谱跋文往往附于谱末,也会出现在谱中文字之后,因为跋文撰写往往晚于前序,是纂谱的收尾环节,也就会记载刊谱竣工史实,故可借此检验前序年的实际含义,甚至撰跋年即是出版年。

(一)证实前序年

具有"锓梓既竣"类似字样的跋文年可以证实前序年是否为出版年。

《休宁陪郭叶氏世谱》四卷附录三卷,(明)叶志道编撰,明弘治十一年(1498)刻本,善本索书号12683

《中国古籍善本书目(史部)》第 618 页第 6727 号著录"明弘治四年"。

《中国家谱总目》第 3334 页第 380-0341 号著录"明弘治十一年"。

本谱首末所收有关序跋：

1. 汪循,(序名佚),弘治四年(1491)八月。

2. 叶志道,《叶氏世谱跋》,弘治十一年(1498)。

汪循在序末云："志道此编其可阙欤！吾故为志道志于编端。"序中并未言"刊竣"。

附录下收叶志道撰《叶氏世谱跋》载："本谱始于汉太尉由南阳迁青州……锓梓既竣,敬书此语,以致三复之意云。"

故《中国家谱总目》的出版年著录是合适的。

(二)证实自序年

记载全谱刊印竣工的跋文年也可证实自序年能不能当作出版年著录。

《休宁金氏族谱》二十六卷,(清)金门诏纂修,清乾隆十三年(1748)活字印暨刻本,善本索书号 14364

《中国古籍善本书目(史部)》第 599 页第 6482 号著录"清乾隆十一年"。

《中国家谱总目》第 1498 页第 196-0331 号著录"清乾隆十三年"。

本谱首末所收有关序跋：

1. 金门诏,《重修族谱序》,乾隆十一年(1746)十二月。

2. 金门诏,《跋》,乾隆十三年(1748)十二月。

金门诏《重修族谱序》第 4 页载："至明屡加重修,惟弁公始付剞劂。嘉靖至今已二百年,当时给领者止一百部,今族中藏守现存者不数部。及今不修则旧谱将不可复见,子孙纵有贤者,文献无征,其孰从而继之？此念蓄之胸中者已四十余年。丙辰①馆选后,以手录二帙求序于大学士西林、桐城两座师②。嗣因往来宦途,未遑付梓。今幸解组归田,得以闭户丹铅,从容商订,并以亲督开雕,始于乾隆乙丑③之四月,成于明年丙寅④之十二月。凡旧谱所未载者,皆堂叔毓丹公续之于前,其贤孙廷栋增之于后。其祖孙皆少长家乡,凡族中与播迁在外者皆能留心搜辑,积日累月,以成此稿。门诏取而详加参考,刊刻斯编以示。"此间金门诏言乾隆十年至十一年是指"解组归田"至"亲督开雕",再至雕版部分成,未包括木

---

① 即乾隆元年,1736 年。
② 指鄂尔泰、张廷玉。
③ 即乾隆十年,1745 年。
④ 即乾隆十一年,1746 年。

活字印本卷一至十八世系。

卷二十五所收金士椿撰《续增族谱序》后有乾隆十三年(1748)七月十二日金门诏识语:"及壬戌①解组退居林下,乃得从吴门遴择梓人,自甲子②开雕,四方闻风者皆接踵而至,不独金溪一派也。凡自休宁外迁能溯其支系者,无不先后咸集。以此详加考订,岁月羁迟,讫于戊辰③告竣。以旧谱各序之可传者并载首简,而以叔父斯篇附刊于旧刻之后,庶知二百年来一线之延,得以上接二千年之血脉者,镕公与公之力也。公与门诏未遂之志,距今又数十年。今一旦告厥成功,叔父有知,亦可徘徊白岳,含笑云霄矣!"此间金门诏言乾隆七年至乾隆十三年是指"解组退居林下",本谱自乾隆九年开雕,至乾隆十三年全谱刊印告竣。其中乾隆九年至十三年的刻本开雕后尚在"详加考订,岁月羁迟"的主要是指卷一至十八世系木活字印本。

清乾隆十三年(1748)十二月金门诏撰《跋》载:"积六十年之心思,竭二千日之精力,殚千余金之梓工,得以成于一旦。嗣今以后,门诏之大愿遂矣。但谱例只许百部,如稍多则后人不知宝贵,恐有乱宗者私相授受,所关匪小,故遵例限定额数,难以遍送族人。其子孙贤者愿领一部,则各出四金,以为纸价、印工、装潢之费;又各出一金,以酬建勋祖孙增辑之劳,庶得之者不肯轻视。"金门诏此跋亦言"殚千余金之梓工,得以成于一旦"是在乾隆十三年(1748)。此间"梓工"应包括木版雕印和活字摆印,前者卷帙少却耗资费时较多,后者反之。

故《中国家谱总目》著录出版年是合适的。顺便说版本类型问题:本谱卷一至十八活字印本,谱序、卷首及卷十九至二十六刻本,《中国古籍善本书目(史部)》此条著录为"活字印本",《中国家谱总目》此条著录为"刻本",均应著录为"活字印暨刻本"。

(三)证实旧版出版年

谱跋可以证实前序年是否属于尚存版片的出版年范围。

《汪氏渊源录》十卷,(元)汪松寿编撰,(明)汪以昭增修,元刻明正德十三年(1518)增修本,善本索书号01295

《中国古籍善本书目(史部)》第588页第6345号著录"明刻正德十三年重修本"。

《中国家谱总目》第1204页有两条著录:

---

① 即乾隆七年,1742年。
② 即乾隆九年,1744年。
③ 即乾隆十三年,1748年。

第 159-0155 号著录"明正统十三年刻本。安徽图"。

第 159-0156 号著录"明正德十三年刻本。国图、美国哥伦比亚大学、美国犹他"。

笔者细考后,见早期稀见谱牒版本,两条著录出版年仅差一字,竟如此巧合？若确属不同版本,按《中国家谱总目》以品种立目原则①,也应合并著录。

据吴兆龙、汪家耀核查,"安徽省图书馆藏本,笔者所见实为安徽省图书馆的缩微胶卷,与国图索书号 01295 本(即本谱)内容完全相同"[3]。

本谱首尾有关序跋：

1. 廉希贞,(序题残缺),泰定三年(1326)十一月十五日。

2. 汪松寿,《后叙》。

3. 汪以昭,《重修汪氏渊源录跋》,正德十三年(1518)八月十五日。

卷一《叙谱》载："泰定乙丑②春,宗人开家录,创为新谱,辄改旧编,至弃吾祖铁佛,窜属旁支。余既驰书白其缪冒,遂取家藏旧谱,补其遗绝,究其讹杂,循名征实,即事引时,通为注释……编帙既成,号为《汪氏渊源录》。"

《重修汪氏渊源录跋》全文："右《渊源录》乃吾祖正心公所编集者。支系派迁远有端绪,迨今几二百年,旧板十缺四五,恐致漫灭,良用为惧,因得旧本查对,谨将所缺若干篇并续支代,如式缮写,率近族好事者属工于中山锓梓,以传不朽。窃恐难底大全,喜宗吾子弟业儒术储而为世用者,他日必有以处此获得略矣。呜呼！祖功宗德万代,如见孝子慈孙,尚当有所感云。时正德戊寅③八月中秋日裔孙石田汪以昭拜书。"

明正德十三年之前"几二百年"尚未有明,约是元泰定年间(1324—1328),与汪松寿《叙谱》所载亦合。

现汪以昭既摹刻缺版,又续刻支代表,即增修本;又据"迨今几二百年,旧板十缺四五"及版式、字体、鱼尾有元版特征,即此次重新刷印的尚存旧版片为元刻。

故本谱版本是"元刻明正德十三年增修本"。

四、世系

家谱世系图表是证实序跋年为出版年的重要部位之一。唯世系图表也是家

---

① 《凡例》未明说,但确如此执行,如第 3425 页。
② 即泰定二年,1325 年。
③ 即正德十三年,1518 年。

谱中卷帙最浩繁的部分,逐页逐行翻检实属不易,要舍得花笨功夫。若不如此,出版年著录就容易存在问题。

(一)证实成稿年

因世系的"纪事至"年份而无法确定序跋年为出版年,可以按尽可能时间区间较窄的宽泛标准著录,但须附注"纪事至"年。

《平盈方氏世谱》五卷,(明)方元中纂修,明万历刻本,善本索书号 00708

《中国古籍善本书目(史部)》第581页第6259号著录"明万历二十五年"。

《中国家谱总目》第361页第035-0305号著录"明万历"。

本谱有关前后序:

1. 余一龙,《方氏积善世谱序》,万历三十一年(1603)十二月十五日。
2. 汪国楠,《重修方姓谱叙》,万历三十一年(1603)十月。
3. 方师皋,《纂修世谱后序》,万历二十五年(1597)五月。

《纂修世谱后序》第2页载:"第谱自嘉、隆以还,时逾五纪,生齿日繁。此诚纂修之会不容缓也。叔元中辛勤以汇其实,兄维祯参阅以襄其稿,叔仲让、兄宅应总计以监其事。我考临终之际,犹叮咛遗金……逾三月而谱成。"此言世谱成稿在万历二十五年。

谱中世系"纪事至"尚晚于万历二十五年,如卷五(世系):

第50页载万历戊戌(二十六年)生人。

第116页载万历戊戌(二十六年)、万历辛丑(二十九年)、万历壬寅(三十年)八月十二日子时生人。

本谱当脱稿于万历二十五年,此后五六年内世系续有增补,约刊成于万历三十一年末,即余、汪两前序之年,故《中国家谱总目》出版年著录亦可,且注明"记事至明万历三十一年",当属稳妥。

(二)证实前序年

因世系最晚年证实序跋年不能看作出版年需要宽泛著录时,应视条件许可尽量采用"……初""……末"的方式著录出版年。

《鹿氏族谱》八卷,(清)鹿来师纂修,(清)鹿祐增辑,清康熙末年刻本,善本索书号 04819

《中国古籍善本书目(史部)》第607页第6585号著录"清康熙五十一年"。

《中国家谱总目》第2968页第352-0015号著录"清康熙"。

鹿来师,字枚公,号容庵,生于明万历四十七年(1619)正月初五日,卒于清康熙十二年(1673)四月二十四日,年五十五,生六子。

鹿祐为鹿来师次子,字有上,号兰皋。

本谱前冠清康熙五十一年(1712)九月鹿祐撰《族谱序》云:"先大夫尝命祐曰……前代向有家谱,惜流寇变乱,化为灰烬。余网罗放失,辑成一编,不能即付剞劂。儿他日克成余志,其为堂构之庆乎?祐谨受命。迨壬戌①通籍以来,历仕内外,有志焉而未逮也。己丑②冬奉命旬宣豫土,仰赖圣天子洪庥,民醇事简,爰检行笥,伏睹先大夫所录原本,手泽犹新,恍若谆谆面命之日。岁壬辰③律中南吕,复荷国恩纶綍,宠光四代,于是慨然思继先志为之,敬载诰词,遂鸠工开雕于大梁官署。"任职当中增补并刊谱是可能的,但重新纂修是难以办到的,故其《族谱序》只言康熙五十一年"开雕"(没有竣工)先大夫家谱原本与增补,未提重新修谱之事。

《族谱序》之后的《凡例》4 条为鹿祐补撰。其第 4 条云:"余家旧谱毁于兵火。今兹刻本系先大夫从寇乱之余记忆追录,其间敕书、传志、行状、诗文,以及字配生卒,多至遗失,概从阙文,不敢妄为撰补,志信也。"由此可知,鹿祐刊刻其父之谱时除增加了《凡例》、艺文和世系等内容外,没有重新修谱。

卷八艺文载有清康熙五十二年鹿祐撰《祭刘夫人文》及《告墓文》等。

卷一世系已载有:

十二世孙士箴,康熙五十三年八月二十一日生;

十三世孙安豫,康熙五十五年八月十七日生;

十三世孙永敬,康熙五十四年九月十一日生;

十四世孙崧龄,康熙五十四年十一月二十九日生。

综上所述,此谱由鹿来师原纂,其子鹿祐增辑,开雕于康熙五十一年,约竣工于康熙五十五年。《中国家谱总目》著录出版年略显保守(亦未注"纪事至"),其实著录为"清康熙末"当无大碍。

(三)证实后序年

虽后序明确记载"锓梓告成"类似字样,但正文尤其是世系有年代晚得多的史实,此时著录出版年需要审慎处理。

《陈氏大成宗谱》八卷,(明)陈璧重修,明嘉靖刻本,善本索书号 14412

《中国古籍善本书目(史部)》第 609 页第 6611 号著录"明嘉靖六年"。

---

① 即康熙二十一年,1682 年。
② 即康熙四十八年,1709 年。
③ 即康熙五十一年,1712 年。

《中国家谱总目》第2304页第318-0001号著录同上。

本谱收有关前后序：

1. 王守仁，《陈氏大成宗谱序》，嘉靖六年(1527)。
2. 杨廷和，《陈氏大成宗谱序》，嘉靖三年(1524)。
3. 费宏，《陈氏大成家谱说》，嘉靖七年(1528)。
4. 沈圫，《陈大成宗谱论》，嘉靖十三年(1534)。
5. 陈添祥，《陈氏大成宗谱又序》，嘉靖二十六年(1547)九月。
6. 汪玄锡，《书陈氏大成宗谱后》，嘉靖四年(1525)。
7. 程昌，《陈氏大成宗谱后序》，嘉靖六年(1527)。

程昌撰《陈氏大成宗谱后序》载："今吾祁竹源之裔，有号曰特峰①者……于讲读之余，奋然兴笃宗之念，取诸先世所藏谱，溯流而究其源，熟检阅之，发书告诸族人以统宗为言。皆曰：惟命是从。随携其家乘而会者若干支，遂编辑为若干卷。锓梓告成，求诸宰辅先生序其端，复征予言识其后。予惟史笔既为之以括其要，又何遗补于后哉？固辞不获，遂为之言曰……今特峰宗谱之修，本人子仁考诚敬恻怛之心，订千载之异同，归万殊于一本，拳拳焉。"此后序确言"锓梓告成"。

谱中有众多嘉靖六年之后记载，如陈璧《胜会引》作于嘉靖十五年(1536)，载："故斯会经始于正德乙亥(1515)，苟成于嘉靖丙申(1536)，更甲子虽二十有二……"

《胜会图》附有：《记》，嘉靖辛卯(1531)岁陈涵书；《赋》，嘉靖乙未(1535)陈润拜书；《歌》，嘉靖乙未(1535)程锐识；嘉靖丙申(1536)许霭识。

卷八世系第24页尚有嘉靖二十年(1541)、二十二年(1543)等记载。

陈添祥(协修者之一)《陈氏大成宗谱又序》更是撰于嘉靖二十六年(1547)，但此序的版式(下有单边)、纸墨跟别的序不同，应是后印添加。

故程昌嘉靖六年撰《陈氏大成宗谱后序》所言"锓梓告成"并非真正刊竣，出版年定为"明嘉靖"较为合适。

五、传记

家谱中传记往往有作者，署名时会兼署作传年月日，而传记中也经常会涉及一些带纪年的史实，可以证实序跋年可否作为家谱出版年著录。

《三田李氏统宗世谱》不分卷，(明)李晖祥等主修，(明)李栋祥等纂修，

---

① 陈璧之号。

明隆庆刻本,善本索书号14396

《中国古籍善本书目(史部)》第592页第6398号著录"明嘉靖四十三年"。

《中国家谱总目》第704页第124-0001号著录同上。

本谱仅国图有藏,冠序:

1. 金达,《三田李氏统宗世谱序》,嘉靖三十八年(1559)。
2. 洪垣,《三田李氏统谱序》,嘉靖四十三年(1564)四月。
3. 李激,《三田统宗纂修谱序》,嘉靖四十四年(1565)十二月。

金达撰《三田李氏统宗世谱序》载:"嘉靖己未①,孚田李激……等深为此惧,即旧谱增修之,理湝伐舛,逾七年始克成编,为卷凡若干,属予序诸首。"此为《三田李氏统宗世谱》稿初成之年。

李激撰《三田统宗纂修谱序》第2页云:"今又以大宗统会重刊于界田鄱源僧院。谱局二次,计费数百金之余,弃假百艰,寸心谁见?惟质诸天地鬼神吾祖宗地下之灵也!激与岐山宠同任,历六寒暑,忘家弗顾,始于嘉靖甲寅②菊月,至乙丑③冬十二月终告成,总若干卷若干册。"则《三田李氏统宗世谱》刊刻装订竣工应在明嘉靖四十四年(1565)之后。

《恩典志》第6~7页已载"嘉靖四十五年(1566)五月初八日"朝廷颁发之《皇帝敕谕太仆寺少卿李一元》。

《节传》第3页收明嘉靖四十六年(1567)正月李彦宾撰《贵池李母王氏节传》起首云:"予忝任三田统修十有余载。丙寅④岁谱将垂成……"依此推论,至隆庆元年(1567)此谱"垂成",故《三田李氏统宗世谱》刊刻竣工当在隆庆年间。

可见,洪垣撰《三田李氏统谱序》之"嘉靖四十三年"不是本谱出版年。

六、识语

家谱中识语,也称案语、漫语等,往往是与修者对于家谱某一部分内容的有关说明,其作用有时与谱跋有交叉,说明范围一般比谱跋小一些,多在相关内容之后较低位置出现,也有在相关内容篇题后、正文前的较低位置出现,不太容易发现,须仔细翻检。若识语内容或署名含有年月日,则也可证实家谱的出版年。

识语与谱跋的区别,一是说明范围一般后者大于前者,后者往往是对全谱的

---

① 即嘉靖三十八年,1559年。
② 即嘉靖三十三年,1554年。
③ 即嘉靖四十四年,1565年。
④ 即嘉靖四十五年,1566年。

说明;二是后者往往出现在谱末,前者多出现在谱中。

(一)证实前序年

当家谱的识语出现在谱前或谱后的显要位置,所涉主题又有关全谱内容,且作者是纂修者的密切相关者时,其识语有关年份极有可能是家谱出版年。此间的年份尤其需要予以重点关注。

《棠樾鲍氏宣忠堂支谱》二十二卷,(清)鲍琮、(清)鲍志道纂修,清嘉庆十一年(1806)刻本,善本索书号12691

《中国古籍善本书目(史部)》第624页第6804号著录"清嘉庆十年"。

《中国家谱总目》第4620页第543-0052号著录同上。

本谱所冠清嘉庆十年(1805)四月鲍琮撰《支谱续序》载:"琮与从兄诚一偕葺是谱。既成帙矣,兄特慎重其事,留稿扬州,以时增损,博问通流,旋加改定,未及授梓,而兄遽殁。迨其病中尤手是编,翻览不置,盖其勤如此。"此间"成帙"是谱初稿成,尚"未及授梓",故"清嘉庆十年"不是出版年。

卷十,二房,第7~8页行传载:"志道,原讳廷道,字诚一,一字肯园……尤笃内行,念宗谱失修垂四十年,因与弟琮专就尚书公一支别为《支谱》,增置祀田祭器宗祠中,以贻久远。"

卷十三,三房,第9页行传载:"琮,原讳廷琮,字学坚,一字乐园……与肯园公纂修《支谱》,备极矜慎,网罗放失,莫或漏遗。岁乙丑①始付梓,秋即病剧,临终时谆谆命子鼎安等急竣其事。"

卷首鲍鼎安《附识》云:"先府君偕从伯肯园公手定《宣忠堂支谱》。肯园公殁之五载,岁乙丑始付开雕,而先府君旋于是岁秋八月辞世……其谱中生卒亦稍增益,断自乙丑十二月终为止,促梓人刻期竣工。"

卷二十二末清嘉庆十一年(1806)鲍鼎安撰《附识》又云:"是谱所载,概以乙丑冬杪为限。从伯肯园公于是冬奉旨祀乡贤祠,既详诰敕中。越丙寅②春三月二十八日成礼,歙人士奉主公祭,祝词称美。斯爱斯传,敬破例附是篇于文翰之末,以益家乘光,且志吾乡先生之情生文、文生情也!"

由上可知,本谱始刻于嘉庆十年(1805),秋八月鲍琮亦辞世,其子鲍鼎安遂断其谱记载至该年十二月底,刻竣于嘉庆十一年(1806)秋,故本谱出版年是"清嘉庆十一年"。

---

① 即嘉庆十年,1805年。

② 即嘉庆十一年,1806年。

(二)证实撰文年

部分抄本家谱录有纂修者识语,其年代又与家谱纪事年代相符,且抄本修改颇多,抄本的版本特征(如讳字等)也与识语年代较为一致,尤其是所抄底本是未完成的家谱,又没有明确的抄写年代,此时应重点甄别识语年是否在本谱出版年的范围内。

《增广休宁西门查氏肇禋堂便览》四卷,(清)查时永纂集,清乾隆抄本,善本索书号04758

《中国古籍善本书目(史部)》第601页第6510号著录"清"。

《中国家谱总目》第1748页第228-0018号著录同上。

本谱第2册清乾隆十一年(1746)三月查廷瑶撰《重修祠记小引》之末有查时永识语,全文:"愚集《便览》凡事有关于肇禋堂者,无论其成败、利钝,悉为之录,以便后来者识焉,并不敢寻是生非,以褒贬为也。不过叙事之原委而已,故不假设辞修饰,幸毋章法是拘。倘以僭妄见责,其罪固当;若以诂諛为讥,斯言则过。如蒙鉴谅,则又幸矣。望八老朽渔汀谨白。"

《增广征美后录》收查锡魁等撰《皇清例授儒林郎候补州司马显考慕愚府君行述》载:"我查自元至正间①始迁休宁,而祠于应光公。岁久渐坏,宗人议共输修。府君闻之,独任其责,自门厅堂寝悉重而新之。又以谱久未修,命八兄董其事,广搜博访,将渐就绪,属太子少师汪由敦、山东参议沈君廷芳序之,尚未剞劂,讵意府君竟不及见斯谱之成也!呜呼痛哉!"此间府君讳廷瑶,字西圃,号慕愚,生于康熙辛酉年(二十年,1681)八月十一日戌时,卒于乾隆辛未年(十六年,1751)闰五月十四日辰时,享年七十有一。

卷一末、卷二至卷四首有"望八老朽渔汀漫语""渔汀漫录""望八老朽时永敬识""十五世孙时永百拜识"及"望八老人渔汀时永识",时间为乾隆辛未(十六年,1751)、乾隆癸酉(十八年,1753),应是本谱纂修者及"纪事至"时间。查时永,字振怀,号渔汀,生于康熙戊午(十七年,1678)九月十七日。

本谱识语年及查廷瑶行述撰年可证实该传主《重修祠记小引》撰年等均在出版年范围内,与谱中讳字特征也相符②,故本谱出版年著录为"清乾隆"应不为过。

七、付梓

付梓或授梓,若无或不计刻工含义,与开雕的意思大同小异,同的方面往往

---

① 1341—1368年。
② "玄"避讳;"弘"不讳,"曆"避讳,偶尔不讳;无嘉庆、道光讳。

是指谱版开始镌刻,异的方面是付梓或授梓的内容可以是全谱,也可能是部分内容,而开雕则往往是全谱开始镌版。

这样付梓的记载若系有年月日,即可证实家谱序跋年是不是出版年。然而因为有些付梓是针对部分内容而言,经常只是出现在相关部分的相应部位,并不出现在谱首末的显要位置,需要全谱逐页翻检才是。

《新安詹氏统宗世谱》不分卷,(明)詹文中等纂修,明万历刻本,善本索书号 13168

《中国古籍善本书目(史部)》第 620 页第 6745 号著录"明万历十三年"。

《中国家谱总目》第 3865 页第 475-0064 号著录"明万历　记事至明万历十三年"。

本谱仅国图有藏,首末有关序跋:

1. 詹文中,《新安庐源詹氏统宗世谱引》,万历十三年(1585)秋。

2. 方祥,《詹氏统宗谱序》,万历十二年(1584)春。

3. 詹苏等,《土塘族谱序》,万历三十一年(1603)冬。

4. 詹文叙,《咏水源》,万历三十三年(1605)夏。

5. 詹文叙,《宗彦联峰重修大统宗谱记》,万历三十二年(1604)。

6. 詹文宪,《詹氏统宗世谱序》,万历十三年(1585)。

7. 詹景祖,《湖口谱序》,万历三十二年(1604)。

8. 詹心遂等,《浙源察关宗派实录》,万历十三年(1585)。

9. 詹坛保,《上木坦詹氏述派序》,万历十四年(1586)。

10. 余懋学,《宋村坑口谱序》,万历十四年(1586)。

11. 余一龙,《浙源鸿溪谱序》,万历三十四年(1606)。

12. 游应乾,《浙源鸿溪谱序》,万历三十三年(1605)。

13. 詹汤佐,《浙源宋村鸿溪谱序》,万历三十四年(1606)。

14. 游应乾,《宋村派唐源谱序》,万历三十五年(1607)。

15. 余懋衡,《余源谱序》,万历三十五年(1607)。

16. 詹金品,《水南山谱序》,万历十四年(1586)。

17. 汪以时,《庐源詹氏统宗谱后序》,万历十七年(1589)。

18. 詹永宁,《詹氏统同辩异谱序》,万历十六年(1588)。

19. 洪垣,《西岸詹氏谱序》,万历十七年(1589)。

20. 洪垣,《桃源支谱序》,万历十六年(1588)。

21. 詹文元,《跋》,万历十五年(1587)。

明万历十三年(1585)詹文中撰《新安庐源詹氏统宗世谱引》末载:"二载始克成稿,寻谋锓诸梓,以策不朽,名之曰《新安詹氏统宗世谱》云。"此间"寻谋锓诸梓"意为"不久谋划开雕",距梓竣尚远,若无其他佐证,"明万历十三年"不应按出版年著录。

依上述序跋年最晚已是万历三十五年(1607)。

谱中明洪武七年(1374)王景彰撰《承旨同文公行录》末镌"万历乙巳岁①孟春月卅一世孙文中重刻"。

《婺邑庐源詹同文》下方镌"丙午岁②裔孙文中刻"。

《土塘族谱序后》末镌"万历癸卯岁③孟冬月裔孙詹苏、仲玺、申香、申荣、国正、国伸、圣照同修刊刻"。

《明良世翰》首镌"婺北龙川裔孙文中梓,士兼录",尾镌"万历丁未岁④仲秋月婺邑庐源詹联峰梓"。

《谱图》镌"万历癸卯⑤冬十二月文中重刻"。

上述诸条"刻梓"均为"付梓"之义,其所系年代证实詹文中《新安庐源詹氏统宗世谱引》撰序年非本谱出版年。

据《历世修谱名录》载,明万历十年(1582)詹珊完成"族谱纂要"。十三年,詹文中、詹文元修统宗谱,二年始成稿,即谋划付刊。三十一年,詹文中、詹继元再次校修统宗谱(即本谱)及增刊部分内容。第2册有万历丁未年(三十五年,1607),第4册后亦如此,第5册《明良世翰》尾有"万历丁未岁仲秋月婺邑庐源詹联峰梓",亦意续有增补。

故本谱出版年应著录为"明万历"。《中国家谱总目》著录出版年没问题,但附注"记事至明万历十三年"欠妥,应注"记事至明万历三十五年"。

八、告文

告文也称告庙文,即修谱刊印完成,聚族颁谱前,至祖庙祭告祖先的祭文。告文须署祭祀年月日,文中也往往含有修谱的相关年月,即可证实序跋年可否作为家谱出版年著录。

《珰溪家谱补戚篇》六卷,(明)金应宿撰修,明万历十五年(1587)刻本,

---

① 即万历三十三年,1605年。
② 即万历三十四年,1606年。
③ 即万历三十一年,1603年。
④ 即万历三十五年,1607年。
⑤ 即万历三十一年,1603年。

善本索书号12690

《中国古籍善本书目(史部)》第599页第6476号著录"明万历十四年"。

《中国家谱总目》第1497页第196-0322号著录同上。

本谱专记珰溪金氏庶母,故称"补戚"。前后序跋:

1. 金应宿,《珰溪家谱补戚篇序》,万历十四年(1586)六月。
2. 吴子玉,《珰溪家谱补戚篇序》,万历十五年(1587)正月十五日。
3. 金应宿,《跋珰溪家谱补戚篇后》,万历十四年(1586)八月。

谱末《谱成告诸母文》起首云:"维万历十五年岁次丁亥七月戊子朔越十有五日壬寅,七世侄孙应宿,谨以庶羞清酌,拜所作谱补若干册,敢昭告于……"

故本谱出版年是"明万历十五年"。

九、谱号

谱号,亦称领谱单,是颁谱给族人的记录档案,属于跋文之前谱牒内容的最后一部分,往往载于全谱末尾。作为领谱的档案记录,谱号除含有家谱部数、部次、每部标记及领谱人居址名字外,往往也记载颁谱年月等有关纂修时间信息,即可证实家谱序跋年可否当作出版年著录。

(一)谱号所署年月佐证

谱号首尾所署最晚年代,尤其是记载刊谱完工或颁谱领谱的年代,极有可能就是本谱的出版年。此时对于较早一些的成谱稿年、计划剞劂年及付梓年等的处理,尤需慎重。

《休宁厚田吴氏重修宗谱》六卷,(清)吴骞辑,清乾隆五十三年(1788)刻本,善本索书号03866

《中国古籍善本书目(史部)》第595页第6437号著录"清乾隆五十二年"。

《中国家谱总目》第986页第135-0762号著录同上。

本谱前后序:

1. 卢文弨,《序》,乾隆五十二年(1787)十二月。
2. 吴骞,《休宁厚田吴氏续修宗谱引》,乾隆五十一年(1786)正月。
3. 吴霖,《宗谱后叙》,乾隆五十二年(1787)十月十五日。

吴骞撰《休宁厚田吴氏续修宗谱引》云:"爰就数十年来所据旧谱考求明确者,辑为本宗支谱。"此言重修宗谱编成,时在乾隆五十一年(1786)正月。

吴霖撰《宗谱后叙》云:"今吾弟骞……勒成宗谱六卷……因亟与从孙英进、英达兄弟谋付剞氏,皆欣然踊跃勷事。于是百余年来之坠典,一旦复观厥成。

《诗》曰:'以似以续,续古之人。'又曰:'继序思不忘。'非是之谓乎?"细味其中之义,有人共襄刊谱大业,至此方有机会付梓,其欣欣然貌跃然纸上,时乾隆五十二年(1787)十月。

卢文弨撰《序》云:"今吾友槎客(吴骞字)之作《休宁厚田吴氏宗谱》也,既成,顾独来问序于余。"此言卢氏所知者为手书全谱。

领谱单末镌:"……右共壹拾号,每号宗谱壹部,每部凡陆卷,总壹百七拾叶并刻板,装肆册,壹函匣盛。大清乾隆五十四年岁次己酉正月元旦。"

即第一次领谱仅有十部,时在乾隆五十四年(1789)正月元旦,可见刊谱完工当在五十三年(1788)末,亦可知此时第二批宗谱尚未装订完工。

可知,本谱纂成于乾隆五十一年(1786)正月,五十二年(1787)十月谋划付梓(还不一定此时真的付梓),十二月由卢文弨撰序,至五十四年(1789)元旦第一次颁谱10部,其出版年也应是此年。

(二)谱号所载史实佐证

部分家谱纂修者特别认真,各项记载很清楚,如果序跋中不见出版年,那位于谱末的领谱号中极有可能会记载出版年,只要耐心翻检即可。

《休宁范氏族谱》九卷,(明)范涞纂修,明万历三十三年(1605)刻本,善本索书号13141

《中国古籍善本书目(史部)》第601页第6512号著录"明万历"。

《中国家谱总目》第1415页第176-0117号著录"明万历三十三年"。

本谱前后有关序跋:

1. 沈一贯,《休宁范氏族谱序》,万历二十五年(1597)八月。

2. 萧雍,《范氏族谱序》,万历二十一年(1593)。

3. 范守己,《休宁范氏宗谱序》,万历二十四年(1596)七月。

4. 范涞,《休宁范氏族谱自序》,万历二十一年(1593)十二月。

5. 孙矿,《休宁范氏族谱后序》,万历二十八年(1600)十月。

6. 范涞,《先大夫松林府君手书谱系源流记略敬跋》,万历十九年(1591)十月。

7. 范涞,《癸巳避暑颜公山偶得先世博村止善堂记及八景诗于官源洪氏旧谱悉与本宗世谱合喜记其事》,万历二十一年(1593)十一月。

上述序跋撰写年颇多,但均无"刊刻竣工"的记载。实际上本谱纂修者范涞将编刊进程记载得很清楚:

卷九《谱考·附考》收《纂刊颁给年月号数》载:"是谱搜葺二十余年,草就于万历十九年辛卯一阳月,初脱稿于二十一年癸巳,再脱稿于二十四年丙申,三脱稿于二十五年丁酉;谱之简帙,初携入浙西杭严巡署,再携入川西守署,复携入四明海署,又携入武林紫薇右署;创刊于二十六年戊戌之五月,大刊于三十年壬寅之三月,历夏迄冬杪,至癸卯仲秋,补刊于乙巳季春,至初夏工毕,总计谱书凡捌百柒板,每一部凡捌本,以金石丝竹匏土革木为序。告祠给谱于万历乙巳年孟夏月初六日。所给部数恰与二十八宿之数相当,遂以为号。"

即本谱出版年是"明万历三十三年"。《中国家谱总目》著录合适①。

十、手书

家谱手书文字多集中在世系后补记新人生卒情况。刻本家谱找到世系等处的最晚记载年,称为"纪事至",一般出版年不能早于此年。刻本家谱若找到世系等处的最早手书史实记载年,则一般出版年不会晚于此年。故家谱手书文字亦可证实序跋年是不是出版年。

《郡北济阳江氏宗谱》十卷,(明)江腾鲤,(明)江秉厚总理,(明)江国华等编辑,清顺治刻本,善本索书号 14302

《中国古籍善本书目(史部)》第 586 页第 6317 号著录"明崇祯十七年"。

《中国家谱总目》第 651 页第 107-0099 号著录同上。

本谱全本仅国图有藏,有关序跋:

1. 高弘图,《郡北济阳江氏宗谱序》,崇祯十七年(1644)八月十五日。
2. 程注,《郡北济阳江氏宗谱跋》,崇祯十七年(1644)五月。

高弘图撰《郡北济阳江氏宗谱序》第 2 页载:"兹文孙国华、德新辈,备咨故实,弘彰公志,增定成帙,而寿之梓,贻书问序于予。""寿之梓"是付梓之义,并未刻竣。

谱中世系有更晚的纪年内容:

卷一第 52 页正面载:"满庆,生弘光乙酉②四月廿七日。"

第 45 页反面载:"绍伊,生隆武乙酉③八月初二日。"

第 27 页正面载:"玉陛,寄业燕都,见都城残破,国家沦丧,义不欲生,偕妇王氏慷慨齐缢。"

---

① 这部纂修镌印都特别漂亮的家谱,纂修者什么都记载了,连全谱约 40 万字每个字的写工都知道,就是未载刻工,让印刷史学者徒呼奈何。笔者估计,范氏另有一套严密的镌版计酬办法,刻工完事拿钱走人,不但版心不致凌乱,也不屑另记一笔了。

② 即顺治二年,1645 年。

③ 1645 年。

卷五《贞节志》载毕公胤撰《瞻城公侧室滑氏砺节录》云："岁乙酉,戎马长驱破郡,通邑争匿欲逃避。"

上述记载当均指甲申国变,明清更替,顺治入主之事,故此谱刊刻当在乙酉顺治二年之后。

然卷一第 28 页反面有手书世系,载江玉烛之孙、江金舒之子"兆炳字又山,生顺治壬辰年①正月二十六日,配汪氏,生子五:元楷、元桓、元相、元栻、元梯"。即此谱刊印竣工当在顺治九年之前。

故本谱出版年应晚于"纪事至"顺治二年,早于手书世系顺治九年,可著录为"清顺治"。

十一、谱外

上述十个方面可以证实序跋年是否为出版年的家谱内容可以说是考订的内证,自然所编家谱的其他复本、其他版本与其他家谱乃至其他文献中还会存在外证。

本文的主题是"家谱序跋与出版年考订",下面就侧重在其他版本和其他家谱两方面外证分述有关问题。

(一)本谱其他版本佐证

当所编家谱是残本及(或)内证欠缺时,要尽量找到本谱的其他版本,寻求序跋年是否为出版年的佐证。

《旌西金鳌江氏宗谱》六卷文集不分卷,(明)江德汗编修,明嘉靖二十一年(1542)刻本,善本索书号 14378

《中国古籍善本书目(史部)》第 585 页第 6314 号著录"明嘉靖"。

《中国家谱总目》第 652 页第 107-0112 号著录同上。

本谱仅国图有藏,首尾甚残,前序全佚。

《文集》中存:姚本,《江氏家乘跋》,嘉靖二十年(1541)三月。

《文集》后存:《金鳌江氏宗谱后跋》。

此《江氏家乘》为本谱校正者江廷藻父江元琛选编,乃本谱文集前身。

《金鳌江氏宗谱后跋》仅存"先祖嵩"三字。

《文集》中还有:胡宗宪,《三友图说》,嘉靖二十一年(1542)五月。

《会议》首页起首仅存"皇明嘉靖壬寅二十一年□□□□□□□江氏族

---

① 即顺治九年,1652 年。

谱修完刊□□□□"等字。

据上述不能确定本谱在明嘉靖哪一年镌刻完毕。

国图另藏《旌西金鳌江氏宗谱》六卷文集不分卷,(明)江德汗编修,清抄本,善本索书号14834,传抄底本为上述明嘉靖刻本。

清抄本录有原嘉靖刻本2篇前序：

1. 潘珍,《江氏宗谱序》,嘉靖二十一年(1542)闰五月十五日。
2. 江廷藻,《金鳌江氏宗谱后跋》,嘉靖二十一年(1542)五月初一日。

《会议》首页起首："皇明嘉靖壬寅二十一年五月二十六日,金鳌里江氏族谱修完,刊印十三部。"

据上,本谱出版年与前序(存于清抄本中)年吻合,即"明嘉靖二十一年"。

(二)本族其他家谱佐证

若本谱的其他版本不足,本族的其他家谱也应该成为寻求序跋年是不是出版年外证的目标对象。本族后人续修的家谱往往会汇集前人序跋、传记等方面资料,含有所需外证的可能性很大。

《婺源桃溪潘氏本宗谱》十六卷,(明)潘珏等纂修,(明)程曾订次,明正德十三年(1518)刻本,善本索书号12765

《中国古籍善本书目(史部)》第621页第6761号著录"明正德"。

《中国家谱总目》第4469页第521-0237号著录同上。

本谱仅存卷一至三并卷前内容,有关前序：

1. 桃溪十八世裔孙潘珏序,缺前页,序首无。
2. 张文辉,《桃溪潘氏族谱序》。

潘珏序载："延至丙子①十二月,兄散翁疾亟,语予曰：'谱未毕,汝尚可为之。'……明年正月,侄鉴又以福建佥事……会于家,得与协谋,集众再举,仍趣师曾以纂成之。自三月复馆,至十月谱成,将锓梓,以授族人。"此言本谱修成于明正德十二年(1517)十月,将付梓。

张文辉撰《桃溪潘氏族谱序》载："景泰丙子②,予讲学于他庠。明年丁丑③,作宾于桃溪,招生讲读之余,适右族潘均衮生持家乘一帙以示,且谓曰：'吾家谱牒幸赖前人之修辑……愿赐数字以序之。'"此言景泰、天顺年间,潘氏持家乘求张文辉赐序旧事。

---

① 即正德十一年,1516年。
② 即景泰七年,1456年。
③ 即天顺元年,1457年。

卷一至二为"世系",卷三为"世系附历代各派坟墓"。

据上,很难确定本谱出版年是正德哪一年。

明崇祯年间婺源桃溪潘氏纂修有《婺源桃溪潘氏族谱》二十一卷([明]潘文俊等纂修,明崇祯九年[1636]刻本,善本索书号13169),其全帙仅国图有藏,前冠潘氏正德谱原序:

1. 林瀚,《婺源桃溪潘氏续修宗谱序》,正德十二年(1517)。
2. 程曾,《婺源桃溪潘氏旧谱序》,正德十二年(1517)五月。
3. 潘旦,《书家乘后》,正德十二年(1517)五月。
4. 潘珍,《婺源桃溪潘氏续修族谱后序》,正德十三年(1518)正月八日。
5. 潘珏,《婺源桃溪潘氏续修宗谱序》,正德十二年(1517)。
6. 张文辉,《桃溪潘氏族谱序》,正德。

程曾撰《婺源桃溪潘氏旧谱序》云:"右《婺源桃溪潘氏本宗谱》三卷附录十三卷,乃致政佥宪澹翁先生之所辑,而复委曾以订次之者也……壬申①春,先生走书币,以谱事见召,订期以往,先生与四君日陪予于里之桃源庵中……居旬日,稿粗完。予以职业亟还郡城之紫阳书院。继后……事遂中止。越丁丑②春孟,先生复以书召……协议,欲终其事……二月中旬,予复至,取旧稿阅之。累日各派人又复来,增其壬申以后生者之名及死者之岁月葬所。源清流洁,巨细不遗,书以付之梓。诸公谓予实与其事,不可以无言……谱刻告成,敬书此于末简。"此间程曾云"三卷附录十三卷"即卷一至二为"世系",卷三为"世系附历代各派坟墓",其余附录十三卷均为文翰,编为卷四至十六。

潘旦撰《书家乘后》云:"澹翁用心于是几三十年矣……又得确斋程子为之助,始克成编,既锓梓告成,分授宗子藏之,钤以符,乃毁梓,盖严其防也。"

潘珍撰《婺源桃溪潘氏续修族谱后序》云:"是谱之修,实吾再从兄澹翁承先志而为之。吾乡彦确斋程师鲁氏③以兄礼延而综理之。考校搜辑,延历岁月,始克成编。正德丁丑④仲冬念有四日,兄以书遗予曰,谱事已就,其印刷装潢恐出来春……"

由上可知,本谱至正德十二年春复修,再请程曾执笔完稿,随修随梓,五月完稿,十一月刊竣,十三年春印装完毕,故本谱出版年是"明正德十三年"。

---

① 即正德七年,1512年。
② 即正德十二年,1517年。
③ 即程曾。
④ 即正德十二年,1517年。

十二、问题与要求

上文所涉的如何处理好家谱序跋年与出版年的对应问题,笔者认为比较关键的是要厘清和把握好以下四个方面关系:

(一)序跋与全谱

无论是序跋,还是手书批校题跋,对于家谱整体而言,都是属于部分内容。而出版年是必须涵盖家谱整体的。这就要求我们在重视序跋年的同时,绝不能忽视对家谱整体的考查,甚至需要寻求外证进行综合考订。这样得出的出版年结论方能符合古籍编目的版本著录要求。

如序跋明确提到"锓梓告成",还是要查看全谱,免得以"偏"概全。上文提及的《陈氏大成宗谱》八卷就是如此。嘉靖六年《后序》明确说"锓梓告成",谱中尚有嘉靖二十年、二十二年等记载,出版年著录为"明嘉靖"比较合适。

若序跋有关刊谱记载不明,或有关年份较多,更需要查看全谱,不能一"概"了之。上文提及的《休宁范氏族谱》九卷便如此。万历二十年以后前后新序虽多,但均无"刊竣"字眼。虽然"观风望气"本谱也与万历年间版本特征吻合,那也不能遽断出版年为"明万历",还得找到"明万历三十三年"的确证才行。

再说上文提及的《休宁金氏族谱》二十六卷,出版年据含有"亲督开雕,始于……成于……"的《重修族谱序》定为"清乾隆十一年",版本类型却是"活字印本",明显矛盾,实际上其版本应是"清乾隆十三年活字印暨刻本"。

(二)修谱与刊谱

修谱与刊谱是家谱纂修的两个重要环节,其间关系往往错综复杂。出版年要依据刊谱竣工年著录。上文提及的《休宁山斗俞氏宗谱》十卷,纂修者俞尚玉撰于万历四十八年(1620)的《重修族谱序》只说修谱,卷二俞尚玉编次《休宁山斗俞氏历代世祖支系生年纪》载"(嘉靖)廿一年壬寅(1542) 廿六世尚玉生 万历庚申修谱","万历庚申"即四十八年。该年就是"修谱"年,并非刊谱年,更不是家谱出版年。

(三)谱成与书成

谱成是家谱编成,书成即家谱刊竣印装完毕。家谱出版年要依据后者时间著录。

如上文提及的《新安唐氏宗谱》二卷,明嘉靖十八年(1539)纂修者唐仕在《新安唐氏宗谱序》中说:"归自景州,重取东园叔所藏旧编而阅之,沉潜反复,若有所得。然犹不敢自是,命子世绅敦请诸宗共出故实,参互考订,伐其舛讹,补其缺漏，离者合之，异者同之，本末并举，先后相因，以备一家之乘。盖五逾年，四易稿，而后始成焉。"此即家谱成稿年，不能当作出版年。

（四）付梓与梓竣

付梓即开雕，也有主持刊谱之义；梓竣即刊成，也意味着家谱镌版印装成书。家谱出版年一般要依据后者时间著录。此间说"一般"即有个例外，就是只有付梓年，谱中也没有更晚的年份纪事，且全谱卷帙不太多，可以按付梓年著录出版年。

《重编棠樾鲍氏三族宗谱》二百卷，（清）鲍光纯重编，清乾隆三十一年（1766）刻本，善本索书号14547

《中国古籍善本书目（史部）》第624页第6803号著录"清乾隆二十五年"。

《中国家谱总目》第4620页有两条款目：

第543-0050号著录同上。

第543-0051号著录"清乾隆三十一年"。

二百卷篇幅的家谱内容不变，是不可能在六年内刊刻两遍的。

清乾隆二十五年（1760）鲍光纯撰《重编棠樾鲍氏三族宗谱序》载："纯幼聆庭训，思辑有年……于是，谨启先子所藏书，询诸各派耆旧，博参之支系，近者会核，远者走书，从信阙疑，续成斯谱凡二百卷……是可以垂诸永久矣！爰集同志，镂版以传。"

此言二百卷三族宗谱开始付梓，实际上世系等内容此后四年续有校补。《凡例》第26条云："各支世系故乡，三族皆公同查确，及谱牒编成，又经各族校阅，一无错谬。其迁外郡来合谱者，谨照原载续辑，又复履行咨询，参以故乡先年各谱补阙正讹，阅四载而成。"此已至乾隆二十九年（1764）。

卷终《掌谱人名外号》末题"乾隆丙戌孟冬月吉旦志"，即刊印装订竣工于乾隆三十一年（1766）十月。全谱二百卷8厚册，印数超过109部，校补镌印装订，六年完工，进度不慢。

《中国家谱总目》将本谱出版年著录为"清乾隆三十一年"没问题，但不应割裂成两条款目。

还有一种情况，是谱稿完成后只是计划考虑锓梓，是不能直接理解成"付梓"的。上文提及的明万历十三年（1585）詹文中撰《新安庐源詹氏统宗世谱引》末载："二载始克成稿，寻谋锓诸梓，以策不朽，名之曰《新安詹氏统宗世谱》云。"此间"寻谋锓诸梓"意为"不久谋划开雕"，并不是已经"付梓"，距"梓竣"更远，若无其他佐证，"明万历十三年"不能著录为出版年。

十三、结语

通过以上家谱各部分资料对于序跋年是否可看作出版年的分述，我们可以清楚这样一点，就是只有在最大限度地占有所需资料的前提下，方能比较正确地厘清序跋年与出版年的关系问题，把出版年考订著录清楚。

一是要最充分地把握全谱各方面资料信息，每篇文献的前后都不能放过，可能存在所需年份信息的世系表、年表等处要一一查检，每篇序跋涉及纂修、编辑、校正、增补，以及付梓、开雕、刻竣等字样要切实弄清楚其具体含义，方可去分析判断序跋年可否看作出版年。

二是要尽可能地掌握所编家谱的其他复本、其他版本与其他相关家谱乃至其他有关文献信息，尽可能多地利用这些文献中存在的外证，去分析判断家谱序跋年与出版年的准确关系。

也即，在对待家谱序跋年时，无论其取作或不取作出版年，都要避免或多或少的随意性，否则不但定细了肯定不合适，即便定得宽泛一些，也是不符合著录要求的。

上述所涉若干种善本家谱，基本上都是属于出版年确定有一定难度者。前人当时的家谱编目条件比今天差一些，已经取得了令人瞩目的丰硕成果。从是否依据序跋年来著录家谱出版年的角度看，2008年出版的《中国家谱总目》已经比1993年出版的《中国古籍善本书目（史部）》改进不少。可以相信，现在乃至于将来，随着新的编目成果不断出现，古籍的联合编目和数字化程度的不断提高，我们古籍编目的准确性肯定会越来越高。

致谢：本文参考、引用了国家图书馆2015年发布的"徽州善本家谱印刷资料数据库"中相关信息，敬致谢忱！

（鲍国强，国家图书馆古籍馆舆图组副研究馆员）

参考文献：
[1]中国古籍善本书目编辑委员会.中国古籍善本书目:史部[M].上海:上海古籍出版社,1993.
[2]上海图书馆.中国家谱总目[M].上海:上海古籍出版社,2008.
[3]吴兆龙,汪家耀.元代《汪氏渊源录》探析[J].历史学研究,2017(9):206-213.

"四书五经"书目关系的 FRBR 应用研究[*]

A Study on the Adoption of the FRBR According to the Bibliographic Relationships of "Five Classics and Four Books"

金正贤撰　董桂存编译

摘　要：韩国金正贤教授所发表的《"四书五经"书目关系的 FRBR 应用研究》一文，以书目关系类型为基础，利用韩国国立中央图书馆网站的联机公共目录检索系统（OPAC），抽取2940件"四书五经"相关书目记录作为样本，进行书目关系特性的实证分析，并开展书目记录功能需求（FRBR）在"四书五经"上的应用研究。其研究结果显示：在"四书五经"相关作品中，原作品的解说、译注或翻译等出现的次数最多；在"四书五经"的 FRBR 应用方案中，建议导入"超级作品"的概念并应用资源描述与检索（RDA）的规范检索点；文章还列举了在630字段以主题标目描述统一标题的范例。该研究成果对促进我国古籍编目与 FRBR、RDA 等国际前沿编目理念的融合具有借鉴意义，故特加编译，以供学界参考。

关键词：书目关系；"四书五经"；FRBR；RDA

一、引言

（一）研究目的与必要性

"四书五经"是"四书"与"五经"的合称。"四书"指《论语》《孟子》《大学》《中

---

[*] 本文系国家社会科学基金重大项目"古籍保护学科建设与基础理论研究"（项目编号：19ZDA343）研究成果之一。

庸》，"五经"指《诗经》《尚书》《礼记》《周易》《春秋》。"四书五经"不仅记载了中国早期思想文化各个方面的发展史实及孔孟等人的思想，同时也奠定了朝鲜王朝以性理学作为治国的根本理念。作为儒学教育和官员提拔的重要手段，"四书五经"在韩国历史上衍生出众多的相关作品，如对原作品的解释、注释、评论、改编等。

鉴于这些相关作品之间存在着某种书目关系，图书馆界试图从目录层面将这些相关作品集中起来。例如：目录上常用的参照或注记就是为揭示相关作品之间的书目关系而设立的；机读目录（Machine Readable Catalog，简称 MARC）通过关联字段将分散的相关作品有条理地进行著录；还有，书目记录的功能需求（Functional Requirements for Bibliographic Records，简称 FRBR）模型就是在书目关系类型基础上建立起来的概念模型。然而，书目关系在现实藏书中到底存在多少？特定资料中是否也存在着书目关系？书目关系如何在书目记录上反映出来？等等，这些问题都需要通过实证分析进行揭示。因而有必要对以藏书的书目关系为基础的作品类型进行分析。由于"四书五经"相关作品数量庞大，相关实证研究尚未开展，因此笔者拟通过"四书五经"书目关系类型的实证分析，进行作品特性及书目记录关联性的研究。

（二）研究范围与方法

本文以"四书五经"为研究对象，通过分析书目特性，开展 FRBR 的应用研究。具体方法如下：

第一，对 MARC 格式的关联字段和蒂利特（Tillett）、贝莎（Bertha）、斯米拉里亚（Smiraglia）等提出的书目关系类型及 FRBR、资源描述与检索（Resource Description and Access，简称 RDA）的书目关系类型进行分析，以此作为"四书五经"书目关系类型研究的依据。

第二，将调查范围限定在韩国国立中央图书馆，通过该馆网站的联机公共目录检索系统（Online Public Access Catalog，简称 OPAC）抽取"四书五经"的样本书目记录。

第三，分析作品类型特性及韩国文献机读目录（Korean Machine Readable Catalog，简称 KORMARC）记录在描述上的相关问题。

第四，基于上述研究，提出 FRBR 应用方案。

（三）研究现状

在书目关系研究上，蒂利特（Tillett，1992）[①]对从 1841 年帕尼兹（Anthony Panizzi）的目录规则到 1978 年《英美编目规则（第二版）》（Anglo-American Cata-

---

① 译者注：译者省略了全部参考文献，如需参照原文，可登录网址：https://scienceon.kisti.kr/main/mainForm.do。

loguing Rules 2,简称 AACR2)的 24 条目录规则进行了分析,提出了等同关系、衍生关系、描述关系、整体/部分关系、附属关系、连续关系、共有特性关系等 7 种书目关系。随后,蒂利特(Tillett,2001)又在后续研究中对 1968—1986 年间美国国会图书馆 MARC 记录之间的书目关系进行了分析,并按照资料的不同类别研究了除描述关系和共有特性关系之外的其他 5 种书目关系。斯米拉里亚(Smiraglia,1999)等人以乔治敦大学图书馆目录为基础,通过实证调查将作品间的衍生关系划分为 7 种。韦卢奇(Vellucci,1997)在蒂利特的书目关系类型基础上,以伊士曼音乐学校的音乐图书馆目录为研究对象,分析了音乐资料的书目关系。本内特(Bennett,2003)等人通过在联机计算机图书馆中心(Online Computer Library Center,简称 OCLC)的联机联合目录(WorldCat)上提取 1000 件样本书目记录,进行了 FRBR 模型作品特性的研究。张莹(Zhang Ying,2003)在蒂利特的书目关系类型基础上,分析了北卡罗来纳大学图书馆藏中文书籍的书目关系类型。日本学者桥结秋子(2005)在庆应义塾大学图书馆 KOSMOS Ⅱ 系统上抽取 1000 件日文书目记录作为样本,分析了 FRBR 模型的作品类型。

在韩国书目关系的研究领域,金泰秀(김태수,1994)研究了如何在现有目录中揭示书目关系,并提出了书目关系类型在目录中的自动化应用方案。李漾淑(이양숙,1999)开发了可以作为连接装置的参照记录格式。赵载仁(조재인,2005)在内容表达层面分析了 FRBR 模型。金正贤(김정현,2007)以书目关系为基础,分析了韩文书籍的作品类型。卢智贤(노지현,2008)研究了 KORMARC 记录的 FRBR 化应用。宋善敬(송선경,2010)分析 FRBR 在古籍上的应用时,提出了书目记录的要素。董桂存和金正贤(김정현,2013)在 FRBR 模型的基础上,分析了中文书目记录的作品类型。李晟淑和李贤珠(이성숙,이현주,2013)在韩国传统音乐书目关系特性的基础上,提出了 FRBR 应用方案。目前,关于书目关系类型的实际调研已经进行了很多,但针对"四书五经"相关书目记录的分析及在 KORMARC 记录上描述相关书目特性的研究仍属空白。

二、书目关系类型与新作品的分界点

(一)书目关系类型

书目关系(Bibliographic Relationship)是指两个或两个以上书目实体之间产生的特定关系。在早期编目中,帕尼兹(Anthony Panizzi)的 91 条规则和卡特(Cutter)的字典体目录规则的特定书目中就都包含了这种书目关系的概念。在国际书目数据通信格式(UNIMARC)、MARC 21、KORMARC 书目格式中,书目关系类型被清晰地划分为3种：垂直关系、水平关系和年代关系。蒂利特(Tillett,1992)将书目关系划分为7种：等同关系(如复本、复制品、影印本、重印本、照片复制品、缩微复制品等)、衍生关系(如翻译、修订、增补、节略、提要、改编、改编剧本、改编小说等)、描述关系(如评述、评论、解说集、案卷、注释等)、整体/部分关系(如选集、合集等)、附属关系(如附录、指南、索引等)、连续关系(如后续资料、先行资料、续编等)和共有特性关系(如某资料与特定资料之间对应着统一的著者、题名、主题、出版单位、出版年等)。贝莎(Bertha,1993)则将书目关系划分为等同关系、水平关系、年代关系、层次关系和特性共有关系。斯米拉里亚(Smiraglia,1999)将衍生关系又细分为同时衍生、连续衍生、翻译、增补、节略、改编、表演等。

FRBR书目关系的核心是第一组实体之间的书目关系，即作品、内容表达、载体表现相互之间的关系。尽管大多数作品是互不相干的独立作品，但它们之间仍可能存在着后续、附录、补充、提要、改编、转型、模仿等书目关系。内容表达之间的关系则分为"同一作品内容表达之间的关系"和"不同作品内容表达之间的关系"，前者包括节略、修订、翻译、乐曲改编等，而后者则包括了作品与作品层面的书目关系类型。载体表现之间的关系则通常与同一内容表达的不同载体表现有关，书目关系类型则包括复制和交替。除了上述书目关系外，作品、内容表达和载体表现各个层面都包括整体/部分关系。

RDA第5~10部分描述了实体的关系，其资源的关系类型以FRBR为基础，相关资源的关系类型包含基本关系、等同关系、衍生关系、描述关系、整体/部分关系、附属关系和连续关系。资源之间的关系主要是通过以下几点实现：(1)相关资源的标识符；(2)显示相关的作品、内容表达、载体表现和单件的规范检索点；(3)结构化描述或非结构化描述(RDA,2010)。为了正确指示描述对象和参照资源的关系，RDA在附录J提出了340多个用语。RDA更加重视书目关系，它基本是以FRBR关系类型为基础，尽可能结构化地描述细节上的书目关系。李晟淑和李贤珠(이성숙,이현주,2013)通过参照韩国国乐资料的特性和RDA附录J，提出了韩国国乐资料关系类型的关系说明语。

尽管不同学者划分书目关系类型的方法不尽相同，但这些书目关系类型大体上是与FRBR和RDA一致的。接下来，笔者就以RDA的等同关系、衍生关系、描述关系、整体/部分关系、附属关系、连续关系等6种关系类型为基础，进一步分析"四书五经"的作品类型。

(二)新作品的分界点

FRBR第一组实体作为智力或艺术创作的产品，包括作品、内容表达、载体表现和单件。尽管大部分作品属于独立作品，但它们之间仍或多或少地存在着后续、附属、补充、改编、转型、模仿、解说、批评、评价等书目关系。

如图1所示，蒂利特（Tillett,2001）在2001年绘制了作品家族关系图，并划分了相同作品和新作品、相同内容表达和新内容表达之间的分界点，将这些作品看作同一集团的作品家族（Family of Works）。2003年，蒂利特（Tillett,2003）以作品家族的名义利用FRBR模型重新构建了伊（Yee,1998）提出的超级作品（Super Work）概念。

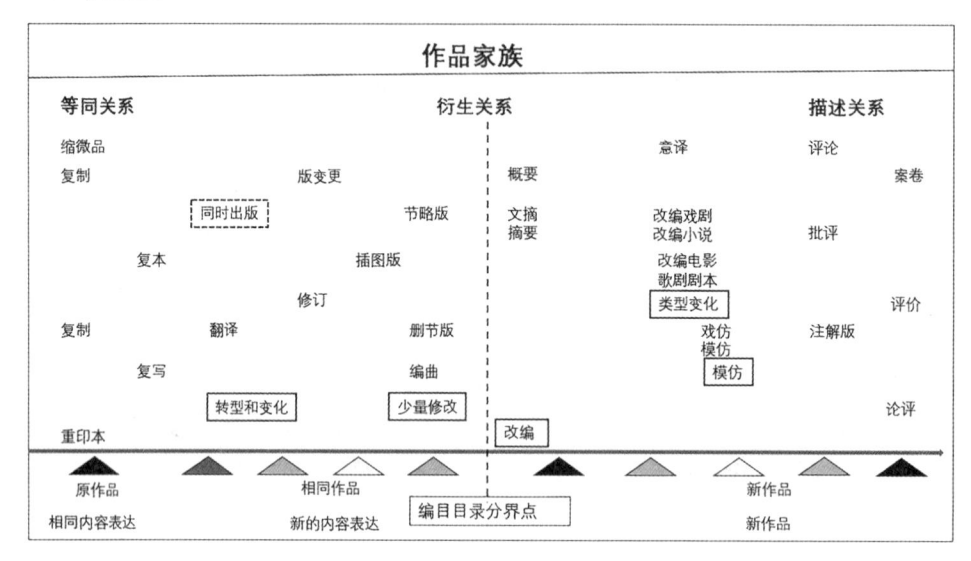

图1　作品家族关系图

RDA也十分重视书目关系的处理，附录J提供的作品、内容表达、载体表现、单件之间关系的说明语使得这种作品家族的概念更加具体化。现有的目录记录尚未以作品、内容表达或载体表现为单位进行著录，同时也没有以这种概念来区分作品。当FRBR概念出现以后，作品分界点的设定问题才逐渐被讨论起来。其实，对于用户来说，如图1所示的"作品家族"的集团化构造才是更有价值的。

三、"四书五经"的书目关系类型与FRBR应用方案

（一）"四书五经"的书目关系类型

1. 书目关系类型

在韩国国立中央图书馆网站的OPAC系统上，利用"四书五经"的分类号、关键词等进行检索，得到相关作品2940件，包括古代文献990件和现代文献1950件。在综合分析RDA及金正贤（김정현,2007）、宋善敬（송선경,2010）等研究成果的基础上，得出书目关系类型与KORMARC相应字段的对照关系表（详见表1）。

表 1　书目关系类型与 KORMARC 的对应字段

书目关系类型		KORMARC 的对应字段
等同关系	复制、印本、复制本、影印本	776(其他形态著录),553(复制注记),534(原本注记)
	原文数据库	775(其他版本著录),530(使用可能的其他形态资料注记)
衍生关系	翻译、谚解	008/35-37(语言区分),041(语言符号),246(第2指示符号2:原标题),546(语言注记),765(原著著录),767(翻译著录)
	音训、口诀、吏读	
	修订、重订	250(版本事项),500(一般性附注)
	增补、节略	
	提要、文摘	
	改编、小说、漫画	787(非特定关系著录),500(一般性附注)
描述关系	解说、注释、略解、注解、集注	008/33u(文学格式:评论),786(数据的信息源记录),500(一般性附注)
	译注、译解	
	批评、评论、述评	
	评译	
整体/部分关系	全集、选集、合集、多卷本的单册、丛书中的单本	760(上位丛书著录),762(下位丛书著录),773(基本资料著录),774(构成单位著录),440(丛书事项/附加标目标题),490(丛书标题/非附加或其他附加丛书标题),505(内容注记),245 $n(卷次事项)
	全集、选集、合集、多卷本的部分册	
附属关系	附录、补充、特刊号、指南、索引集、术语集、年号表、沿革表	770(补充版和特刊号著录),772(母体记录著录),777(同时发刊资料),525(附录注记)
连续关系	先行资料、前编	247(变更前标题或标题变动),780(先行著录),500(一般性附注),547(变更前标题说明注记)
	后续资料、后编、续编	247(变更前标题或标题变动),785(后续著录),500(一般性附注),547(变更前标题说明注记)

书目关系类型绝大部分可以在 KORMARC 上直接或间接地被映射。例如,等同关系的复制和原文数据库、衍生关系的翻译、整体/部分关系的选集和合集、附属关系的附录、连续关系的先行资料和后续资料等在 KORMARC 上都有与之对应的固定字段。

然而,笔者在前期研究中也发现了一些问题:(1)表 1 中的书目要素很多是不被描述的;(2)多数情况只是在一般性附注上进行描述,而不是在关联字段上;(3)特别是描述关系的解说、评论与衍生关系的翻译、提要、改编等几乎都不被描述,仅有极少数在一般性附注上描述;(4)描述关系的解说、评论等没有固定字段,只在一般性附注上进行描述。

接下来,样本作品书目关系的统计方法具体如下:

(1)等同关系:计算同一作品相关的原文数据库、复制等出现频次。原文数据库的资料大多是图像文件。

(2)衍生关系:计算同一作品相关的翻译、修订、改编、增补、节略等出现频次。斯米拉里亚定义的"增补"包含了对原著的插图、批评、术语、索引、注释等,但批评和注释不算作衍生关系的增补,而是被看作描述关系的解说。尽管音训、口诀、吏读能被包含在翻译的范畴中,但要区分调查。

(3)描述关系:计算同一作品的评论或解说等出现频次。

(4)整体/部分关系:计算同一作品的选集或合集等出现频次。整体(如丛书名或合集书名)被算作原作品的1次,而对应部分的次数要合并计算。

(5)附属关系:计算主体资料的附录或补充等出现频次。

(6)连续关系:如果先行资料和后续资料都要计算,那么为避免重复,只计算先行资料的后续、后编、续集等出现频次。如果是经典作品,几乎不会出现连续关系的后编或续集,即使有后编或续编,多数情况也应算作原作品解说的后编或续编。

2. 书目关系类型的现状分析

描述关系的解说、评论等与衍生关系的改编等,虽然与"四书五经"的原作品之间存在着书目关系,但在表1中KORMARC除500字段(一般性附注)外没有可直接描述的固定字段。尽管可以在787字段(非特定关系著录)或786字段(数据的信息源记录)上进行描述,但这种情况微乎其微。在比较分析特定作品类型是否存在着对应字段的情况时,我们会发现,如果特定作品类型没有对应的字段,那么该作品在一般性附注上被描述的可能性也不大(金正贤,2007)。

本研究的书目关系类型的具体情况如表2至表5所示。

表2 书目关系类型的出现频次

书目关系类型的出现频次	样本数量			百分率(%)
	现代文献	古文献	合计	
0次	0	0	0	0
1次	1950	990	2940	100

(续表)

书目关系类型的出现频次	样本数量			百分率(%)
	现代文献	古文献	合计	
2次	737	680	1417	48.2
3次	205	105	310	10.5
4次及以上	15	8	23	0.8

表2所示的是每条书目记录关系类型的出现频次。2940件样本记录每件都出现至少1次书目关系类型，出现2次书目关系类型的为1417件（占48.2%），出现3次的为310件（占10.5%），出现4次及以上的仅23件（占0.8%）。即使包含"修订"等类型，出现4次及以上的情况仍占比很小。这里所说的"修订"，不是对原作品的修订而是对解说、批评、译注、评译等的修订，这里没有单独计算而是都包含在解说、批评、译注、评译等中。出现2次的情况由高到低依次为："翻译+原文数据库""解说+原文数据库""批评+原文数据库""翻译+合集""解说+合集"；出现3次的由高到低依次为："翻译+解说+原文数据库""翻译+解说+合集""翻译+批评+原文数据库"；出现4次的很少，只有"翻译+解说+原文数据库+合集"。由于在调查过程中未出现附属关系和连续关系，因此在表3和表4中予以省略。

表3 "四书五经"（现代文献）的书目关系类型

书目类型		论语(347)	孟子(270)	中庸(164)	大学(222)	诗经(119)	尚书(105)	周易(428)	礼记(130)	春秋(165)	合计 1950(%)	
等同关系	原文数据库	142	152	94	68	67	45	91	21	27	707(36.3)	825(42.3)
	复制	20	15	5	7	18	22	6	13	12	118(6.1)	
衍生关系	翻译、谚解	88	65	40	47	26	27	42	16	18	369(18.9)	526(27.0)
	音训、口诀	1	2	1	2	1	1	3	0	0	11(0.6)	
	提要、文摘	5	4	2	5	3	0	4	5	2	30(1.5)	
	小说	13	5	2	2	2	2	18	8	4	56(2.9)	
	漫画	18	14	9	7	0	1	6	1	4	60(3.1)	

(续表)

书目类型		论语(347)	孟子(270)	中庸(164)	大学(222)	诗经(119)	尚书(105)	周易(428)	礼记(130)	春秋(165)	合计 1950(%)	
描述关系	解说、注释	102	105	56	64	43	47	185	61	86	749(38.4)	1425(73.0)
	译解、译注	65	34	30	72	22	19	76	32	35	385(19.7)	
	评论、批评	47	35	22	21	22	8	88	7	16	266(13.6)	
	评译	8	6	2	2	0	0	6	0	0	24(1.2)	
整体/部分关系	全集、合集	59	48	68	22	14	8	45	10	15	289(14.8)	289(14.8)

表4 "四书五经"（古文献）的书目关系类型

书目类型		论语(145)	孟子(90)	中庸(97)	大学(130)	诗经(81)	尚书(71)	周易(165)	礼记(59)	春秋(152)	合计 990(%)	
等同关系	原文数据库	76	56	60	82	57	49	110	42	120	652(65.9)	702(70.9)
	复制	11	2	3	6	5	0	14	4	5	50(5.1)	
衍生关系	翻译、诊解	28	17	23	21	12	11	20	0	2	134(13.5)	259(26.2)
	音训、口诀	15	4	6	12	10	8	24	7	17	103(10.4)	
	提要、文摘	0	4	5	4	5	1	0	3	0	22(2.2)	
描述关系	解说、注释	96	57	61	89	54	51	121	49	135	713(72.0)	731(73.8)
	译解、译注	0	0	2	0	0	0	0	0	0	2(0.2)	
	评论	5	7	0	4	0	0	0	0	0	16(1.6)	
整体/部分关系	全集、合集	57	35	12	33	12	15	42	16	26	248(25.0)	248(25.0)

表3和表4分别表示了"四书五经"的现代文献和古文献的书目关系类型情况。在表3和表4中,如果将衍生关系和描述关系合并计算,则样本作品数为1950件(占比为100%),等同关系是825件(占比为42.3%),整体/部分关系是289件(占比为14.8%)。衍生关系和描述关系没有重复出现的情况,而等同关系和整体/部分关系却大部分重复出现。描述关系在现代文献和古文献中分别占73.0%和73.8%,衍生关系则为27.0%和26.2%,彼此相差不大。而等同关系在现代文献和古文献中的占比则分别为42.3%和70.9%,二者相差悬殊,原因是古文献相关的原文数据库占比较大。

按不同书目关系类型分析可知,在现代文献中原作品的解说、注释占比最大,为38.4%,依次是译解、译注占比为19.7%,翻译、谚解占比为18.9%,评论、批评占比为13.6%。在古文献中原作品的解说、注释占比最大,为72.0%,依次是翻译、谚解占比为13.5%,音训、口诀占比为10.4%。与古文献相比,现代文献的占比相对较低,然而随着小说、漫画等书目关系类型的不断出现,这种衍生关系的作品将会增加。

由于FRBR是建立在实体之间的关系的基础上,因而实体之间的关系越复杂FRBR的有用性就越大。这里的FRBR作品概念指的是至少存在2个内容表达的作品,其载体表现也必然至少存在2个,这种作品就是存在复杂书目关系的作品。等同关系的原文数据库和复制属于载体表现层面,而翻译、谚解、音训、口诀等属于内容表达层面。在作品家族中描述关系的解说或注释、译解或译注、评译、提要、文摘、小说、漫画等都属于作品层面。表3和表4中的全部作品都至少存在1个作品类型,因此这些作品对FRBR来说都是有用的。

表5 "四书五经"(古文献)的版本类型情况

版本类型	论语(145)	孟子(90)	中庸(97)	大学(130)	诗经(81)	尚书(71)	周易(165)	礼记(59)	春秋(152)	合计 990(100%)
金属活字本	8	7	10	17	9	4	15	7	18	95(9.6)
木活字本	10	9	5	6	5	3	3	1	6	48(4.8)
木刻本	47	34	41	44	23	35	43	19	24	310(31.3)
木刻本(中国)	15	12	8	11	12	15	30	17	53	173(17.5)
木刻本(日本)	26	11	13	28	17	8	27	5	26	161(16.3)
抄本	9	8	13	8	9	4	15	4	9	79(8.0)
铅活字本	19	7	3	7	1	2	13	1	9	62(6.3)

(续表)

版本类型	论语(145)	孟子(90)	中庸(97)	大学(130)	诗经(81)	尚书(71)	周易(165)	礼记(59)	春秋(152)	合计 990(100%)
石板本				1	3		5	1	2	12(1.2)
影印本	11	2	2	3	3	0	6	4	2	33(3.3)
复写本				1	3	2		8	3	17(1.7)

在表5中,古文献版本项的金属活字本、木活字本、木刻本等等在书目关系上都可视为等同关系,且都属于载体表现层面。其中,木刻本占31.3%,木刻本(中国)占17.5%,木刻本(日本)占16.3%,合计为65.1%,占比最高,然后依次是金属活字本、抄本等。

(二)书目关系类型的KORMARC描述

"四书五经"的各种书目关系类型在KORMARC记录上主要是以如下两种方式进行描述的。

第一种,为了能够直接检索到对应的作品,在关联字段上直接描述相关的作品,如例1所示的776字段。表1中的大部分书目关系类型都属于这种方式。

[例1]原文数据库

245 00▼a 中庸章句大全/▼d 胡广等编

250　　▼a 木刻本

580　　▼由国立中央图书馆原文信息数据库构建

653　　▼a 经书▼a 四书▼a 中庸▼a 中庸章句大全

776 1　▼c 计算机文件.▼t2004年主要资料原文信息数据库

第二种,在不能直接访问的注记项上描述对应作品的书目关系,如例2至例4所示的500字段。例如,衍生关系的提要、文摘、小说、漫画等和描述关系的批评、解题等都属于这种情况。

[例2]解说(注解)

245 00▼a 书传正文/▼d 蔡沈(宋)编

250　　▼a 金属活字本(后期芸阁印书体字)

500　　▼a 本书是宋代学者蔡沈对儒家"五经"之一《尚书》所做的注解书

653　　▼a 经书▼a 尚书▼a 书传正文

730 0▼a 经书.▼p 尚书

例2是宋代学者蔡沈对《尚书》的注解书。通过653字段和730字段的描述项,该作品能够被识别为《尚书》的相关作品,但无法被识别为《尚书》的解说本。为了实现FRBR算法的自动处理,对500字段进行结构化描述是必要的。

[例3]改编(小说)

245 00▼a 孔子和叶公:▼b 小说论语/▼d 尹锡晟编著

260　　▼a 首尔:▼b 太学堂出版社,▼c1991

500　　▼a 本书是《论语》改编而成的小说

653　　▼a 孔子▼a 叶公

例3是由《论语》改编而成的小说。在008字段/33(文学格式)上输入f(小说),该作品可以被识别为小说。而如果要识别该小说的原作品,则必须在500字段进行追加描述。而现实是大多数记录是不进行追加描述的。

[例4]漫画

245 20▼a(漫画)论语/▼d 金正彬(韩文名김정빈)著;▼e 金德浩(韩文名김덕호)绘

260　　▼a 首尔:▼b 斗山东亚,▼c2005

500　　▼a 本漫画是《论语》改编而成的儿童读物

650　8▼a 论语(四书)

653　　▼a 漫画▼a 论语▼a 东洋古典

例4是由《论语》改编而成的漫画。在008字段/33(文学格式)上输入c(漫画),该作品可以被识别为漫画。而如果要识别该漫画的原作品,也必须在500字段进行追加描述。

为了使KORMARC的书目关系类型表现出结构化,使用了许多关联字段,但关系类型还是没有被完全结构化。由于在KORMARC记录上这些关系类型大部分是在500字段上描述,因而很难按照FRBR算法进行自动处理。因此,为了适用FRBR,能够连接关联著录字段或相关记录的补充装置是必要的。

(三)FRBR的应用方案

"四书五经"的解说或批评等在FRBR作品概念上被视为独立作品,但事实上它们是与原作品有着紧密联系的作品。如上述表3和表4所示,"四书五经"存在着许多书目关系类型,尤其是描述关系的解说、注释、译解、译注、评论、批评和评译等。若如图1所示应用FRBR的话,将《论语》和《大学》的翻译、解说、批评、译注、评译、小说、漫画等作品全部集中为一个作品家族并进行结构化构建,具体详见图2和图3。

为了开发算法使这些相关作品进行结构化,作品之间关联的连接装置是必要的。上述提到的 RDA 的 3 个连接装置分别是:相关资源的识别符、规范检索点、结构化描述或非结构化描述。如果分析 KORMARC 记录,可以发现相关资源的识别符与作为统一标题的规范检索点仅有一小部分被描述,而大部分是在有关联字段的情况下被结构化描述,否则就被非结构化描述。

作品:论语

　内容表达 11:李乙浩　翻译

　　载体表现 11-1:论语/孔子　著;李乙浩　译(首尔:新杨社,1959)[原文数据库]

　内容表达 12:张基槿　翻译

　　载体表现 12-1:(韩文版)论语/张基槿　译著(首尔:明文堂,1984)[原文数据库]

　　……

　内容表达 21:陈潚　解说

　　载体表现 21-1:论语话解/陈潚　述(台北:中华文化出版事业委员会,1953)

　内容表达 22:李民树　解说

　　载体表现 22-1:论语解说/李民树　著(首尔:一潮阁,1992)[原文数据库]

　　……

　内容表达 31:金东吉和许镐九　译注

　　载体表现 31-1:朱注论语/金东吉,许镐九　同译注(首尔:创知社,1992)[原文数据库]

　　……

　内容表达 41:安炳旭　批评

　　载体表现 41-1:论语人生论/安炳旭　著(首尔:自由文化社,1996)[原文数据库]

　　……

　内容表达 51:李彦浩　评译

　　载体表现:51-1:论语故事/李彦浩　评译(首尔:大房子,2000)

　　……

　内容表达 61:金漾秀　小说

　　载体表现 61-1:韩文时代的小说论语/金漾秀　著(首尔:新光文化社,1991)

　　……

　内容表达 71:张世贤和金申　漫画

　　载体表现 71-1:用漫画阅读论语故事/张世贤　字;金申　漫画(首尔:三星出版社,2001)

　　……

图 2　《论语》(现代文献)的示例

作品:大学
　　内容表达11:宣祖命撰大学　　翻译
　　　　载体表现11-1:大学谚解[木活字本]/高宗(1880)
　　　　载体表现11-2:大学谚解[金属活字本]/汉城府首尔,纯祖(1820)[原文数据库]
　　　　载体表现11-3:大学谚解[抄本]/郑河永　书,怀仁(1911)
　　　　载体表现11-4:大学谚解[木刻本]/肃宗(1695)[原文数据库]
　　　　……

　　内容表达12:李珥　　翻译
　　　　载体表现12-1:大学栗谷先生谚解[金属活字本]/仁祖(1749)[原文数据库]
　　　　……

　　内容表达21:朱熹　　解说
　　　　载体表现21-1:大学或问[木刻本]/世宗(1429)[原文数据库]
　　　　载体表现21-2:大学或问[日本木刻本]/了介态泽　编著,天明(1788)
　　　　……

　　内容表达22:朱熹　　解说
　　　　载体表现22-1:大学章句或问[木刻本]/清州,宣祖(1608)[原文数据库]
　　　　载体表现22-2:大学章句或问[木刻本]/清州,宣祖(1608)[缩微胶卷盘1个;35 mm]
　　　　……

　　内容表达23:朱熹　　解说
　　　　载体表现23-1:大学章句大全[金属活字本]/胡广　等编,纯祖(1828)刻[后刷]
　　　　载体表现23-2:大学章句大全[木刻本]/胡广　等编,京城,新旧书林(1913)[原文数据库]
　　　　……

　　内容表达24:李滉　解说(合集)
　　　　载体表现24-1:四书释义[木刻本]/光海(1609)[原文数据库]
　　　　载体表现24-2:四书释义[抄本]/卢德奎,宪宗(1842)
　　　　……

　　内容表达31:李彦迪　批评
　　　　载体表现31-1:大学章句补遗:续大学或问[木刻本]/李彦迪(朝鲜),[刊写年未详][原文数据库]

　　内容表达32:真德秀(宋)　批评
　　　　载体表现32-1:大学衍义[中国木刻本]/真德秀(宋)　汇辑,陈仁锡(明)　评阅,崇祯(1632)　字
　　　　……

图3　《大学》(古文献)的示例

李晟淑和李贤珠(이성숙,이현주,2013)在参照韩国国乐资料的特性和RDA附录J的基础上,提出了RDA的关系说明语和KORMARC映射一起用"关系信息"来重新定义"关联字段的▼i"。在没有关联字段对应关系说明语的情况下,提出了使用787(非特定关系著录)字段。这被认为是一种可以弥补因KORMARC关联字段不足而导致无法结构化的有效方案。

在调查"四书五经"这样的经典作品过程中,我们会发现大多数情况是,没有关于原作品的具体书目事项而仅使用像"论语""中庸"等这样的一般名称来显示参考信息源。经典作品指的是特定的版本,用参考信息源进行描述,但也有广泛使用一般统一标题性质的书名的情况。因此,对于连接装置,笔者认为现实中最简单的方法是在经典作品中使用RDA的规范检索点,即统一标题。

例如,《论语》和《大学》的规范检索点显示的就是国立中央图书馆的主题标目表已收录的"论语(四书)"和"大学(四书)"。而事实上,在一部分记录上以统一标题进行描述,虽然能够集中相关作品,但仍很难使多样化的书目关系按照不同类型进行显示。为此,我们可以采用与一般细目组合的方式来显示书目关系类型术语,如图4所示的630字段。这种做法就很容易地实现了如图2所示的不同关系类型的结构化,同时也可以与FRBR第三组主题联系起来。在文学类作品的FRBR算法开发过程中,表1中的大部分书目关系类型的算法是很容易实现的,但没有关联字段而主要在500字段进行描述的作品则不容易被集中起来。补充完一部分主题标目表后,在630字段使用统一标题(▼a)和一般细目(▼x)就能够实现目标。

630 08▼a 论语(四书)▼x 解说	630 08▼a 大学(四书)▼x 解说
630 08▼a 论语(四书)▼x 译注	630 08▼a 大学(四书)▼x 译注
630 08▼a 论语(四书)▼x 批评	630 08▼a 大学(四书)▼x 批评
630 08▼a 论语(四书)▼x 评译	630 08▼a 大学(四书)▼x 评译
630 08▼a 论语(四书)▼x 小说	630 08▼a 大学(四书)▼x 小说
630 08▼a 论语(四书)▼x 漫画	630 08▼a 大学(四书)▼x 漫画
630 08▼a 论语(四书)▼x 翻译	630 08▼a 大学(四书)▼x 翻译
630 08▼a 论语(四书)▼x 口诀	630 08▼a 大学(四书)▼x 口诀
……	……

图4 《论语》和《大学》630字段的示例

另一方面,使用好责任标识的作用语,也能够区分解说、批评、翻译、漫画等。

RDA附录I提供了用于描述资源和名称之间关系的关系说明语,即作用语。

然而,在调查 KORMARC 记录时发现大多数作用语没有按责任标识的实际作用被描述。例如,原作品的批评或解说在责任标识的作用语上只是单纯地描述为"著""述""撰"等,因而用责任标识的作用语区分显示书目关系类型是受限的。因此,限制使用作用语或者在编制书目记录时详细描述作用语后再使用的做法是可取的。

四、结论

根据"四书五经"书目关系的特性进行 FRBR 应用的分析,研究结论归纳如下:

第一,通过概括性分析 RDA 等,将书目关系类型划分为 6 种:等同关系、衍生关系、描述关系、整体/部分关系、附属关系和连续关系。在"四书五经"的现代文献中,描述关系占比为 73.0%,衍生关系占比为 27.0%,等同关系占比为 42.3%,附属关系和连续关系未出现。按不同类型细分书目关系,出现较多的依次是解说、注释占比为 38.4%,译解、译注占比为 19.7%,翻译、谚解占比为 18.9%等。书目关系类型在所有文献中都出现了至少 1 次,出现 2 次的占比为 48.2%,3 次的占比为 10.5%,4 次及以上的仅为 0.8%。出现 2 次书目关系类型的主要是"翻译+原文数据库""解说+原文数据库",出现 3 次的主要是"翻译+解说+原文数据库""翻译+解说+合集"。按版本种类分析"四书五经"的古文献,木刻本占 65.1%,金属活字本占 9.6%,抄本占 8.0%等。

第二,在 KORMARC 记录上,书目关系类型主要被描述在关联字段上,而"四书五经"的改编、小说、漫画等衍生关系作品则是在 500 字段上对关系的内容进行描述,因而导致这些作品的直接关联性不足。描述关系的解说、评论、译注、评译等,在大多数情况下没有对应的关联字段或这些内容被省略掉。

第三,在"四书五经"的 FRBR 应用方案中,导入"超级作品"概念,将改编、解说、评论、译注、评译等也加入到作品家族中;使用作为相关作品连接装置的 RDA 规范检索点,即统一标题;还列举了在 630 字段以主题标目描述统一标题的范例。

(金正贤,韩国国立全南大学文献情报系教授;董桂存,天津师范大学图书馆馆员)

译文出处:김정현. 사서오경의 서지적 관계 특성에 따른 FRBR 적용에 관한 연구[J].한국도서관·정보학회지,2015,46(2):317-336.(金正贤."四书五经"书目关系的 FRBR 应用研究[J].韩国图书馆·情报学会杂志,2015,46(2):317-336.)

书画文献在四部分类体系中的部类演变
——兼谈书画史传著作的归类问题

The Development of Categorization of the Calligraphic and Painting Documents in the Four-part Categorization System: And a Discussion of the Classification of Biographical Works of Calligraphy and Painting

张 磊

摘 要：通过对历代书目中书画类目的部属调整和收录内容的梳理，明确了子部艺术类书画之属的收录范围，其主要内容包括书画有关的理论、史传、品评、著录、谱帖几方面。针对书画史传著作在书目中归类不一的问题，从著作体例和类表设置两方面进行具体分析并提出解决方法。

关键词：书画文献；史传；四部分类；古籍编目

自《隋书·经籍志》（以下简称《隋志》）以经、史、子、集命名四部，设立四部四十类以来，历代编目多沿用《隋志》体制，以四部类分图书，四部分类法成为中国古代社会图书编目的主要分类体系。书画类是子部艺术类下的一个子类，主要收录书画文献。书画文献包括书法和绘画两大类，书法指汉字的书写艺术，绘画指传统的中国画，其文献包括艺术方法、相关理论和创作作品。书画文献在四部分类体系中长期分属于经部和子部，至清代《四库全书总目》，将书法与绘画合为一类，以"书画"标目，成为子部艺术类下的一个小类，从而形成了四部体系中"子部—艺术—书画"的部类结构。

书画文献专业性强，数量大，类型多，四库馆臣也感叹其"难以类分"。2010年《中华古籍总目》编纂工作启动，这是"中华古籍保护计划"的重要内容和最终成果。其收录范围之广、数量之大，远迈前代书目。对于书画这种专业性极强的类目,要达到"类例既分,学术自明"的要求,难度之大可想而知。笔者承担《中华古籍总目·天津卷》子部的主编工作,对书画文献,既为其专业性所困,又为其与经部、史部纠缠不清所惑。因此将历史书目中与书画有关的类目梳理一过,以期能够在书目发展的历史源流中了解书画文献收录范围的演变,更好地把握书画类目的收录内容与书目编次,以确保目录编纂的质量。笔者不揣浅陋,就所读书目中书画文献的归属演变进行简单爬梳,错漏之处敬请方家指正。

一、书画文献部属的历史演变

书法与绘画在产生和发展上互相影响,相辅相成,有"书画同源"之说。但是在四部分类体系中,书法与绘画长期处于分离状态。书法文献长时间依附于文字类著作,收录在经部小学类中,在归类上经历了由经部到子部、子部到经部,再由经部到子部的过程;绘画类文献则比较稳定,自立类以来主要居于子部艺术(或称杂艺术)类中。

(一) 书法文献所属分类类名的演变

《隋志》经部小学类首次著录了与书法有关的专门著作,如晋代卫恒《四体书势》一卷、释正度《杂体书》九卷等,都是有关书体的书法理论著作,由此建立了书法著作入经部小学类的范例。自《隋志》以后,历代四部体系综合书目中书法著作归入经部小学类成为定例。

宋代印刷术广泛用于书籍生产,书籍数量急剧增长,书目著作也随之增加。宋代私家书目在分类体系上虽然采用四部分类,但是在细目设置及部居上则有自己独到之处。尤袤《遂初堂书目》虽然不标四部,直接以类名标目,但是在体系上仍以四部排序。以书法著作而言,一改《隋志》以来入经部小学类的做法,将《法书要录》《书品》《书断》《墨薮》《法帖释文》等书法著作转入子部杂艺类,与绘画等并为一类,书法著作在类属上出现了实质性的突破。由于《遂初堂书目》"诸书皆无解题",因此尤袤对书法著作类属调整的缘由无从考知。陈振孙《直斋书录解题》(以下简称《解题》)继承了《遂初堂书目》的做法,同时阐明对书法著作部类进行调整的理由:

> 自刘歆以小学入六艺略,后世因之,以为文字训诂有关于经艺故也。至《唐志》所载《书品》《书断》之类,亦厕其中,则庞矣。盖其所论书法之工拙,正与射御同科,今并削之,而列于杂艺类,不入经录。[1]

这一观点与六百年后清代四库馆臣的观点非常一致。

《汉书·艺文志》"六艺略"中立"小学"类,以六经文字为基础,研究文字的构造、音韵、字义,以便准确理解经文,其主要目的是实用。而书法则重在审美,二者研究的内容和方向大不相同,将二者进行区分是十分必要的。尤袤、陈振孙等目录学家注意到二者的本质差异,进行了必要的区分,这是目录学为适应学科发展对类目作出的必要调整。自宋代《遂初堂书目》开始,"子部—艺术—书与画"的类目结构开始萌芽。

但是《遂初堂书目》对书法著作类属的调整并没有得到广泛的认可,在此之后的几百年间,无论是官修书目还是私家目录,书法著作依然归属于经部小学类,元代马端临对这种做法的阐释或许具有一定的代表性:

> 以字书入小学门,自《汉志》已然,历代史志从之。至陈直斋所著《书录解题》则以为《书品》《书断》之类所论书法之工拙,正与射御同科,特削之,俾列于杂艺,不以入经录。夫书虽至于钟、王,乃游艺之末者,非所以为学,削之诚是也。然六经皆本于字,字则必有真、行、草、篆之殊矣。且均一字也,属乎偏旁、音韵者则入于小学,属乎真、行、草、篆者则入于杂艺,一书而析为二门,于义亦无所当矣。故今并以入小学门,仍前史旧云。[2]

究其原因,笔者以为主要在于"一书而析为二门"。目录体系建立的基本原则是"依书设类",虽然在学科发展上有渊源,但是在发展过程中因为研究对象不同而产生不同的分支流派,以至演变为新生学科,因此在类目设置上区别对待。这是目录学适应学术发展做出的调整,目录学正是在学术发展的推动下,不断调整和进步的。

明代私家书目中对书法著作归类不再沿袭旧法入经部小学类,但是也没有形成统一模式。有的脱离经部降入子部,但是并没有与绘画著作合为一类,而是各自立类。如高儒《百川书志》子部设"翰墨家",收录历代书法著作和法帖,绘画著作则归入"杂艺术"类;《徐氏家藏书目》子部卷四分设书类和画类。对书法著作归类的多样性,反映了目录学在适应学科发展下的探索过程,为今后类目成熟稳定打下了基础。

清代《四库全书总目》是四部分类体系目录的集大成之作,对《隋志》以来的类目设置择善而从,作了大幅度的调整。书法著作从经部小学类降入子部艺术类,理由简单明了:"今惟以论六书者入小学,其论八法者不过笔札之工,则改隶艺术。"[3]这一观点与《解题》一致。至此,书法著作的部类归属完成了由经部小学类到子部艺术类的历史演变。

(二)绘画著作所属分类类名的演变

相对于书法著作,绘画著作的分类部居相对稳定。《隋志》不设"杂艺类",绘画类著作收录在史部"簿录"中。《旧唐书·经籍志》(以下简称《旧唐志》)沿袭《隋志》的这种做法,依然归于史部"杂四部书目类"。虽然绘画著作收录于史部,但是《旧唐志》在子部设立"杂艺术"类,这一类目的设置在目录学史上意义重大,在其后的历代书目中"杂艺术"类的收录范围不断扩大,成为子部类目中一个不可或缺的重要类目。

"杂艺术"的类名在不同书目中标目名称不尽相同,有称"艺术"者,有称"杂艺"者。"艺术"泛指各种技术技能。南朝梁阮孝绪《七录》在"术技录"设"杂艺部",这是书目中"杂艺"立类之始。由于《七录》已经亡佚,具体收录内容不得而知。《旧唐志》"杂艺术类"将《隋志》中收录于兵家的棋艺和博戏等方面的著作归入此类,虽然数量不多,但是为后世书目奠定了基础。

《新唐书·艺文志》(以下简称《新唐志》)在《旧唐志》的基础上对细目进行进一步调整,将《隋志》中著录于史部簿录类的前代绘画著作、唐人新作及绘画作品归入"杂艺术类",从而确立了绘画文献在四部体系分类目录中的位置和收录范围。自《新唐志》以后绘画文献稳定在子部"艺术类"中。

《四库全书总目》将书法类文献由经部调整到子部,与绘画文献合为一类,以"书画"标目,从而形成了"子部—艺术类—书画之属"的类目结构。

二、"书画之属"收录内容的历史发展

(一)书法文献收录内容之演变

《隋志》中收录的卫恒《四体书势》(一名《四体书传并书势》)、释正度《杂体书》九卷及《古今八体六文书法》一卷等,都是有关书体类的理论著作。另外,在史部簿录类中收录有《法书目录》六卷、《书品》二卷。

书画艺术在唐代得到了空前发展,出现了一大批书法家、画家,产生了一系列的传世精美之作,艺术理论著作相较以前更加多样,无论是书籍数量还是著作类型都大大超过前代,这一点在《新唐志》中得到充分的体现。据统计《新唐志》经部小学类中除字学著作外,收录书法理论著作二十种,其中唐人所作十二种[4]。如徐浩《书谱》一卷、《古迹记》一卷,张怀瓘《书断》三卷、《评书药石论》一卷,张彦远《法书要录》十卷等书法理论著作。其中《古迹记》记录唐代二王书迹的显晦存亡,对后世研究二王法书的流传历史具有重要的参考价值;《法书要录》收录东汉至唐代元和以前各家书法理论文章及王羲之等著名书法家法帖,是最

早汇辑书学理论和书法作品的著作。《新唐志》在广泛收录书法理论著作的基础上还收录有"二王、张芝、张昶等书"一千五百一十卷,其注文云:

> 太宗出御府金帛购天下古本,命魏徵、虞世南、褚遂良定真伪,凡得羲之真行二百九十纸,为八十卷,又得献之、张芝等书,以"贞观"字为印。草迹命遂良楷书小字以影之。其古本多梁、隋官书。梁则满骞、徐僧权、沈炽文、朱异,隋则江总、姚察署记。帝令魏、褚卷尾各署名。开元五年,敕陆玄悌、魏哲、刘怀信检校,分益卷秩。玄宗自书"开元"字为印。[5]

笔者揣测,题名中的"书"主要是指书写的文字,也就是书法作品,而不是文字理论著作。注文说明了这些作品的来源、整理经过和文本特征。作品总卷数达一千五百一十卷,可见卷帙之巨,足以表明书法作品在唐以前已经大量存世并受到唐统治者的重视。唐初征集天下古本这一史实,在徐浩《古迹记》和张怀瓘《二王书录》中都有详细记述。这条书目反映了《新唐志》将书法的收录范围由单纯的理论著作扩展到书法作品,可视为谱帖入书画之滥觞。

唐代以前的书法著作,以郑樵《通志·艺文略》的收录数量为最多,计七十一部一百五十一卷,收录在小学类的法书类中。《艺文略》虽然不是四部体系的书目,但是郑樵以其通录古今、不遗亡佚的目录学思想,记录了唐以前书法艺术发展的历史成果。如南朝宋王僧虔《古来能书人名录》(一名《能书录》)一卷,"此书当为书家小传之始,此后亦无为书家作小传者"[6]目录4。

从书目记载来看,唐代以前的书法著作其内容包括了史传、书体、品第、著录、纂辑几方面,尽管有的类型著作数量不多,但是体例形式已经基本确定。

宋代是中国书法艺术发展的又一个高峰时期,书法理论研究领域更加广泛,书画文献数量明显增多,如《解题》收录的《宣和书谱》十卷、《画谱》五卷、米芾《书史》二卷,既是宋代的著录体著作,也反映了宋代官、私方面的书画收藏。在宋代书目中书画著作出现了新的类型。主要体现在两方面:

其一,法帖研究兴起,成为书法艺术领域中一个重要组成部分。法帖指横行的石版或木版上摹刻的前人书迹的拓本或印本,是供人学习临摹名碑书迹和名家书法的。最早著录刻帖的书目是晁公武《郡斋读书志》,在经部小学类收录有《淳化法帖》、王若谷《武陵法帖》、刘次庄《法帖释文》等三种著作。陈振孙《解题》子部杂艺类收录米芾《秘阁法帖跋》、黄伯思《法帖刊误》、姜夔《绛帖评》、桑世昌《兰亭博议》等七部帖学著作。法帖单独立类最早见于宋代淳祐间赵希弁的《读书附志》,在"总集类"后设"法帖类",其后历代书目中帖学文献或单独立类,或与书学著作混合编排,或与金石合并立类。

其二，出现了一种轻松、灵活的体裁形式——题跋。写在字画、碑帖等前面的文字称题，后面的文字称跋。书画题跋始见于南朝，但是将许多题跋汇编成书则始于宋代，陈振孙《解题》在史部目录类，著录有董迫《广川书跋》十卷、《画跋》五卷，这是最早见于书目的题跋著作。明清时题跋著作数量日多，成为书画文献的重要组成部分。一些书画专题目录中，设有题跋专类，如清代《佩文斋书画谱》设有书跋和画跋两类。

(二)绘画著作收录内容之演变

《隋志》是最早收录绘画著作的综合书目，入史部"簿录类"，著作仅《名手画录》一种。《旧唐志》仍归史部。《名手画录》已经亡佚，具体内容无法考知。《新唐志》确立了绘画著作归于子部"杂艺术类"的类目结构。在"杂艺术类"中收录了唐代人的绘画理论著作，包括品评类著作，如李嗣真《画后品》一卷、姚最《续画品》一卷、裴孝源《画品录》一卷、顾况《画评》一卷、朱景玄《唐画断》三卷等；画史类著作，如张彦远《历代名画记》十卷，创立了绘画通史的体制，"是编为画史之祖，亦为画史中最良之书"[6]6。《新唐志》在收录绘画理论著作的同时，收录了大量的名家绘画作品，其数量远超理论性著作，计有四十三种。如汉王元昌画《汉贤王图》，阎立德画《文成公主降蕃图》《玉华宫图》《斗鸡图》，阎立本画《秦府十八学士图》《凌烟阁功臣二十四人图》等。这与经部小学类中收录"二王、张芝、张昶等书"书法作品的收录宗旨相同，是《新唐志》的一大特色。这些绘画作品后被郑樵收录于《通志·艺文略》艺术类中。

与书法文献相同，郑樵的《通志·艺文略》中收录了唐代以前的大量绘画理论著作，其数量之多，远超此前的官修目录，如中国最早的画评著作，南齐谢赫《古画品录》一卷，书中提出的绘画六法和评画准则对后世影响很大；唐裴孝源《贞观公私画史》一卷，"为著录名画之祖，足以考知贞观以前名画之存于世者几何，至堪宝贵"[6]256。唐代以前的绘画理论著作多数已经亡佚，但是书目记载反映了当时绘画艺术在理论方面的成就。从书目记载来看，唐代以前有关绘画的理论论述、史传、品评、著录绘画等方面的文献类型已经齐备。

宋代绘画艺术的发展轨迹和书法艺术相同，都是历史上的高峰，加之雕版印刷术的广泛应用，绘画理论著作的数量明显增加，类型多样。其中收录绘画著作范围最广、类型最多的依然是《解题》。《解题》在收录上一方面广泛搜集前人著述，补充遗缺，如唐代著述中李嗣真《古今画人名》一卷、窦蒙《齐梁画目录》一卷、朱景玄《唐朝名画录》(一名《唐朝画断》)一卷、荆浩《山水受笔法》一卷等，都是首次见于书目记载；另一方面收录宋代人绘画理论著作，共有九种。绘画理论方面,有《林泉高致集》一卷(郭熙撰,郭思纂);品评类著作,有黄休复《益州名画录》三卷、刘道醇《五代名画补遗》一卷、《圣朝名画评》三卷;著录类著作,有米芾《画史》二卷、李廌《德隅斋画品》一卷。特别是题跋类著作,有董逌《广川画跋》五卷,以题跋的形式对绘画作品进行考证,考据精核,开创了一种新的著作方式。还有一些著作是对前人著述的续补,如郭若虚《图画见闻志》六卷是续唐代张彦远《历代名画记》,邓椿《画继》十卷又是对《图画见闻志》的续补。

《解题》收录数量虽然多,但是不可能尽载,一些宋代人的绘画著作至清代才被人发现并著录于书目,如:韩拙《山水纯全集》,论述绘画方法;宋伯仁《梅花喜神谱》,是最早的图画谱录。这种以样式、图范讲解绘画笔法、章法的图谱称为画谱,明清时期作品数量增多,成为绘画文献中的重要部分。《中国丛书综录》(以下简称《综录》)在书画之属下设"画谱"小类,首次为画谱单独立类。《中国古籍善本书目》(以下简称《善本书目》)则将"画谱"提升为与书画类并列的三级类目。

通过对历代书目进行梳理,可以看出,书画文献的类型主要包括:论述学派源流的理论性著作;记载书法家生平创作的史传著作;分列品目,评议高下得失的品评类著作,题跋为其中最为重要、所占数量最多的类型之一;记录公私收藏的著作类著作;以法帖、画谱为研究对象的谱帖类文献。这几种文献类型至宋代已经完备,构成了后世书目中书画类的主要收录内容。

三、书画史传著作的归属探讨

自《四库全书总目》确立了"子部—艺术类—书画之属"的类目结构之后,后世书目在大类部属上沿袭这种形式,但是对其中细目有所调整。由于细目调整,收录内容也有所变化。特别是对书画史传著作的归属,出现了归于史部和子部两种情况。

从前文对历代书目的梳理可以看出,书画类的收录内容包括了理论、史传、品评、著录、谱帖等类型。历代书目中对这些著作不作具体区分,统归书画类。新中国成立后,随着书目规模的不断扩大,书画类在原来三级类目的基础上进一步细分为四级类、五级类。细类的设立,使原先混编在一起的文献得以条理化。以《综录》为例,其四级类目分别为:总录、题跋、书、法帖、画、画谱。从类目名称可以看出,其收录范围与前代书目基本一致。其改变之处是将史传著作析出,归于史部传记类。《综录》传记类专录之属下设立"艺术"小类,其下包括书画、印人、音乐、伶人四部分,因此一部分传统书目中收录在书法、绘画类中的史传著作,被移录至史部传记类中。《综录》对类表的这种调整方法被其后的书目吸收采用,因此传统中收录于书画类的文献被分别收录在史部传记类和子部书画类中。今以余绍宋《书画书录解题》中史传类收录的十种著作为基础,以《综录》《善本书目》和《中国古籍总目》三部书目的归类为例进行对比分析,探讨问题产生的原因,以期为今后编目工作提供必要之参考。三部书目相关类目设置见表1。

表 1

书目	史部传记类			子部艺术类		
	三级类	四级类	五级类	三级类	四级类	五级类
中国丛书综录	通录之属			书画之属	总录	
	专录之属	仕宦			题跋	
		学林			书	
		文苑			法帖	
		名医			画	
		艺术	书画		画谱	
			印人			
			音乐			
			伶人			
	杂录之属					
中国古籍善本书目	总传			书画		
	别传					
	年谱					
	日记					
	家传			画谱		
	宗谱					
	杂录					
	贡举					
	职官录					

(续表)

书目	史部传记类			子部艺术类		
	三级类	四级类	五级类	三级类	四级类	五级类
中国古籍总目	总传之属			书画之属	合编	
	别传之属				书画论	
	年谱之属				史传	
	日记之属				著录	
	姓名之属				题跋	
	科举录之属				书画谱	
	职官录之属				影印书画	
	杂录之属				书	合编、书论、史传、著录、题跋、谱帖、影印谱帖
					画	合编、画论、品评、史传、题跋、著录、画谱、影印画谱

《书画书录解题》收录于"史传—历代史"的著作与《综录》等三部书目的归类比较,见表2。

表2

序号	著作名称	中国丛书综录	中国古籍善本书目	中国古籍总目
1	书小史十卷	史部	子部	史部
2	皇宋书录(书录)三卷外篇一卷	史部	子部	史部/子部
3	书史会要九卷补遗一卷	史部	子部	史部
4	历代名画记十卷	子部	子部	子部
5	图书见闻志六卷	子部	子部	子部
6	画继十卷	子部	子部	子部
7	图绘宝鉴五卷	史部	子部	史部/子部
8	无声诗史七卷	史部	子部	史部/子部
9	海虞画苑略一卷补遗一卷	史部	子部	子部
10	读画录四卷	史部	子部	史部

通过归类对比可以看出,收录于《书画书录解题》史传类中的著作,在《综录》大部分归入"史部—传记类—专录之属—艺术—书画"中;《善本书目》沿袭传统收录方法,统归"子部—艺术类—书画之属"。《中国古籍总目》则史部、子部两入,甚至同一种书既入史部,又入子部。出现这种情况的原因主要有两点:

(一) 著作体例

史传著作采用人物传记的形式撰写。中国史书以纪传体为正宗,所谓纪传体是指以人物传记为中心的史书体裁。传记和纪传体史书的列传性质相同,都是记载人物生平业绩,有单记一人的,有合写多人的。传记不附在纪传体史书中,而是单独成书。中国古代没有学科专史,各个专门领域的发展历史往往是汇集同一领域中著名人物,撰写或辑录这些人物的传记资料形成传记总集,通过人物传记详细介绍其学术主张、著作成果,从而反映各自领域的学术发展。通过人物传记反映学术源流是专科史学的一大特点。以体裁形式归入史部是现代图书分类的通行方法。

(二) 类表细类设置

从《综录》的类表设置分析,史部设有专门收录书画人物传记的小类,因此书画著作中以人物传记形式编写的史传著作归入史部传记类,其他有关理论论述、创作技巧、考据等文献归入子部艺术类。这种组织方法改变了历史上统归书法、绘画两类的传统做法。《善本书目》史部没有设立与书画相关的小类,子部中将画谱单独列出,与书画并列为三级类,在其他书画文献的组织上继承了传统书目的方法,不细分类目,全部归入书画类。《善本书目》有严格的收录标准,所以收录数量不是很大,即使不设置细类,在款目排序上也不会有太多的问题。但是如果放宽收录范围,将存世的产生于1912年之前的书画文献全部收录,如何做到编次有序,学术分明,是编目工作面临的一个重要问题。在这方面,《中国古籍总目》进行了有益的尝试。从类表设置可以看出,史部传记类细目与《善本书目》一脉相承,子部书画类则吸收了专题书目的类目设置,划分详细,分类层级至五级。从具体书目收录上看,虽然传记类的类表设置吸收了《善本书目》的方法,但是在书目收录上却与《综录》有诸多相同。因此出现了史传著作有归入史部传记类的,也有归入子部艺术类的。史部没有设立与书画相应的小类,史传著作是否需要析出?特别是在书画类中设立有史传专类时,再将史传著作析出,难免会出现一书而分析二门的情况。

正在编纂的《中华古籍总目》分省卷在书画史传归类上也面临一些问题。在最新调整的类表中,史部传记类总传之属,下设技艺小类,包括书画、印人、伶人和筹人,和《综录》类分层级大致相同;子部书画类则与《善本书目》相似,画谱与书画并列三级类,书画类下设书法、绘画和书画三小类,沿袭了传统书目中书法、绘画著作不作进一步区分的做法。如果按照历史书目的收录方法,书画史传著作可以与其他书画类著作一起归入书画类,但在史部传记类设有相应小类的情况下,书画史传著作究竟是归入史部传记类,还是沿袭传统收录方法归入子部书画类,是一个需要明确的问题。

传记类著作一直是编目中的难点,特别是书画著作,内容往往兼涉两三种主题,如品第与传记,著录与传记等,著名的目录学家、书画大家对待同一种书因为理解角度不同,归入的部类也不相同。例如《综录》史部中收录的《五代名画补遗》与《圣朝名画评》等著作,在《书画书录解题》中归入"品藻类";《宣和书谱》和《画谱》《书画书录解题》则归入"著录类"。由此可见,对书画史传著作做出明确区分并不是单纯以体例形式为标准可以解决的事情。而史传著作的归属问题解决不好,难免造成书目编次的杂乱无章,从而影响目录的整体质量。

具体的解决方法,不外乎两种途径,一方面可以在现今的类表下,完善相应的编目组织规则,给出行之有效的指导说明,明确哪些著作应该归入史部传记类,哪些依旧留在子部艺术类,以免编目人员在实际操作中无所适从;另一方面,似乎可以参考历史书目的组织方法,对类表进行适当调整,取消"传记类—总传之属—技艺类"后的小类设置,将书画文献集中收录在子部艺术类中,包括其中的史传著作。这种收录方法既符合书法、绘画立类以来的历史传统,也避免了因为区分不当而造成的归类错误。

四、结语

来新夏先生曾言:"对于古典目录书不能只是翻读一些细类的标目就以为掌握了内容,而是需要看一看各类著录了一些什么书,有哪些特点,各种目录书在处理归属问题上有什么异同,它们的根据是什么,等等。"[7]前辈学者的研究心得是对目录工作的最好指导。在网络技术飞速发展的环境下,计算机检索的便捷性,容易使人忽视书目编纂的严谨性,计算机的检索结果往往是碎片化的,难以达到中国传统目录学"辨章学术、考镜源流"的学术宗旨。大型书目如何做到编次有序,完整统一,广收而不冗滥,有赖于业界同仁的共同努力。梳理书画类目的历史源流,其最终目的是继承古典目录学的优良传统,利用现代化的技术手段,达到更高的学术水平。

(张磊,天津图书馆研究馆员)

参考文献:
[1]陈振孙. 直斋书录解题[M]. 上海:上海古籍出版社,1987:85.
[2]马端临. 文献通考[M]. 北京:中华书局,1986:1617.

[3]纪昀,陆锡雄,孙士毅,等.钦定四库全书总目(整理本)[M].北京:中华书局,1997:凡例31.
[4]王宏生.北宋书学文献考论[M].上海:三联书店,2008:5-6.
[5]欧阳修,宋祁.新唐书:第57卷[M].北京:中华书局,1975:1450-1451.
[6]余绍宋.书画书录解题[M].杭州:西泠印社出版社,2012.
[7]来新夏.古典目录学浅说[M].北京:中华书局,1981:165.

修复与装潢

四川大学图书馆藏三册清人手迹文献的修复*

A Restoration Report of Three Qing Manuscripts in Sichuan University Library

张黎俐　许卫红

摘　要：文章以四川大学图书馆藏三册清人手迹文献修复实施过程为例，通过对手迹文献修复的研判、试修，针对在修复前、中、后期遇到的困难及应该注意的问题，结合修复中的实际情况，探讨此类文献的修复方法与保护措施。文章还对修复过程中的重点和难点进行了梳理和总结，希望能给手迹类文献的修复提供一些参考。

关键词：手迹文献；挖衬；文献修复；修复方案；修复档案

一、引言

四川大学图书馆古籍特藏文献编目开发人员在整理馆藏时发现了三册未著录的手迹文献，因破损严重，书页粘连，编目人员难以辨识出这三册文献的题名。根据文献外观及粘连较轻的散落书页，可以判断其应属清代文献，具体内容为信札、手稿和公文抄本。为完整揭示文献内容，对其进行普查编目和数字化开发等工作，以提供给师生和研究人员阅读与研究，并对珍贵的手稿文献进行保护，就必须先行对其完成修复。经过初步检视，我们发现这批手迹文献所用纸张来源

---

* 本文系2017年度四川大学中央高校基本科研项目"新媒体视野下高校图书馆古籍阅读推广活动评价体系构建及实证研究"（项目编号：skq201704）、四川大学图书馆情报与文献学项目"高校图书馆古籍文献宣传推广与服务优化"（项目编号：sktq201710）研究成果之一。

各异,大小不一,颜色、材质各不相同,且所有书写纸张像剪报一样用满涂或点浆的方式粘贴于其他书籍的书页上,较长书页甚至如经折装的书芯一样在连续多个筒子页上反复折叠粘贴,粘贴手法较为粗陋。经过百余年岁月侵蚀,破损情况已非常严重,修复难度极大,对修复室条件和修复人员的技术要求较高。

四川大学图书馆古籍修复室在2014年完成扩建后,工作环境和条件得到全面改善,目前存有各类传统手工纸200余种,相关检测仪器、修复设备、工具基本齐全,在职的三位修复人员均多次参加国家古籍保护中心举办的文献保护与修复方面的专业培训,能够承担线装书、精装与平装书、书画等相关文献的修复工作。2016年修复室作为"四川省古籍修复中心四川大学分中心",成为"国家级古籍修复技艺传习中心四川古籍修复中心传习所"的共建单位,文献修复技术水平稳步提高。经过评估,我们认为目前修复室已经具备修复这批文献的基本条件。

2019年5月底至6月初,我们确定了基本的修复方案,对此批文献已脱落的散页进行了试修验证,然后将其作为下一个修复项目排入候诊队列。2019年7月,第一届四川省古籍修复技艺大赛举行,根据大赛的赛期及对修复作品的要求,我们与中心领导商议后一致认为这是进行此套手迹文献修复的最佳时机,决定将第一册《义学章程》内粘贴的信札作为参赛作品,其余二册在比赛结束后陆续完成修复。

应大赛要求,考虑到修复项目的挑战性,我们对此次修复过程做了详尽记录,除了常规必备的修复档案,还对染纸、检测、下料、补破、装裱、装订等过程进行了细致入微的记录,主要包括表格填写、内容描述、照片拍摄和视频录制等。现将这些记录整理成文,希望能为同类文献的修复工作提供一些有益的借鉴和参考。

二、文献破损情况及方案制定

（一）文献破损状况

三册清人手迹文献为四川大学图书馆馆藏善本,原文献书写在不同尺寸、材质、颜色的纸张上,经人整理后分别粘贴于另外三册文献筒子页上。粘贴后整书外观呈现出中间凸起、四周低凹的面貌,对纸张形成一种拉扯的力量;多数手稿为单层竹纸或宣纸,也有部分是经过托裱的双层纸张,托裱和粘贴时多处使用了不同稠度的浆糊,部分粘贴点纸张突出起皱;用于粘贴手稿的衬书自身已出现不同程度的破损,或因粘贴造成变色、脆硬结痂等情况。整套文献的破损较为复杂,其中最主要的破损表现为粘连和虫蛀,粘连面积超过40%,虫蛀面积达全书50%以上,书页难以翻阅。根据中华人民共和国文化行业标准《古籍特藏破损定级标准》(WH/T 22—2006)第4.3、4.4条,我们将其定级为一级破损。

除此之外,这三册文献还有不同程度的卷边、褶皱、水渍、晕色、脏污等情况,在纸张形式、内容和破损上三册文献也呈现出各自的特点。其中第一册文献内容主要为信札,粘贴于《义学章程》一书,原信札书页用纸来源复杂,有的使用普通手工纸,有的使用花纹、色彩各异的信笺纸,甚至有拜帖的背面。纸张大小、厚薄差别较大,特别是色彩众多,晕色情况最为严重,已严重污染《义学章程》的书页,局部经水浸或受潮的纸张褪色明显。第二册文献内容为公文抄录,字迹清晰工整,有很大一部分经过托裱后粘贴于衬书,可见抄录收藏者对这部分文献的内容非常珍惜和恭谨。原托裱所用纸张为比较粗糙的黄色厚竹纸,与手稿较为细腻的白色薄竹纸材质差别较大,造成托裱后的纸张呈浅黄色。第三册文献内容为文稿,粘贴于《双冷斋文集》一书上,纸张尺寸相差大,最小尺寸仅有9.3厘米×18.6厘米,最大尺寸为99.8厘米×21.6厘米。较长纸张书页反复折叠后粘贴在连续多页上,在书口形成的多条折痕错落重合,纸张机械强度严重下降,褶皱脏污情况较为严重,局部出现细密撕裂口;另外这部分文稿字迹较为潦草杂乱,多处涂抹修改,很难辨识,个别文字的笔画超出纸面,落于衬书上,可以基本确认其纸张应为先粘贴后书写,由此判断文稿作者应是《双冷斋文集》的收藏者和粘贴者。

(二)修复要求和难点

此批清人手迹文献存藏川大图书馆善本库多年,一直未曾编目著录,无法鉴定其书写者和来源,加上文字多为行书或草书,部分书写随意,又或经过涂改,在破损严重的状态下漫漶难认,无法对其进行普查与编目工作,遑论阅读、研究与进一步的开发了。用于粘贴这部分手稿的衬书《义学章程》《双冷斋文集》和《四川试牍》,在粘贴的当年或许为常见普本,如今也属珍贵文献,其中《义学章程》和《四川试牍》经查本馆无藏。对此,馆领导希望通过本次修复达成三个目标:其一,通过修复,将手迹文献书页与其附着粘贴的衬书安全分离,并分别修复成册,实现变三为六;其二,通过修复,解决现有文献无法翻阅的问题,使修后的所有文献能够提供使用;其三,通过修复,将珍贵的手迹文献用合适、美观的装帧方式呈现并妥善保护,为其他类似的馆藏手迹类文献的保护修复提供范式,从而形成一套较为完备的保护措施和方案。

针对以上修复要求,根据文献破损基本情况,我们认为,此次修复存在以下难点需要克服:1.装帧形式问题,原手迹文献是由大小不一、颜色各异的信笺纸或其他纸张组成,从衬书上将其揭下修补后应采取何种形式装帧？2.分离书页问题,原手迹纸张与衬书、托纸之间,相邻衬书、手迹纸张之间均有不同程度的粘连,怎样才能将其安全分离,同时保证其完整性？3.晕色问题,由于手迹纸张多使用染色或刷印的信笺纸,颜色各异,部分已出现掉色情况,修复前用清水在其边缘位置稍作尝试,发现其遇水即晕染,修复时如何尽量少用水、避免晕染？

(三)修复方案

针对以上所列难点,经讨论,我们初步确定了修复的基本方案。

首先,需解决此批文献修复后的装帧形式问题。原用于粘贴手迹文稿的衬书自身为线装文献,根据"整旧如旧"的文献修复原则,修复后衬书应保持原尺寸和装帧形式,缺失的护页和书皮参考原书纸张补配。对于粘贴于衬书之上的手迹文献,我们决定采用挖衬的方式装帧。挖衬是金镶玉的变种,是中国古籍修复中比较讲究的一种形式,是"整旧如新"原则的完美体现。这种装帧形式费工费料,操作复杂,针对性强,日常很少采用。本册信札粘贴于其他文献上,拆解揭取后变成散页,只能"整旧如新";其内容满写于大小、厚薄、材质与颜色不一的纸张上,并靠近所粘贴文献书页边缘,不能直接装订,必须增加四边来保护内容、避免磨损;增加天地边后,还可方便后人阅读、研究时进行批注;原纸张极易晕色,需要使用衬纸将书页隔开,避免直接接触时相互晕染。因此,无论从阅读使用、形式美观,还是文献保护的角度考虑,挖衬都是最佳方式。

其次,分离书页问题,为保证手稿与衬纸的纸张揭取分离后都能保持完整,并避免晕色,我们决定对易晕色的有色纸张和写印媒介采取蒸揭与干揭相结合的方式,对无晕色危险的书页浸润湿揭,这需要在修复过程中根据实际情况灵活掌握。

最后,晕色问题,除揭取分离时需要注意外,为了尽量减少水分的影响,我们决定采用干清洁的方法去除污渍,采用干补的方式进行书页补破。

(四)试修

鉴于对该类文献毫无修复经验,为了确保整个修复过程的安全性、科学性和可操作性,正式修复前需要对我们的基本方案进行检验。2019年5月底至6月初,我们先对第一册中破损程度较轻的两页信札进行了试修。这两页信札原已失胶脱落,夹在《义学章程》一书内,破损较轻,主要是虫蛀,背面原粘贴失胶处有少量浆糊残留,书页颜色是较为艳丽的深玫红色,其中一页的上端褪色。根据《义学章程》书页上残留的淡红色,且此书无严重浸泡痕迹,可判断出信札纸张极易褪色,需要在修复时特别注意。因不涉及揭取,此次试修主要解决补破中的晕色和装帧形式问题,同时,熟悉挖衬技术,大致确定各部分尺寸、纸张选取、配染色等一系列的问题。

我们严格按照日常修复程序进行了纸张检测、书影拍摄、修复工作单填写、配纸等修复前的预处理工作,其次进行清洁、补破、压平、裁剪齐边,最后进行挖衬形成完整的单页(图1、图2)。因挖衬书页不同于传统的金镶玉有下边可供齐栏,为保证全书的整齐美观,在试修过程中,我们在白纸上齐左下边画十字线用于定位并扎眼,以确定挖去衬纸的位置,将其作为模板为后续的全书装订时齐栏奠定基础,保证整书美观和阅读方便。

图1　试修书页之一　　　　　图2　试修书页之二

试修完成后,书页补纸颜色搭配和谐,修后无晕色现象;衬后的书页整体平整,形式美观,初期提出的问题基本得到解决,试修目标基本达成。在得到主管领导的认可后,我们认为可以按照试修程序制定完整详细的修复方案开展修复。

三、修复实施

(一)修复过程

在修复实施阶段,我们遵照审核通过的修复方案步骤逐一实施操作。整个修复过程包括预处理、书页修整、结构复原或重装几个阶段。

1. 预处理阶段

修复的预处理阶段指在对文献进行修补操作前所做的一系列准备工作,包括填写修复工作单、拍摄修复前照片、拆解并对单页文献排序、清洁、配料和准备工具等,为后续的修复工作奠定基础。

因书况复杂,很多步骤反复进行了多次。如修复前书影拍摄,在拆解前、拆解后都逐页进行拍摄,用于存档和后续排序、拼接残片等参考。清洁也分多次完成:第一次干清洁在文献拆解前,在通风橱内用羊毛刷对整书除尘;第二次整书拆解后逐页除尘,并用马蹄刀剔除蛀洞周边的昆虫排泄物;第三次在分离手迹纸张和衬书纸张时,刮除多余的浆糊残留和其他杂物;最后在单页修补时,根据需要和是否晕色,局部用毛笔蘸水去除水渍。再如,文献拆解也分多步:先将衬书拆解标序,把衬页与其上的手迹文献一起逐页夹入吸水纸;逐页修补时再次分解,分别修复。其中《同治年间公文抄本》的书页粘贴于《四川试牍》一书前,多数书页经过托裱,因托裱用纸粗糙且已损坏,本次修复也需揭除。

2. 书页修整阶段

书页修整阶段主要包括对拆解后文献各部分逐一修复,并根据需要增加护页、封皮、题签等,为最后的结构复原或重新装帧做准备。其主要内容包括针对书页缺失部分的补破,针对书页撕裂或磨损导致纸张机械强度下降而进行的加固,针对结构缺失进行的材料增添,以及书页修补后的喷潮、压平、折页、裁剪齐边、锤平、蹾齐等处理,最终形成一页页平整完好的单页。

在补破方面,针对手迹文献我们采用传统的手工修补方法,根据不同情况采取湿补、干补、双面补等不同形式。揭取后的衬书无晕色问题,纸张性能稳定,主要的破损表现为虫蛀,我们分析后采用纸浆补书机进行修补。

3. 结构复原或重装阶段

对于用于粘贴手迹文献的衬书《义学章程》《双冷斋文集》《四川试牍》,我们遵循"整旧如旧"的原则进行结构复原,补配齐护页、封皮后均按原尺寸和装订方式恢复为四眼线装。

对于手迹文献,我们采用挖衬的方式重新装帧,增加原信札的天头、地脚等容易出现磨损的部位。由于开本较大,我们将其装订为六眼线装,并增加包角。三册手迹文献原无封面,所以均手写题签,托裱后贴于封面。《同治年间公文抄本》在实施结构复原时,由于原书页数量达92页之多,如按原数量进行装订,整书过于厚重而影响外观和整体性,因此决定将公文改装为上、下两册,既让其外观和谐统一,又使手稿和文稿厚度匹配。

(二)重点和难点的处理

1. 标序

馆藏三册清人手迹文献外观看似散乱,但通过其内在逻辑判断,该文献之前粘贴时应该被人整理过。我们一般会在书页背面的右下角用铅笔进行标序,更改装订形式后整页外露且部分页面为双色字迹,因此不宜直接在原件上标序。我们将拆解下来的信札逐页夹入吸水纸,并用铅笔编列页码于吸水纸上。整个处理过程小心谨慎,避免顺序出错。

2. 备染修复用纸

在古籍修复中,材料的选取至关重要,它将直接影响成书的质量和效果。修复材料主要包括修复用化学品、纸(或纸板、纺织品)、黏合剂、颜料染料、丝线、其他辅助材料等。对于以纸张为主要组成部分的古籍文献来说,配纸尤其重要。修复配纸应遵循"整旧如旧"的原则,主要补纸应选择质地、颜色、厚薄、性能与原书页相匹配的纸张,力求达到"远观一致,近看有别";其他如加固、镶衬、书皮、纸钉等处用纸也应与修复部位的需求相契合。经过对原书书页和库存修复用纸的检测、分析、比对后,我们选出各部位修复用传统手工纸和其他主要耗材(表1)。

表1 清人手迹文献修复配纸一览表

序号	用途	纸张品名	加工处理方式
1	补纸	Z001 竹混料、Z007 竹混料、Z008 竹混料、Z009 竹混料、P020 雁皮纸-1、P023 雁皮纸-4	用国画颜料进行染色。玫红色系:曙红、大红、湖蓝、钛白、墨混合调配;大红色系:大红、墨混合调配;棕色系:藤黄、赭石、焦茶、墨混合调配
2	衬纸	Z016 连史纸	
3	镶纸	Z107 连史纸	
4	连接、加固	P022 雁皮纸-3、P059 日本典具帖 5g	
5	封皮用纸	X025 四尺夹宣-净皮、X035 六尺单宣-净皮	托裱
6	封皮托绢用纸	耿绢 C-4 瓷青色	托裱
7	包角	耿绢 C-1 明黄	染色
8	装订	3#丝线	标记处信札距书口和下脚的位置;书口处边宽1.8cm,下脚5.5cm
9	定位工具	100g A4 打印纸	
10	临时装具	2.5mm 厚棕色无酸纸板	

部分手迹纸张颜色特别，库存成纸中没有合适的纸张备用，选配时，我们选择材质和厚度相近的纸张进行染色。首先将书页颜色大致分为玫红、大红、棕色三种深浅不一的色调，用国画颜料曙红、大红、湖蓝、钛白、墨调出玫红色系，用大红、墨调出大红色系，用藤黄、赭石、焦茶、墨调出棕色系。其后，将待染纸张垫无纺布用羊毛刷进行刷染，上色后在染色纸一边的端头涂上浆糊，粘于细圆木棍上，拿住木棍慢慢抬起将染纸分离并搭在晾纸架上晾干。原手稿颜色即使同一色系也深浅不一，有的同一页色彩不均匀，有的两面颜色各异。为了染出与手稿相匹配的颜色，我们用国画颜料兑好颜色进行刷染时，有意用不同的力道刷染上色，使颜色附着不均匀，让染好的纸呈现深浅不一的状态；对于双面是不同颜色的纸张，我们根据原手稿其中一面相近的颜色进行选纸，然后从另一面进行染色，刷染时动作要轻盈、迅速以保证颜色尽量只浸染一面，而另一面呈现出似染非染的效果。为了防止脱色，我们在颜料中加入适量明胶，并待染纸晾干后蒸一下固色。

因此批手迹文献修复、装订所用纸张类别、质地、颜色较多，为保证后续选料简单明了、不易出错，特意根据修复对象制定了下料单，对所需材料的位置、名称、数量、材质、颜色、尺寸等指标都做好详实记录。染后注明所用颜色、纸张材质并分类存档，以备后用。

3. 补破

补破时为避免晕色，我们多采用干补的方法对手迹文献进行修补。先选取相应颜色、材质的补纸，将补纸置于破洞上方，用水笔沿破洞边缘画线并按水线撕出相应的形状，将撕好的补纸正面向上垫于吸水纸上，在补纸背面刷稀浆糊，待多余的水分被吸走后，将其粘贴于破损处，撕掉余边，使补纸大于破洞边缘1~2毫米。补完后翻转书页，用毛笔尖蘸少许清水清洗较大蛀洞处补纸正面，反复两三次洗掉残留浆糊。整个过程要极小心，避免水分过多而浸润到书页，同时去除之前粘贴在正面用于加固的薄皮纸条（图3）。对于情况特殊的单页，我们采取了针对性修复方法，如《清末文稿》第十二页双面有字，作者当时使用旧的名刺作为书写材料，为了保留其上姓名和背面文字，修复时我们将补纸粘贴于文字笔画较少的一面，并尽量撕掉遮盖到笔画的补纸，以保留文献的原始内容（图4）。

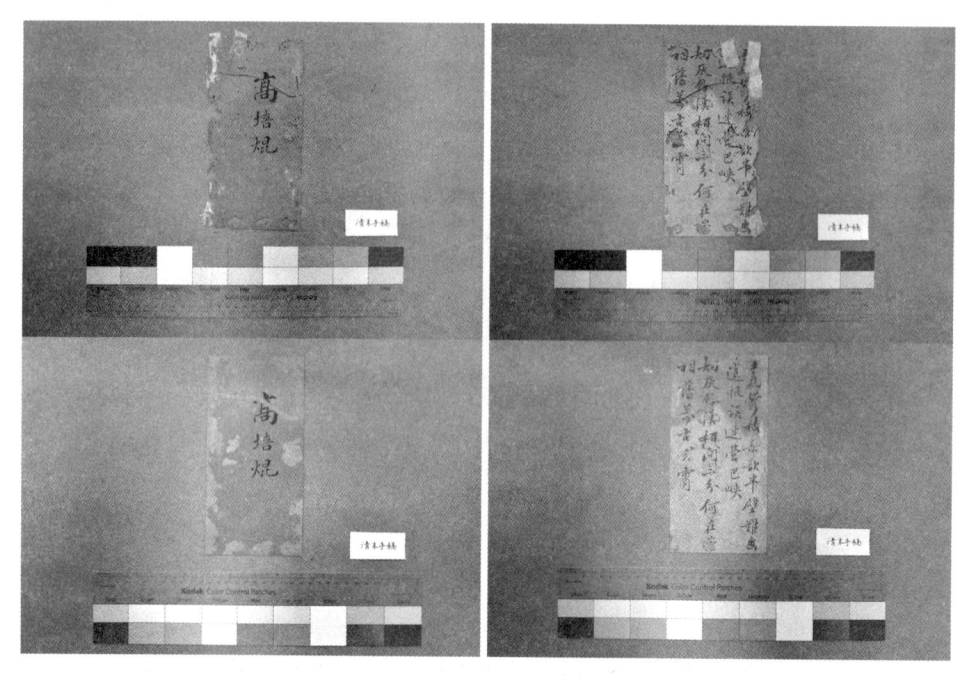

图 3 《清末文稿》第十页修复前后对比图

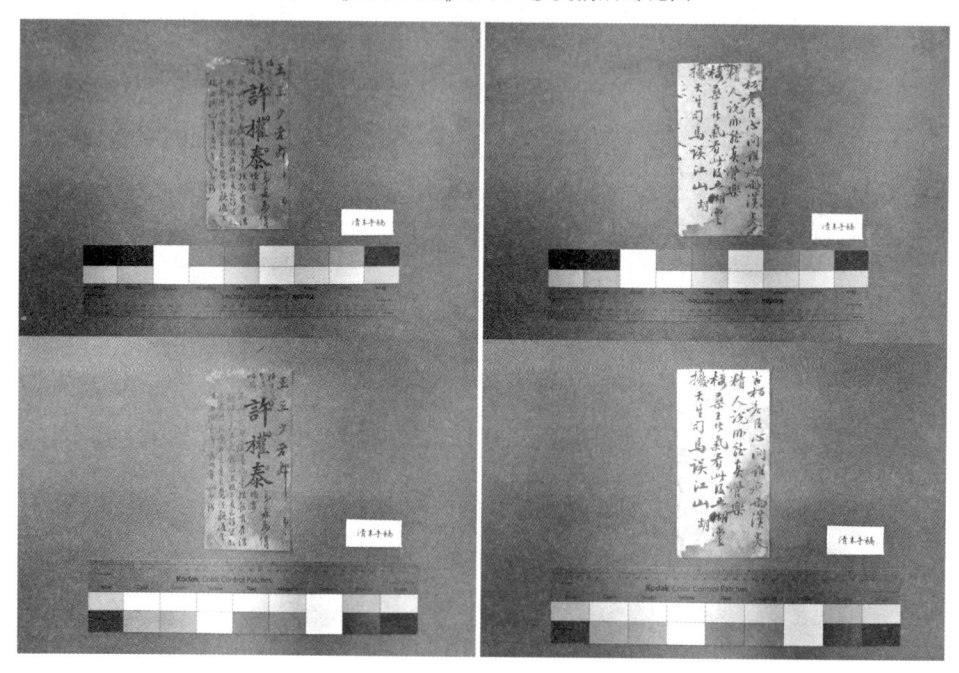

图 4 《清末文稿》第十二页修复前后对比图

4. 折页

此批手迹文献中《清末文稿》部分书页尺寸较大，修复前粘贴于《双冷斋文集》一书多页上，彼此相连，状如经折装，最大书页尺寸达到21.6厘米×99.8厘米，需要事先根据每页文稿尺寸、文字布局和挖衬效果设计折页方法。通过商讨我们确定了折页原则，即折线应避开字迹，折后书页的篇名或篇首尽量在上或外露，挖衬后布局合理，符合传统文献天地比例和审美习惯。据此原则，最终形成从两面一折到七面六折不等的折页方式（图5、图6）。为避免折后书页背面向上，我们避开了偶数面奇书折的情况。部分书页三面两折太窄，只能两面一折。我们采用不对称折页方法，将篇名或篇首外露，以便阅读。

图5 《清末文稿》第一页展开前

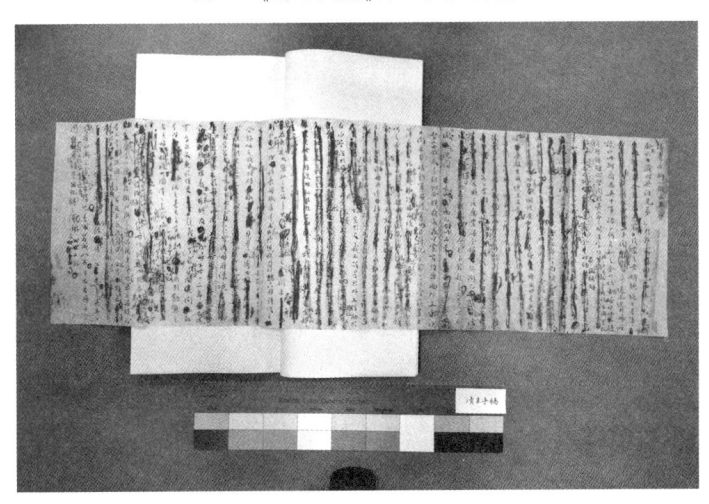

图6 《清末文稿》第一页展开后

5. 挖、衬

修复后的手迹文献纸张来源复杂，尺寸上高矮、宽窄皆不相同，我们通过调整每页天、地、边的尺寸，最终形成挖衬后规格相同的单页，以便装订。我们选取最高、最矮、最宽、最窄和最大数量的尺寸规格，据此确定挖衬后单页尺寸，既要避免尺寸最大的书页装订时被遮挡而影响阅读，又要兼顾尺寸最小的书页装订后比例适宜，还要考虑全书每页信札的摆放位置符合古文献天、地、边比例，品式合理、美观。每一页文稿都需仔细核查，对其尺寸认真记录，计算出文稿粘贴的合理位置。最后我们确定挖衬后单页尺寸为 35.4 厘米×19.2 厘米，地脚尺寸统一为 5.5 厘米，距书口处留边 1.8 厘米，天头和书脑处尺寸根据书芯纸张大小调整。

为提高工作效率，我们在 A4 纸上画出书芯距书口和下脚的坐标线，作为定位工具(图 7)。使用时对折衬纸，将定位工具夹于衬纸中，将修复后的手迹书页左、下边对齐坐标线，用针锥在书页四角的边缘处各扎两孔，挖掉中间重叠处衬纸(图 8)。由于手迹纸张厚度不统一，特别是《清末文稿》的部分书页多次折叠后形成较厚的单元，为了保持装订后整书平整，经过测算和试验，我们增加了衬纸的数量并根据需要进行双挖，即挖掉两层衬纸，将双挖书页尽量均匀分布于整书内。

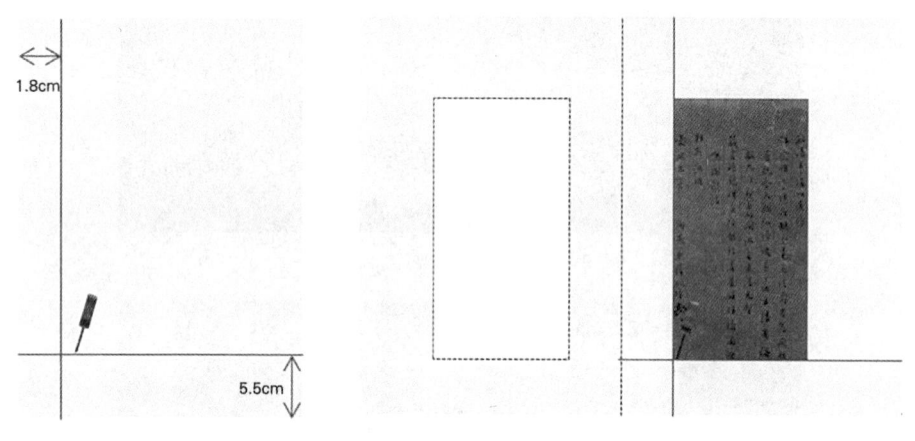

图 7　定位工具示意图　　　　图 8　挖衬示意图

然后，将挖好的衬纸衬于镶纸内，将书页对齐挖口，在书页背面点少许浆糊粘贴在镶纸上。对于双面有字的书页，如在名刺背面书写的书页，我们依原样以书写面为正面，而在其背面无字一边或一角处点浆粘贴，使其可以自如翻开。对于《清末文稿》一书中反复折叠的书页，我们将折叠后的书页作为单元，在最下折面的背面点浆粘贴，使其打开后如蝴蝶蛰伏于书册上，既便于阅读，又不易变形。

四、档案记录和总结

本馆工作规程要求我们对文献修复工作做全方位记录，"全方位"是指文献修复档案的形成贯穿于整个修复活动：从修复前对待修文献破损情况的检查、修复方案的制定与审核、相关准备工作，到对修复过程的全程记录，以及修复工作完成后对修复质量的鉴定、修复经验与教训的总结和文献回库后的跟踪监测，等等。从载体形式上看,包括:各类审核单、工作单、下料单的纸质和电子文档;修复前、中、后期的书影,以及重要技术操作过程、文献结构图等照片或手绘图;文献或技术相关影像视频资料;确需保存但无须或无法修复的从修复对象上拆解或脱落的文献组成部分,以及修复中使用的重要实物材料;等等。在修复工作的最后阶段,将这些档案整理存放,并编号保存,以供将来查阅参考。

(一)工作记录

我馆馆藏纸质文物保护修复档案记录主要包括修复方案审定单、下料单和修复档案工作单。在此批文献修复过程中,我们认真填写以上单据,详细记录修复过程,对文献的基本情况、修复前的破损情况、修复的方案、修复中使用的技术和材料,都逐一详细描述,形成较为全面的原始工作记录。这批工作单不仅仅是工作记录的需要,也是修复过程中重要的参考。例如,该批手迹文献所用材料种类繁多,材质、颜色各异,我们通过下料单罗列出所需耗材数据,然后对照此表逐一选取相应的材料,使复杂的用料变得简单、有序和高效。再如,修复《清末文稿》《同治年间公文抄本》两书时,由于是两人合作完成,工作记录成为不同修复师之间交流、协作的桥梁,显得尤为重要。这三类工作记录作为文字档案涵盖了修复前、中、后期,形成一条相互补充、佐证的重要档案,贯穿于整个修复过程,应以纸质和电子版形式进行异质化保存,提高其安全性。

(二)图片记录

图片记录是对修复实物最便捷、形象和生动的呈现。鉴于比赛的需要,且我们是第一次修复手迹类文献,此次修复项目除进行常规的修复前、后照片拍摄外,在每个关键步骤、重要环节均对文献的不同形态、采用的技术手法进行了跟踪拍摄,让静态的图片在修复过程中因为阶段性的记录而串联在一起,变得生动活泼。例如:手迹书页与衬书分离后、破损严重而掉落的残片、折页前与展开后、拼接补破等重要修复步骤,以及制作定位工具、挖衬等技术手段,都进行了图片记录。这些图片既是文字档案的补充说明,也是修复档案的重要组成部分。

(三)视频记录

视频拍摄呈现文献修复的动态过程,从领修文献、讨论制定修复方案、修复实施到整理归档的全过程的每个阶段,特别对工序反复、步骤繁杂的过程,通过影像进行记录和追踪,它既是对修复过程的真实写照,也是对重要技术的详细反映,为日后跟踪监测及同类型文献修复提供形象、直观的参考和依据。四川省古籍修复技艺大赛要求参赛者提供修复过程视频,因此,我们对修复过程的主要步骤进行视频录制,还增加了领修、检视、制定方案、选取材料、蒸书页、分离书页、固色染纸、颜色比对等步骤的拍摄,视频容量达到 8.35G,占所有电子文档的 61.85%。修复工作完成后,笔者对视频做了整理、归纳,从众多的视频中选取关键步骤进行剪切和编辑,最终形成一个简单记录修复过程的五分钟小视频。大赛后,小视频在业内群里广为传播,引发了同行之间的探讨,促进了业务和技术交流。

(四)整理与归档

整理与归档是修复工作中最后一个重要环节,整理同时也是对修复项目的再次梳理。本次项目完成后,笔者对修复期间所有实物、文字、图片和视频记录先按类别进行建档,再按照时间和工序归类,将各类电子文件统一编码命名、系统排列和打包存储。每份完整的档案盒里包括档案索引、纸质档案和实物档案,它们都编码归类存放于修复室的档案柜里。我馆历年所有修复档案分成常规修复和快修两大块,每大块下面再按照中文古籍、西文和近现代文献、书画舆图拓片等大型文献类型分别存放,每类下再依据修复责任人进行归档,档案号反映的是修复责任人和接修时间。将修复档案完整地保存下来,构成排列有序的档案系统,不仅是修复成果的表现,也是修复工作中经验和教训的素材库,既便于文献回库后的跟踪监测,也便于日后查阅参考和同行交流。

五、结语

此批手迹文献的修复对我们来说既是尝试也是挑战,笔者在完成第一册修复后参加了首届四川省古籍修复技术大赛,取得了第一名的好成绩,并在其后选送参加全国古籍修复技术竞赛中获得三等奖,这是对我们此次修复工作的肯定和鼓励。完成《周华庭藏札》的修复后,我们相继完成了后两册的修复,并将第二册《同治年间公文抄本》改为两册装订。至此完成了《周华庭藏札》《仁寿学堂章程》《同治年间公文抄本》《四川试牍》《清末文稿》《双冷斋文集》六种书的修复,最后实现了变一为二、变三为六种七册的目标(图9、图10)。

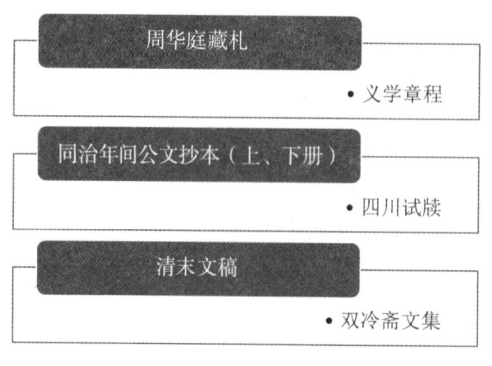

图 9　手迹文献与衬书对应关系图　　　　图 10　全部文献修复后

通过本批手迹的修复，我们提高了自身的技术，对文献修复的原则、修复流程及团队合作等方面有了更深入的理解和改进，也为今后本馆开展和完成其他复杂修复项目提供了经验。

首先，该项目修复人员、编目人员、库房管理人员等相关人员密切配合、通力协作，共同推进和保证了修复项目的顺利完成。编目人员深度参与修复项目，用他们的专业知识论证了三册手稿之间关联不大，推翻了最初认为三册成套的论断，并重新对三册无题名的手迹文献命名。修复基本完成后，邀请书法家为此批手稿书写题签，起到画龙点睛的效果。

其次，深入了解并灵活运用文献修复原则。在装帧形式上，灵活运用"整旧如旧""整旧如新"修复原则，按照文献实际情况完成最后的装订；在选择修复用纸时，严格遵循修复材料"相似性"和"适宜性"原则，选择材质、颜色、厚薄等各方面最合适的纸张，使修后书页达到"远观一致、近看有别"的效果；在修复过程中，遵守"可逆性"与"最少干预"原则，选择传统的手工浆糊，并尽可能少用浆糊和水。

再次，通过修复实践，我们认为对于信札、手稿等以散页呈现的文献来说，挖衬是最合适的一种装帧形式。它不仅让散页文献整理者的思路完美保留，也能将收藏过程中留下的时代烙印得以存储，实现了散页不散，完成了对每一件原始手迹文献从内容到形式的最大保护和呈现。

最后，在复杂的修复项目中，检验了本馆文献修复业务流程的科学性和规范化，为今后的修复工作提供范式。整个修复过程中，我们严格按照本馆修复工作规程开展各项工作，包含前期的反复研讨和审核修改修复方案，开展试修；在修复中期科学统筹各册文献的修复实施，在保证修复质量的前提下节约修复时间，并进行详细跟踪记录；在修复后期认真检验修复成果，做好验收工作；最后对所有资料和档案进行整理和存档。整个项目的推进过程严谨缜密、环环相扣，修复思路清晰规范、有条不紊。

手迹文献是一个时代、一段历史时期特殊而珍贵的历史文化遗产，越来越多的图书馆认识到此类文献特别是名人手迹的价值，开始加大征集和收藏的力度。手迹文献保护和修复，除硬件条件的有力支撑外，还需要大力提高修复人员的相关技能，建立完善的手稿修复档案制度，同时也对整理人员具备专业领域的相关知识和识别能力提出了更高的标准和要求。在严格遵循修复原则的前提下摸索出的这套修复手迹、散页的方法，在本次修复实践中证明切实可行并行之有效，也在比赛和展出中获得同行的认可。但因笔者水平有限，修复此类文献经验尚浅,该方法是否适用于所有手迹类文献还有待更多案例实践和时间检验,文章若有不完善和不足之处,还请同行批评指正。

(张黎俐,四川大学图书馆馆员;许卫红,四川大学图书馆副研究馆员)

参考文献:

[1]杜伟生.古籍修复原则[J].国家图书馆学刊,2007(4):79-83.

[2]侯富芳.手迹文献及其影印出版问题研究[J].图书馆建设,2014(9):40-43,46.

[3]潘美娣.古籍修复与装帧(增补本)[M].2版.上海:上海人民出版社,2013.

[4]刘建明.大国工匠:刘建明古籍修复案例[M].北京:学苑出版社,2018.

[5]施文岚.馆藏珍贵信札价值及其修复与保护:以《致贵州提督田兴恕手札》修复为例[J].图书馆,2018(7):109-111.

[6]孙永平.《王龙唱和词》手稿修复工作札记[J].图书馆界,2010(3):67-68.

[7]李景仁,周崇润.谈谈名人手稿的保护[J].图书馆杂志,2003(6):40-42.

《退想斋日记》修复保护述略

A Brief Introduction of the Restoration and Conservation of the *Tuixiangzhai Diary*

邢雅梅

摘 要:《退想斋日记》是民国时期山西地方文史学者刘大鹏先生一生最重要的著述之一。日记起自 1891 年,到 1942 年止,跨度长达半个世纪,内容丰富,记录详实,价值珍贵。但由于时间久远,破损严重,不能充分利用,修复迫在眉睫。本文通过对日记原有装帧形式、破损状况、病害类型、用纸特点及黏合剂使用情况的整理与研究,确定具有针对性的修复方案,并以"整旧如旧、最少干预"的古籍修复原则为依据,以科学、规范的操作流程为标准,完成了这部珍贵地方特色文献的原生性修复与保护。

关键词:《退想斋日记》;修复;保护;述略

刘大鹏(1857—1942),字友凤,号卧虎山人,山西太原县(今太原市晋源区)赤桥村人。清末民国山西著名的地方文史学者。著有《晋祠志》《晋水志》等地方志书,《退想斋日记》更是其一生精力所系。日记现存 43 册,记事从光绪十七年(1891)到民国三十一年(1942),全部为毛笔手写。内容包括晋祠及太原省城发生的重大变迁及当地农村的政治、经济、文化方方面面,对民间风俗、岁时节日、婚丧嫁娶的各种程序、礼品、费用、婚令和礼节等记载尤详,是刘大鹏先生留给今人的珍贵文化遗产,也是山西省图书馆馆藏重要地方特色文献。日记所用纸张,来源多样,加之时代久远,破损严重,修复保护迫在眉睫。

自 2018 年开始,山西省古籍修复中心对现存 43 册《退想斋日记》进行立项修复。从修复前的档案数据建立、修复方案制定,到修复用纸的选择及染色、修复过程操作,历时两年。这部具有地方特色的文献最终得以因材施"修",再现昔日风采。立项伊始,笔者曾撰文探讨《退想斋日记》的修复特点[1],侧重修复方案的比较研究。如今项目顺利结束,《退想斋日记》的面貌得以全面展现,对项目过程中的重要环节进行全面梳理和总结恰逢其时。

一、《退想斋日记》修复前状况

(一)装帧形式

《退想斋日记》现存43册(图1),修复前直观显示为散页(图2),用牛皮纸包装,基本是十册为一包,一年为一整册,每一册记事的时间大约是前一年的年初到第二年的年初。

图1 修复前状况

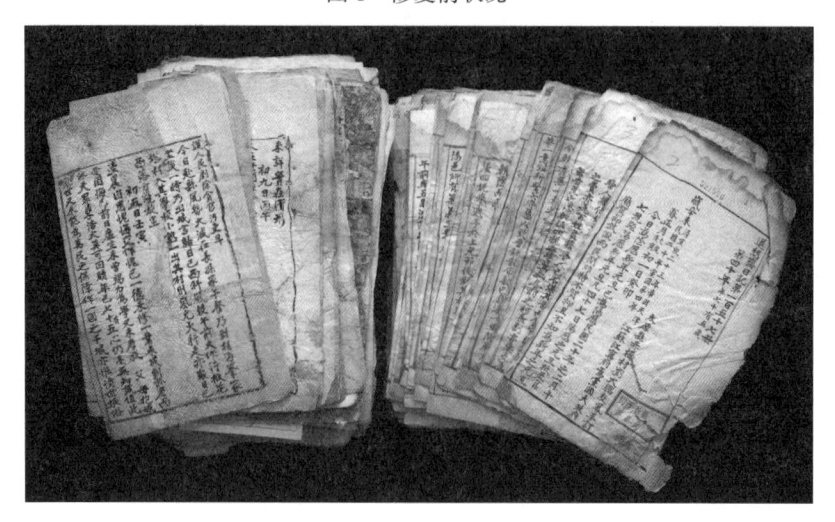

图2 直观显示的书页为散页

一整册又分四个季度，每个季度有单独的标题，如"春、夏、秋、冬""元、亨、利、贞"等，有的还以一张或者多张护页作为分册的标记。由于书页大小不统一，造成装订的书眼位置也不统一，但根据装订的书眼数量及位置，可以断定装帧形式为毛装。

（二）纸张状况

《退想斋日记》用纸方面较为复杂，纸质也很差。大约光绪十七年至光绪三十四年（1891—1908）间的日记用纸还比较统一，属于竹皮纸，纸张很薄，有的薄如蝉翼，但其韧性和平整度还好，破损程度不严重，书页较整套书略小，尺寸大约是22.5厘米×12.5厘米，且书页背面无字。

而民国二年至十三年（1913—1924）的日记，书页纸张强度逐渐降低、脆化、糟朽，书页四周严重变色。纸张大都是民国时期的机制纸，韧性较差，脆化后有严重掉渣的状况（图3）。

图3　脆化后严重掉渣的书页

民国十二年至十三年（1923—1924）的日记，书页有严重的虫蛀和鼠啮。

民国十年（1921）的日记，书页均有大面积的水渍和霉斑，纸张强度较差。这个时期的书页用纸大小基本一致，大约为26.5厘米×15.3厘米，而且基本上没有采用纸片拼接。

民国十四年至二十四年（1925—1935）的日记书页用纸，为各种纸片拼接而成（图4），且纸片的纸质、颜色"五花八门"，所用纸张有机制纸、竹纸、宣纸、麻纸等，厚薄不同，书页大小不一，形状各异，且背面有字，破损程度较为严重。最小的书页尺寸约18厘米×13厘米。

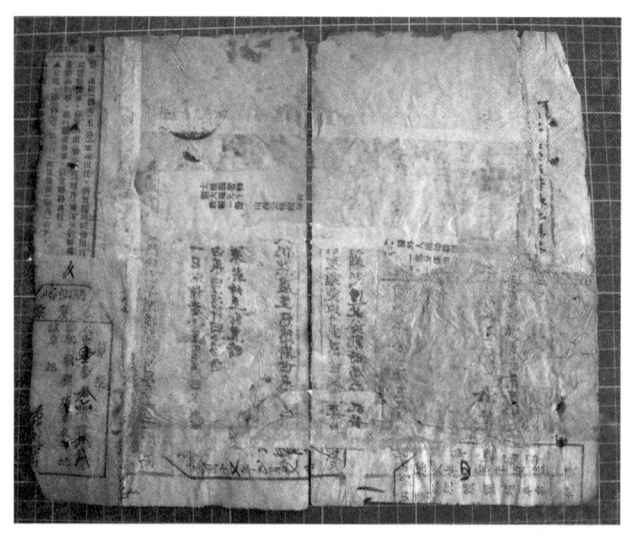

图 4　票据、破旧纸片拼接而成的书页

民国二十五年至三十一年(1936—1942)的日记所用纸张基本没有拼接而成的,只是书页四周有些发黄变脆,但整体纸张韧性还是比较好,书页大小基本一致,在这套日记中尺寸最大,约为 28 厘米×17.5 厘米。

(三)纸张特色

《退想斋日记》所用纸张比较具有特殊性,单面有字的书页较少,书页背面基本上都有着丰富多彩的内容,是当时社会生活的真实写照。例如,旧的台历、投票方法说明、邮票、旧账本、收据、算数本纸、旧报纸、信笺、戏曲年画、歌谱(图5)等等,经过裁切后拼接在一起。有的书页不仅正面内容掉色,背面内容也掉色严重,书页四周参差不齐,拼接的纸片凹凸现象较多,且纸张韧性极差。

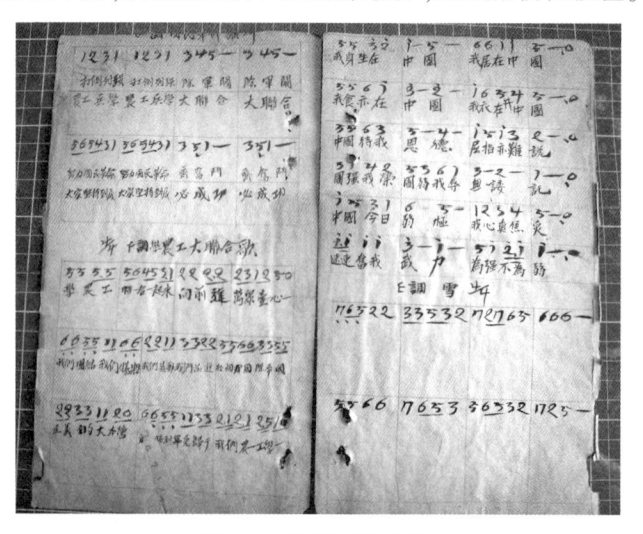

图 5　书页背面的歌谱

（四）黏合剂使用情况

所用浆糊是我们日常生活中的材料，如小米糊（图6）、面糊等，浆糊上还有污渍附着。书页上的小米糊黏合得特别牢固，很难去掉，为了保存原有信息及状态，保留小部分，暂不做处理。

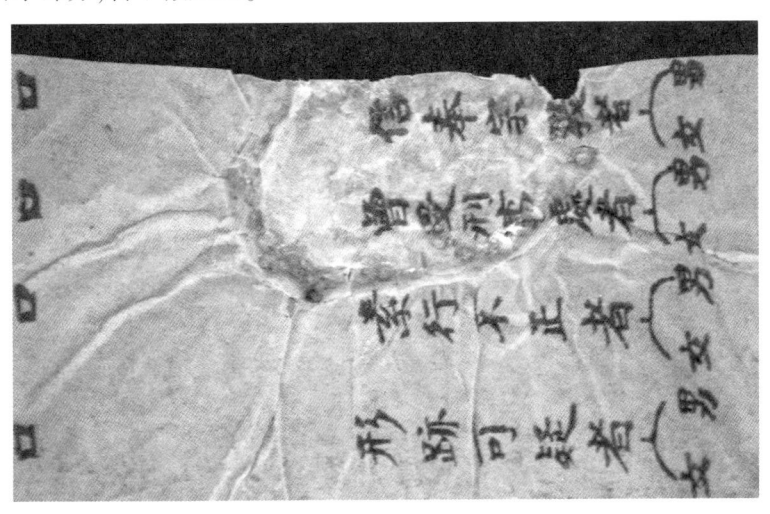

图6　小米糊作为黏合剂

由于黏合剂和粘接方法的问题，整册书页褶皱严重（图7），粘补的部位变得特别僵硬，很难揭起，还有很多书页有大面积的重叠和粘连，并且还有污渍和尘土附着造成严重变色，甚至有的地方都变得焦脆而失去韧性。

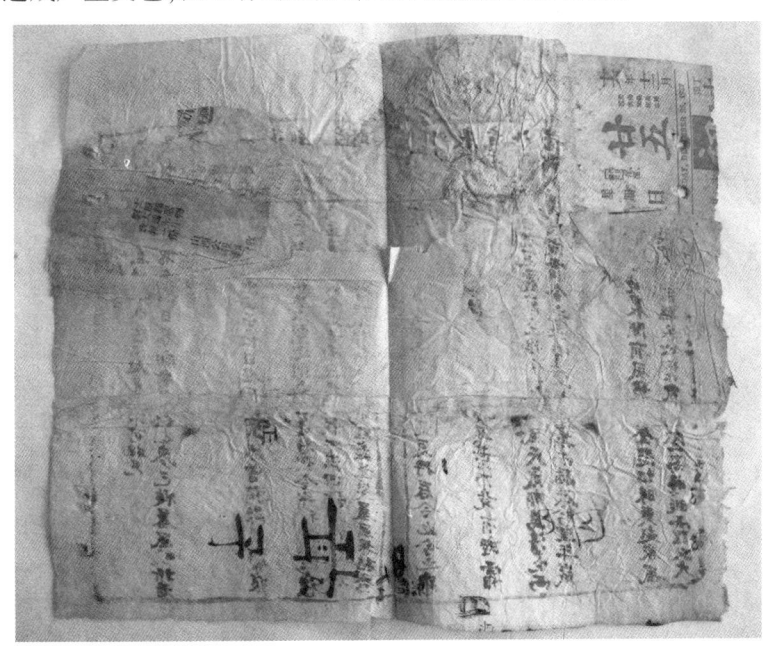

图7　黏合剂造成拼接部分褶皱严重

二、书页病害类型分析

全套书43册,主要的病害有酸化、絮化、脆化、粘连、霉蚀、残缺、鼠啮、洇色、灰尘附着、污渍、褶皱、虫蛀、烬毁、字迹缺损、折痕、断裂、水渍等,基本涵盖了古籍破损的全部类型。由于病害复杂,纸张强度严重降低,很多书页糟朽,出现破碎、掉渣现象,天头、地脚破损成锯齿状,加之大部分书页双面有字,对修复过程构成很大的困难。综合各项破损程度,需进行整体性修复,根据《古籍特藏破损定级标准》(WH/T 22—2006),可判定为一级破损。

(一)双面有字:这套书最大的特点就是双面有字,尽管背面内容与日记没有什么关联,但它是刘大鹏先生早年生活状况的体现。先生惜纸如金,也就是他的这种记载形式才使得背面的资料也具有了一定的史料价值,为研究当时的历史提供了充实的依据。

(二)粘连:这是这套书较为严重的病害之一,由于黏合剂和不明成分的污渍附着,造成书页拼接部分粘连或者书页之间相互粘连。

(三)脆化:这种破损类型是所有古籍的"通病",在北方城市,气候干燥,加之保存环境的影响,造成书页脆化后严重变色、掉渣。

(四)污渍、水渍:有很大一部分书页被污渍附着,水渍面积较大,有的已经严重变色。

(五)鼠啮:这种类型的病害造成书页大面积损坏,使得日记内容严重缺失。

(六)断裂:由于磨损造成书口断裂甚至缺失,这是各册日记大都存在的问题。

(七)掉色:书页及书页背面的内容掉色严重,有的书页背面用手轻轻触碰都会掉色。

(八)褶皱:由于在利用各种纸片拼接成书页时黏合剂和粘接方法的问题,一页书多个地方粘连后,整册书褶皱严重。

三、修复档案的建立

在开展修复工作之前,我们必须详细记录藏品最原始的文献信息、破损类型及保存状况,为修复方案的制定提供科学依据,从而建立完善的修复档案数据。

(一)拍摄、扫描修复前书页正、背面的所有内容,并记录书页的原始状态信息。

(二)记录藏品的装帧形式、版本及总的册数、页数,并在每页右下角以最小的字号用铅笔标注页码。记录书页中夹页的详细信息,测量全套书页的尺寸、书页及整册书的厚度。

(三)记录纸张类型及纤维成分、纸张酸碱度检测数据(pH值)。

(四)记录藏品所用纸张及破损类型、黏合剂使用情况、纸捻的种类、缝线的材质、是否有曾经修复过的痕迹等。

(五)记录原始的保存状况和装具,包括装具的材质、颜色、形式、数量等。

(六)修复完成后,需记录采用什么样的修复方案、修复过程及操作细节、修复用纸(皮纸、竹纸等)及黏合剂的选择、修复用纸染色所用的材料(植物染料、矿物质染料、中草药等)及染色过程(染料的比例、浸泡及煮沸时间)。

(七)记录修复后的状况(例如:是否有必须分册的情况)及最终的装帧形式(是否必须改变装帧形式)。

四、修复方案

由于《退想斋日记》全部为没有装订的散页,且书页背面有较多内容,因此必须遵循"整旧如旧""最少干预"的修复原则,包括装订形式、书页原始尺寸及记载形式、黏合剂的部分残留等,在修复技法上尽可能地少添加修补材料,并且要保证修复过程和措施的"可逆性",如有必要可以随时更换修复材料及修复方法,最大限度地保持其原有的特性及资料信息。因此选择合适的修复方法和装订形式是非常重要的。

五、修复材料

"工欲善其事,必先利其器",修复材料的保障和得心应手的工具是修复过程顺利实施的先决条件和关键因素。因此,修复过程中根据藏品的特点,必须合理选配修复材料和工具。

(一)黏合剂

目前我们传统的纸质文献主要采用小麦面粉浆糊或小麦淀粉浆糊,它们的特质温和,遇水后更容易稀释,有效保证了修复过程的可逆性。由于小麦淀粉浆糊比小麦面粉浆糊植物蛋白含量少,防腐、防霉性好,故选择小麦淀粉浆糊作为此套书的黏合剂。为了更具安全性,我们自己手工洗粉制作。

1. 黏合剂的材料:首选的是富强高筋面粉。

2. 黏合剂制作过程:用水将面粉和好,反复揉和使面团达到软而不稀、韧而不硬的效果后静置。之后将和好的面团放入大盆中加入清水,保持匀速匀力反复揉搓清洗,直至面团洗成面筋,盆中清洗面团的水变成"牛奶状"。这样循环操作清洗面团后,将盆中清洗完面团的水过滤到一个较大的容器中静置沉淀。每天换水3~4次,反复沉淀2~3天,将沉淀后最上面的清水倒掉,留下底层较稠的部分,采用设备烘干或者平摊至塑料纸上晾干后备用[2]103-106。

3. 黏合剂的熬制:将制作好的固体淀粉用冷水浸泡融化后上火熬煮至透明的糊状,之后稍稍冷却后将其泡在冷水中,需要时取适量用木锤反复捶捣至无结块后,按书页厚薄状况再用清水调配、过滤后使用。

(二)修复用纸的选择与染色

1. 修复用纸的选择:修复用纸选配合适与否直接关系到修复的每一个步骤,要求"纸料一同"[2]111-112,即纸质、厚薄、帘纹及颜色都应与原件相匹配,其中前三项是根本,颜色可以通过染色来达到标准。因此,在选择修复用纸的纸质时,首先要以原件为标准,力求达到相同或是类似。其次是厚薄、帘纹要与原件相匹配,厚度要遵循"宁薄勿厚"的原则。由于各册日记所用纸张有很多的不同,甚至一页之中都有好几种纸质,所以在配纸时要根据原件状况,随书选择。

2. 修复用纸的染色:修复用纸的染色是一个漫长而又细致的过程,建立在对颜色性质及冷暖趋向的深层次理解上。在这些基础上,通过不断调试、对比来完成。因此,修复用纸的染色是色彩学知识在修复实践中的充分应用和完美体现。

古籍修复用纸的染色颜料是植物(如橡碗子、栗子壳、茶叶)、矿物质颜料(如国画颜料),加上部分中草药(如黄柏、栀子)。

建议在修复工作开始前数月以原件纸质、厚薄、颜色为标准开始染色,目的是使上色后的纸张有一个颜色沉淀的过程。由于原藏品用纸的多样性,很多书页的颜色都有差别,因此,先确定整套书页颜色的总体色系后,再以每册书页的颜色为基调,逐一对比,反复调试,从而达到预期的效果。

3. 染色操作方法:先将橡碗子(或栗子壳)用热水浸泡后进行熬煮,根据所需颜色深浅决定浸泡和熬煮的时间,时间越长其颜色会越深,之后再以原件为标准添加茶叶(普洱茶、绿茶)、黄柏或者栀子。

为了使纸张尽快上色,染色时必须加热。一般有拉染、浸染、刷染三种方法。拉染需要将熬煮过的热染液置于容器中,我们所用的是一个比较大的不锈钢浅口水槽,其尺寸大于所需要染的纸张,将单张纸浮于染液表面后一拉而过,因纸张与染液接触时间短,染色较浅(图8)[2]113-114。

浸染,是将一张或多张纸浸泡于染液中,待纸张完全浸透后取出,其颜色会深于拉染(图9)。

图8　拉染法　　　　　　　　　图9　浸染法

刷染,是将纸张置于桌面上,用排刷均匀地将染料刷在纸张上,刷的过程中染液的浓度可以调整,颜色会相对深一些。

六、修复过程操作

由于《退想斋日记》所用纸张及黏合剂的特殊性,就必须以一种特殊、合理且具有针对性的修复方法进行修复,真正做到因材施"修"。

(一)书页去污处理

第一种方法是将书页置于无纺布上,基本上采用清水去污。用软毛刷蘸清水清洗书页表面,也可以将多张书页错开放在两层无纺布或者韧性较好的吸水纸的中间后置于一块木板上,侧立木板淋洗书页,并不断地轻轻挤压书页使污水流出。第二种方法是清水浸泡清洗:将书页错开放在两层无纺布或者较厚的吸水纸的中间后,再将其置于浅口水槽中适度浸泡,并用手轻轻挤压掉书页中的污水,最后将书页取出放在吸水纸上晾干。必要时也可以用适量稀释过的碱性洗涤剂,以这两种方法清洗书页。这套书还有很多的书页由于之前修复时黏合剂的使用方法不对,产生褶皱且污渍附着严重。在处理时将书页平放在一张平整的无纺布或者塑料纸上,先以温水浸湿小部分,确定书页没有泅色等变化后再整体浸湿,用镊子或者不是很锋利的工具将书页表面的污渍轻轻捏掉或者刮掉,再以清水清洗,以吸水纸吸掉多余的水分。这些过程都可根据书页变化情况决定是否重复操作。

(二)粘连书页的修复

首先要根据书页粘连程度来选择揭开的方法,揭书页的方法大体分干揭、湿揭和蒸揭。

干揭:这种方法适用于轻度粘连且纸张强度尚好的书页,但揭的过程中不能强行处理,需将竹启子轻轻地插入书页的空隙处,手指压在书页的一边,顺着纸张的帘纹走向慢慢地移动竹启子,使书页之间的缝隙逐渐增大,直至相互粘连的书页全部分开。干揭需小心谨慎,必要时再采用湿揭或者蒸揭(图10)。

湿揭:这种方法应视书页整体情况而定,前提是书页没有洇色且还有一定的纸张强度。书页浸泡时间不宜过久,待水分蒸发掉70%左右时再逐一揭开,且揭开的书页需单独衬吸水纸晾干。

蒸揭:这种方法是针对粘连比较严重的书页,蒸之前必须先将书页用薄的塑料布包裹严实,待书页蒸完后再慢慢揭开。如有褶皱严重的部位,应视情况展平后再重新粘接,如果是原件本身的褶皱就不作整平,否则会造成字体变形或错位。

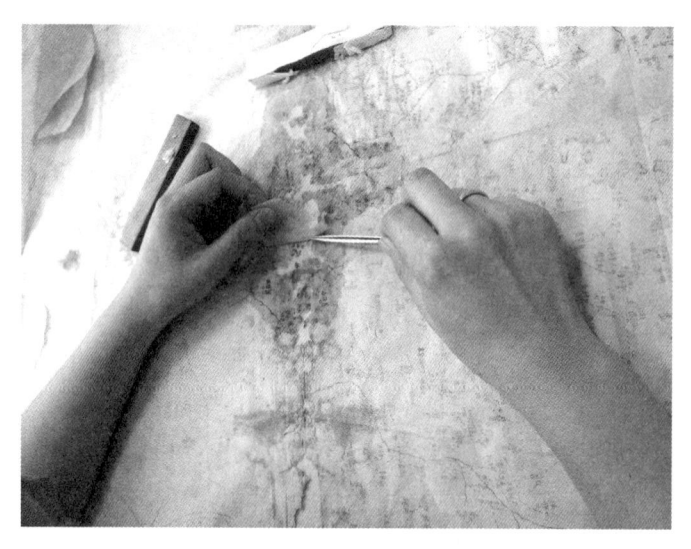

图10 粘连书页的修复

(三)双面有字书页的修复

双面有字是《退想斋日记》用纸的独特之处,因此,在修补书页正面破损部位的同时也要考虑到书页背面的内容。为了最大限度地保存书页背面的信息,修复过程中合理选择修复用纸和修补的方法是至关重要的。必要时也可以在书页的正面进行修补,但不论是从书页的正面还是背面修补,都要尽量避开有字的部位。用清水去除污渍及灰尘后,选择与原书页破损部位纸质、颜色相仿的补纸,在空白处或者是字里行间做修补,并且要处理好补纸纤维与原件纸张纤维之间的衔接,尽量缩小搭口处重叠部位的面积。

(四)脆化书页的修复

书页脆化是这套书较为严重的问题,目前由于我们没有较好的除酸设备,因此书页脆化的问题不能得到彻底的解决,只能利用修复加固手段暂时缓解和保护。

(五)鼠啮和虫蛀书页的修复

这套书鼠啮和虫蛀过的部位纸张韧性还好,所以选择与原件纸张颜色、帘纹、厚薄相仿的修补用纸修补缺失部位,要求搭口处尽量稍稍错开,避免重叠部位在同一个位置而造成书页的局部增厚,影响整套书最终的修复效果。

七、装订与装具

(一)分册装订

由于每册书的书页较多,且书脑狭窄,如不分册装订,会由于书页太厚使中间往后的书页无法完全展开,同时也会造成书页在翻阅过程中再次损坏,因此采取分册装订,即按照春、夏、秋、冬四季分册(图11)。

图11 修复完成后分册装订

(二)增加每册的封皮

原书四季标注较为明显,并且偶有封皮,其封皮的纸质、厚薄基本与原书页相同。分册后,除保存原有封皮外,统一每册上、下各上一个封皮,封皮形式为书口处一边折回与一个护页相粘,折回的尺寸约为1厘米。

(三)纸捻及装订

由于修复过程中保持了原书页大小不一的状况,修复完成后无法确定原纸捻统一的位置,因此在最大限度保证原书眼位置的前提下进行装订,并确定纸捻露在外面的长度不能超过书长的1/5。纸捻订好后缠绕打结,以点浆与封皮粘接,保持原毛装形式不变(图12)。

图12 修复完成后的《退想斋日记》保持原有装帧形式

(四)装具

由于《退想斋日记》全套书没有一个统一的尺寸,且数量较多,所以基本上是以每三册装一个函套,且函套长、宽尺寸以最大书页为标准,高度为三册书的总高度,形式为六合套。

八、结语

《退想斋日记》是刘大鹏先生一生心力的凝结,其长达五十余年的珍贵记录是研究晚清至民国时期山西地方及中国农村社会、经济、文化等的珍贵史料,备受学界瞩目。但由于作者所用书写材料及载体形式的特殊性,长期以来限制了人们对它的研究和利用。通过保护性修复让《退想斋日记》重新跟读者见面并发挥其作用,是我们修复工作者的责任。

此外,《退想斋日记》由于写作过程漫长,其形成、存藏等状况与刘大鹏先生的生平息息相关。由于各个时期所用纸张、浆糊等情况均是其境况的反映,由此必然会影响到修复方案的制定。例如,在"揭"的过程中考虑保留个别书页上的小米粒,以体现手稿所使用的小米糊实为浆糊,保留其历史痕迹,同时也思考"整旧如旧"的原则或可以注入更多维度的解读。笔者不厌其烦地叙述手稿纸张等状况及修复的重要环节,是希望通过《退想斋日记》修复个案的介绍,在为学者提供参考的同时,也能与同行共同探讨修复的理念和技法,让这部以特殊载体形式体现其丰富地方特色史料价值的文献得到更好的再利用。

(邢雅梅,山西省图书馆副研究馆员)

参考文献:
[1]邢雅梅.因材施"修" 完美再现:《退想斋日记》修复特点[J].中国中医药图书情报杂志,2018,42(3):61-64.
[2]国家图书馆古籍馆.国家图书馆三件早期雕版印刷佛经修复与保护[M].北京:国家图书馆出版社,2019.

桐城派珍稀古籍修复研究二则

Two Notes on the Restoration of Two Rare Books of the Tongcheng School

臧春华

摘　要：《蠹窗诗集》是桐城派女诗人张令仪的诗文集，《敬敷书院课读四书文》乃桐城派集大成者姚鼐在主讲敬敷书院时编选的时文读本。二书因霉蚀粘连、糟朽腐蚀而残破严重，成为"安徽省图书馆藏桐城派珍稀古籍修复及研究"项目重点修复古籍。经局部加固和整页加托，书册平整度尚佳，文字内容和版框信息得以较好保留。此研究对修复霉蚀粘连及酸化破碎严重古籍具有借鉴意义。

关键词：桐城派；《蠹窗诗集》；《敬敷书院课读四书文》；古籍修复；修复案例

桐城派是我国著名的散文写作艺术流派，它兴起于清康熙，鼎盛于乾隆，至民国式微，因其主要代表人物方苞、刘大櫆、姚鼐均为安徽桐城人而得名。安徽省图书馆藏有大量桐城派珍稀古籍，然而多残破不堪，亟待修复。2013年，值《安徽省图书馆馆藏桐城派书目解题》编纂之际，安徽省图书馆筹划开展"安徽省图书馆藏桐城派珍稀古籍修复及研究"[①]项目。清雍正刻本《蠹窗诗集》和道光刻本《敬敷书院课读四书文》因残破严重，成为项目重点修复古籍。

一、清雍正刻本《蠹窗诗集》的修复

《蠹窗诗集》十四卷，清张令仪撰，清雍正二年（1724）姚仲芝刻本。此书是桐

---

① 经试修、申报课题、增加待修古籍等，项目古籍于2020年8月修复完成。

城派女诗人张令仪的诗文集。张令仪(约1662—1722),字柔嘉,安徽桐城人,清代大学士兼礼部尚书张英三女,桐城姚士封之妻。姚仲芝乃姚士封长姐次女,"恐令仪之诗湮没无闻,为之收拾残编,捐资付梓"。此书收录张令仪所作古体诗98首、近体诗927首、诗余89首、古文杂述12篇。张英评女儿所作诗"皆奕奕然老成,讲求声律比耦,起结皆有法度","论古有识,用典故精当,笔力清颖,时出新意",评价颇高。

(一)原件信息

《蠹窗诗集》十四卷,4册,六眼线装,索书号4:004518-21,书高26厘米、宽16厘米,框高17.9厘米、宽13.4厘米,书页254张。参照《古籍特藏破损定级标准》(WH/T 22—2006),此书属二级破损(图1),具体为二级霉蚀、粘连,三级缺损,四级虫蛀、口开,五级皮破、线断。有关此书文献现状详见表1。

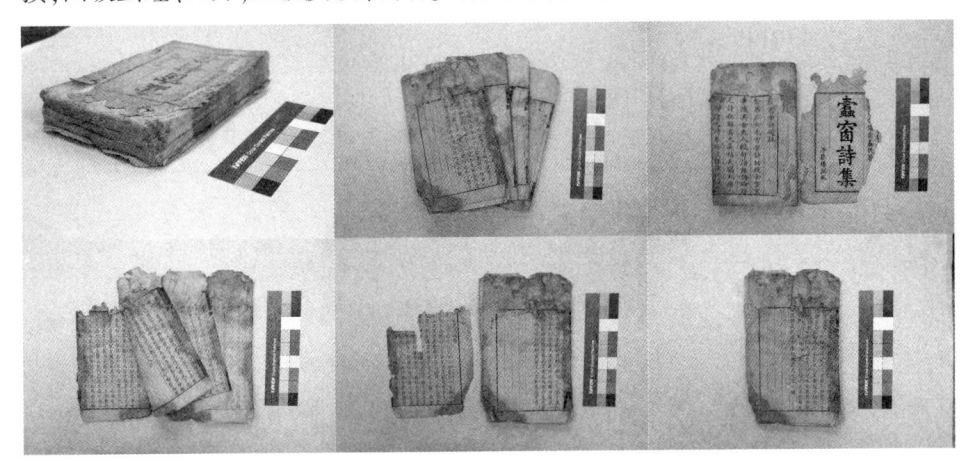

图1 《蠹窗诗集》文献现状

表1 清雍正刻本《蠹窗诗集》文献现状

文献部位	文献现状
书页	全书书口多数开裂;全书受潮,水渍、脏污、霉蚀较多,部分书册天头、书口霉蚀、粘连严重;部分书册天头、书角缺失,第4册缺失较多;部分书页残缺;少数书页虫蛀
护页	仅第3册存后护页1张且霉蚀、脏污、残破,其他册护页缺失
书皮	仅第3册存前书皮及疑似书皮托纸半张,且霉蚀、脏污、残破;其他册多存书皮书脑小块
装帧	前3册纸捻眼偏出于线眼,第4册以纸钉草订;全书装订线断裂

(二)修复方案

通过观察文献破损现状,分析破损原因,并经修复实验,有关此书修复方案及调整后方案详见表2。

表2 清雍正刻本《蠹窗诗集》修复方案

修复项目	修复方案	调整后修复方案
书页	清洗水渍、脏污、霉蚀严重书页;溜口,修补残破书页,加固霉蚀、糟朽严重处	因全书书页霉蚀破损较多,未予清洗;第4册后部分书页天头霉蚀、粘连严重,所揭残片均尽力复原,少数无法揭开且有墨迹者,则局部以薄皮纸修补以显墨迹
护页书皮	修补破损护页,增加新护页;修补破损书皮,增加缺失书皮	因全书所存书皮霉蚀、糟朽严重且大多残存较少,新加全书书皮
装帧	修补需移位的纸捻眼并重新打眼草订,重新订线	因前3册纸捻眼偏出于线眼不多,纸捻眼原位不变

(三)修复材料

根据书页、书皮等质地、颜色和厚度,此书所选修复材料详见表3。

表3 清雍正刻本《蠹窗诗集》原书材料与修复材料对照表

原书材料		修复材料	
种类	规格	种类	规格
封面页	皮纸,本白(局部泛灰黄),厚0.07毫米	封面页补纸	皮纸,本白,厚0.065毫米
书页	皮竹草混料纸,浅黄(局部深黄),厚0.076毫米	书页补纸	竹纸,淡黄,厚0.045毫米
书页加固用纸	无	书页加固用纸	同书页补纸;或桑皮纸,经橡碗子染色呈淡黄色,厚0.03毫米
护页	同书页	护页补纸及新护页	同书页补纸
书皮	竹纸,深黄(边缘呈深褐色)	新书皮	皮竹混料纸,桂圆黄,厚0.08毫米
书皮托纸(疑似)	同书页	新书皮托纸	竹纸,浅黄,厚0.08毫米
纸捻	皮纸,米黄,厚0.04毫米,长11.5厘米	新制纸捻	皮纸,米黄,厚0.05毫米,长15厘米(未剪去尾端)
装订线	丝线,浅黄	新装订线	丝线,浅黄,粗0.5毫米

(四)修复操作

1. 揭开粘连书页

因全书尤其是第4册天头位置霉蚀、粘连较多,修补前须揭开粘连书页。首先,用镊子或小竹启干揭书页粘连处,拼接当页碎片,并随即修补。其次,遇到多页残片粘连在一起且较难揭开时,先尽力分揭成三五层,再用薄皮纸蘸浆干透后逐层夹揭分离。修补时,应对多张书页粘连残片加以比对、拼接;若残片正面粘有薄皮纸且揭去后影响文字完整性,则应保留薄皮纸。再次,因第4册后十余页天头局部霉蚀、粘连较多且与书册分离,待书页修补完整后,再依据残片边缘破损形状逐页揭开并粘贴(图2)。总之,在揭补粘连书页时,应最大限度保持文字或笔画信息的完整性,要依据文字内容、破损形状、先后顺序等及时准确拼接残片。

图2 揭补《蠹窗诗集》卷十三第十七页

2. 修补加固书页

鉴于全书局部霉蚀、粘连、糟朽严重,以及多数书页较厚而补纸相对较薄等情况,采用干补法修补全书绝大多数书页:先在补书板上将薄皮纸或吸水纸喷湿刷平,再将残破书页反面朝上适量喷水展平置于其上。随后溜口,修补书口残破处,修补天头、书背缺损处并加固霉蚀、糟朽处。考虑到补纸较薄,在对部分书页残缺处修补后顺便予以隐补。待整张书页修补完成,即可将垫纸反扣,揭下书页(图3)。

图3 修补加固《蠹窗诗集》卷十四第二十页

在加固书页时,有三点需加以注意:一是因同一位置霉蚀、糟朽较多,加固纸张应长短不一,错位加固。二是加固用纸多是顺道补出的书页补纸,而纯加固用纸则为薄皮纸。三是为了保证修复后书册相对平整,挑选厚度明显薄于书页的纸张作为补纸,在一定数量或书页与其补纸厚度差别很大的补纸背面加托一层薄皮纸以作缓冲。

3. 装订书册

经喷平、折页、修剪(天头无须修剪)、锤平等,此书进入装订成册环节。先蹾齐书口和地脚,并依照原纸捻眼、纸钉眼草订成册。因全书天头多残破且均有接出,对齐书口、地脚,量好尺寸,即可用机刀裁切天头余纸。最后,每册首尾增加浅黄护页各 2 张、桂圆黄筒子皮各 1 张,粘贴、裁齐后依照原书线眼订成六眼线装(图 4)。

图 4 《蠹窗诗集》修复后

(五)修复启示

此书修复于 2017 年 11 月至 2018 年 5 月。综观其修复,最大特点是对霉蚀、粘连书页的揭补和加固。

首先,粘连是古籍常见破损类型之一,揭书页亦是古籍修复重要技术方法之一。此书部分书册天头霉蚀、粘连严重,先使用干揭和夹揭方法较为完整地分离粘连书页及其残片,再依据文字内容、笔画信息、残破形状等逐页修补,或多页比对拼接,或十余页综合依次粘贴修补。此外,在拼接有文字或笔画信息的残片时,则力保其信息完整、可识别,以至于因夹揭产生的文字表层薄皮纸任其留存。经全力揭补,绝大多数粘连书页及其残片得以成功分离和准确拼接,全书文字信息得到较好保存。

其次,霉蚀、糟朽同样是古籍常见破损类型,加固此类书页而又不影响书册平整度是其主要修复难点。此书天头同一位置多霉蚀、糟朽、残缺,采用较薄补纸修补、错位加固、部分书页残缺处修补后加托薄皮纸等技术手段,解决了书页补纸较薄、加固边缘落差明显,以及书册整体高低不平等问题。修复后,书页霉蚀、糟朽处纸张拉力得到恢复,书册平整度较佳。

二、清道光刻本《敬敷书院课读四书文》的修复

《敬敷书院课读四书文》不分卷,清姚鼐辑,清道光十三年(1833)陈用光浙江刻本。此书乃桐城派集大成者姚鼐在主讲敬敷书院时编选的时文读本。姚鼐(1732—1815),字姬传,一字梦榖,以斋名惜抱轩,世称惜抱先生,安徽桐城人。清乾隆二十八年(1763)进士,历任礼部主事、四库馆纂修官等,历主安庆敬敷、徽州紫阳等书院凡四十年。弟子遍布海内,为一代古文宗师,与方苞、刘大櫆并称"桐城派三祖"。此书选录明代隆庆以后时文251篇。陈用光视学浙江时重刊此书,以为学子所用。

(一)原件信息

《敬敷书院课读四书文》不分卷①,1夹板4册,三纸捻毛装,索书号:4:0035762-65,书高25厘米、宽15.5厘米,框高19.4厘米、宽11.1厘米,书页331张,清宣统元年(1909)及民国八年(1919)夏孙桐题跋页1张。参照《古籍特藏破损定级标准》,此书属二级破损(图5),具体为二级酸化、四级老化、口开、五级皮破。有关此书文献现状详见表4。

表4 清道光刻本《敬敷书院课读四书文》文献现状

文献部位	文献现状
书页	书口几乎全开,少数残破;由于印刷用墨不佳,全书版框、栏线、文字着墨处多有腐蚀破损,第1册前部分尤为严重;全书天头地脚老化变色;全书天头部分有水渍,第1册稍严重;重码《隆万四书文·中庸》第六十一页,缺《国朝四书文·大学》第十三、十四页及《中庸》第百三十八、百三十九页
护页	仅第1册存前护页(题跋页)
书皮等	全书书皮为单扣皮,且与托纸分层;书皮与扣纸多有破损;第1册前书皮、托纸、扣纸仅存书脑小块;全书残存书皮皆有墨迹
装帧	毛装,三纸捻草订,书册天头地脚、书背较为整齐
装具	存木制夹板,尺寸偏小,棉绳已夹伤书口

---

① 缺明代天启、崇祯间人物所撰四书文83篇。

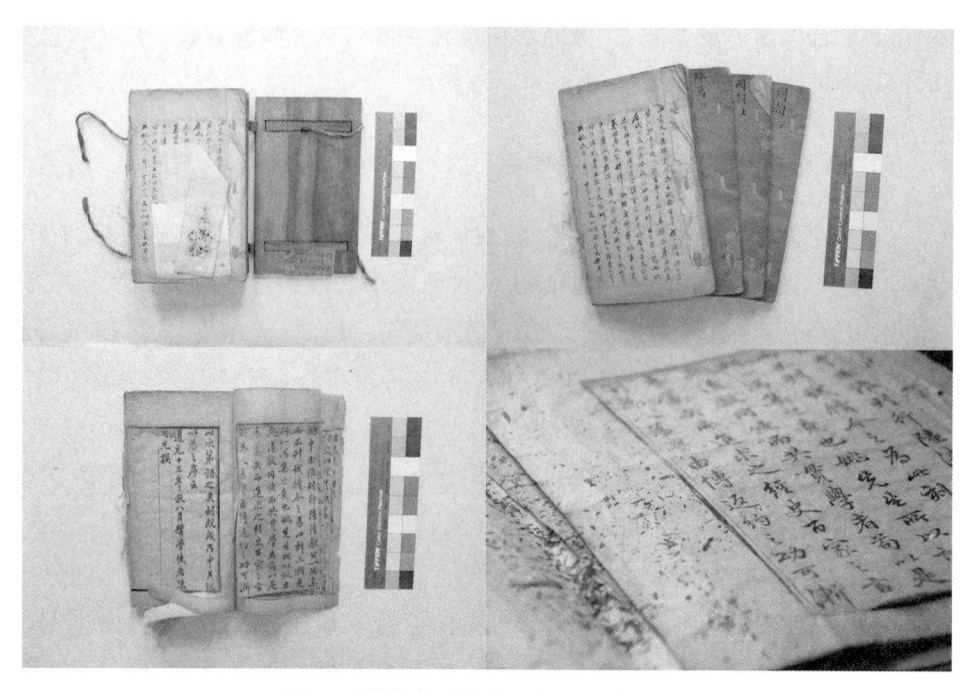

图 5 《敬敷书院课读四书文》文献现状

(二)修复方案

通过观察文献破损现状,分析破损原因,并经试修,有关此书修复方案及调整后方案详见表5。

表 5 清道光刻本《敬敷书院课读四书文》修复方案

修复项目	修复方案	调整后修复方案
书页	溜口,修补加固因印刷用墨引起的书页腐蚀残破之处,托腐蚀严重的第1册前几页;保持重码书页次序,不添加缺失书页空白页	鉴于全书书页着墨处腐蚀残破且存在隐患,经试修,对全书书页加托一层淡黄薄皮纸
护页	修补第1册题跋页,增加新护页	由于书皮扣纸多印染书页墨迹且数量不多,将其修补接全作为护页
书皮等	修补残破书皮,书皮扣纸用作书页补纸;增加第1册缺失前书皮	因书皮托纸残破、焦脆,将其作为书皮补纸,并增加新托纸
装帧装具	还原毛装,去除夹板,制作新夹板	同左

(三)修复材料

根据书页、书皮等质地、颜色和厚度,此书所选修复材料详见表6。

表6　清道光刻本《敬敷书院课读四书文》原书材料与修复材料对照表

原书材料		修复材料	
种类	规格	种类	规格
书页	竹纸,黄色(局部深黄),厚薄不均(薄者居多),薄书页厚0.047毫米	书页补纸	竹纸,浅黄,厚0.045毫米
书页托纸	无	书页托纸	桑皮纸(含三桠皮成分),经橡碗子染色后呈淡黄色,厚0.03毫米
护页	同书页	护页用纸及补纸	同书页补纸
书皮	竹纸,深黄(边缘呈深褐色),厚0.038毫米	书皮补纸	原书皮托纸;第1册前书皮为新加:竹纸,深黄,厚0.102毫米,其托纸同书皮新托纸
书皮托纸	皮纸,深黄(边缘呈深褐色),厚0.088毫米	书皮新托纸	桑皮纸,本白,厚0.112毫米
书皮扣纸	同书页	书皮扣纸补纸及新扣纸	同书页补纸
纸捻	皮纸,米黄(泛深灰),厚0.065毫米,长8厘米	新制纸捻	皮纸,深黄(略浅),厚0.055毫米,长15厘米(未剪去尾端)
夹板	木制,原木色,24.5厘米×15厘米×0.5厘米;1.4厘米宽黄绿色棉绳	新制夹板	灰纸板,25厘米×15.5厘米×0.5厘米;龙凤纹仿宋锦,0.14毫米厚双层宣纸;1.2厘米宽白棉绳

(四)修复操作

1.修补书页

修补书页是此书修复的主要内容和重要环节。在采取先修补后局部加固方法试修时,发现喷平后书页着墨处会出现新的破碎。综合全书书页着墨处腐蚀及其潜在破碎隐患、试修效果及书页天头地脚老化变色等情况,为有效保护全书文字内容及版式信息,保持书页平整度,最终选用整页加托方法修补全书书页。

首先,展平书页。将一块略大于书页的塑料薄膜刷平铺于玻璃板上,再将残破书页背面朝上置于其上。用水刷平书页时,文字、版框、栏线须拼接准确,确认无误后用白毛巾将书页吸水定位,亦可将玻璃板掀起,从书页正面检查拼接效果。其次,修补加托书页。先用补纸修补书页文字等残破处,后用大号毛笔蘸浆滚刷书页,再将薄皮纸稍加喷水后卷起,一侧固定于书页,边喷水边将其与书页相粘,再用白毛巾将书页吸水压平。最后,分离揭下书页。先将一张略大于书页的吸水纸喷湿刷平铺于桌面,再将修补后的书页连同塑料薄膜正面朝上置于吸水纸之上,隔纸刷平后将塑料薄膜与书页缓缓分离。若书页湿度太大,可用吸水纸再次吸水,随后置于压书板中压平即可(图6)。

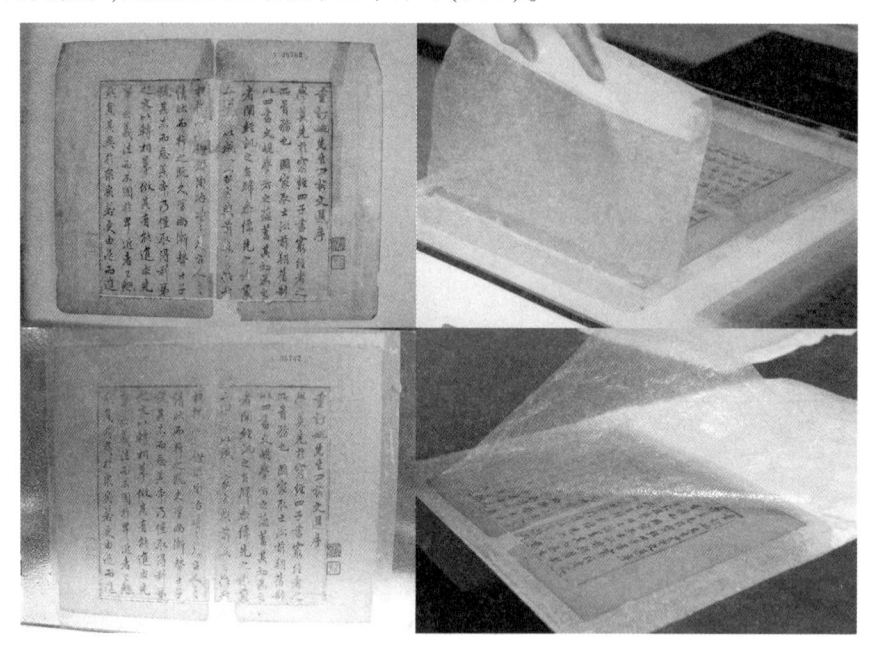

图6 修补加固《敬敷书院课读四书文》首页

在上述操作中,有五点值得注意:一是在玻璃板上修补书页,可从书页正面观察相关部位拼接准确程度;二是相对于吸水纸吸水,将白毛巾铺平后用手掌垂直加压吸水可尽可能减少书页移位,并便于揭起操作;三是相对于刷浆,滚浆也可减少书页残片和小块补纸移位;四是相对于刷平托纸,用水喷湿缓缓放下薄皮纸亦可减少书页碎片移动;五是将垫纸喷湿可增大书页尤其是腐蚀破碎文字、版框等与吸水纸的贴合力,以便顺利揭下塑料薄膜而又不带起书页破碎文字等。

2. 修补书皮等

全书仅存第1册前护页1张且有墨迹题跋,其修补方法是先修补破损处,再用薄皮纸加固书页拉力欠佳处。因书皮扣纸多印染书页墨迹且数量不多,遂将其修补接全作为护页。原书皮托纸虽为皮纸,但残破、焦脆严重,且与书皮颜色较为相似,遂将其作为书皮补纸,而新托纸则选用本白桑皮纸。因第1册前书皮缺失,增加旧存深黄书皮并托以本白桑皮纸。在修补书皮时,有两点需注意:一是选用旧托纸时应比对颜色,最好选用当页托纸修补该页书皮,以确保修补后颜色协调;二是书皮书背、天头地脚边缘应尽量接出一截,以免书皮因残破磨损较多而难以盖住书册。总之,接全后的原书皮扣纸紧贴书芯,外加新护页2张,再加新书皮扣纸半张与书皮相粘。

3. 修剪成册

书页、书皮等修补、喷平、折页之后,即进入修剪环节。修剪主要分两类:一是书页修剪。因全书书页整页加托,需逐页贴着天头地脚和书背边缘裁去多余托纸,此外还需剪出书页尤其是书口上下端圆角。二是护页、书皮修剪。原书皮扣纸接全半页可按照原存半页裁切,新护页可依照原书皮扣纸裁切,书皮点粘新扣纸后亦可按照前二者裁切。书册修剪整齐,经锤平压实即可装订成册。装订时,有四点需加以重视:一是要蹾齐书口和地脚。二是要依照原眼装订成册。三是因加托书页,书册增厚,原存纸捻不能使用,需更换新纸捻。为达到纸捻与书皮颜色和谐,草订后可在纸捻两端涂抹少量尘灰。四是因全书湿补加托,书页存在参差不齐情况,装订后在明显处还需稍加打磨。

4. 制作夹板

因原书木夹板尺寸偏小,遂新制了纸板夹板。制作时,先裁切4块尺寸略大于书册、厚度为2.5毫米的灰纸板,两两糊稠浆相粘压干。依据第1册前书皮和第4册后书皮尺寸裁出上下夹板,随后锉出夹板正面四边45度斜坡。参照夹板尺寸,挖出4个穿绳孔,每孔分别距夹板宽边3.6厘米、距长边1.3厘米,背面开槽宽1.3厘米。裁剪两块略大于夹板的龙凤纹仿宋锦,刷稠浆包裹住夹板,包裹时应注意仿宋锦经纬线方向、图案完整及后期效果。压平后,裁齐夹板背面仿宋锦,再糊以尺寸各小于夹板1厘米、厚度为0.14毫米的双层宣纸。压干后,系上宽1.2厘米的白棉绳,夹板制作即宣告完成(图7)。

图7 《敬敷书院课读四书文》修复后

（五）修复启示

此书修复于 2020 年 3 月至 5 月。综观其修复过程，最大特点是使用整托法修补全书书页，以便最大限度保存书页文字内容和版框、栏线信息。

托是古籍修复重要技法之一。托书页是指在严重霉蚀、粘连、虫蛀、老化、酸化、絮化书页背面刷一层稀浆糊并增加一层薄皮纸或书页补纸的方法。此法虽有增大书页拉力、提升书页骨力、增加书页韧性等功效，但会使书册增厚，书页板结，影响阅读手感。眼下，中国古籍修复界普遍认为"书页修补能不托尽量不托"，主张用局部加固代替整托书页。但是，托书页作为一项古籍修复技法，只要书页破损严重或达到"非托不可"的程度，即可使用此法。此书书页文字、版框、栏线等着墨之处多腐蚀、破碎，经试修，行业惯用的局部加固法难以保护书页文字等信息，遂采取全书整托的修补方法。修复后，全书书页平整，腐蚀破碎文字、版框、栏线稳固，文字内容和版框信息得到较好保留。

三、结语

桐城派女诗人张令仪的诗文集《蠹窗诗集》因霉蚀、粘连、糟朽、残破严重，使用揭补和局部加固技法予以修复。修复后，书页霉蚀、糟朽处纸张拉力得到改善，书册平整度尚佳。桐城派集大成者姚鼐编选的时文读本《敬敷书院课读四书文》由于印刷用墨不佳，文字、版框、栏线着墨处多有腐蚀破损，使用整托书页技法修复全书。修复后，腐蚀破碎文字、版框、栏线稳固，文字内容和版框信息得以较好保留。通过开展"安徽省图书馆藏桐城派珍稀古籍修复及研究"项目，两部桐城派珍稀古籍得到及时修复和有效保护。

（臧春华，安徽省图书馆馆员）

试论古籍修复的"上门服务"

A Preliminary Remark on the "On-site Service" of Ancient Books Restoration

徐晓静

摘 要：近年来，古籍保护事业取得了巨大的发展，但仍有部分古籍存藏单位不具备古籍修复能力，缺少古籍修复专业人员。这对于开展古籍保护工作有一定的不利影响，因此很多单位都会借助外部力量来满足古籍修复和保护的需求。本文以中国书店古籍修复中心近几年承接的古籍修复业务为例，重点介绍在古籍不方便出馆修复的情况下如何开展"上门服务"，并简单谈一谈驻场修复工作的体会和经验。

关键词：古籍；古籍修复；驻场工作；体会和经验

中国书店古籍修复中心业务历史悠久，自清光绪年间的"肄雅堂"公私合营归属到中国书店，传承至今，几经兴衰，仍然坚持开展并不断精进。现有修复人员近10人，另有一些经过短期专业培训的人员，根据修复任务具体情况，随时调动以便完成特定的修复任务。修复中心设施齐全，既有前辈留下的传统材料和工具、设备等，也有修复师根据个人工作习惯和手法自制的工具和设备，还有根据某些特别的修复对象、修复内容、修复要求有针对性制作的特殊工具和设备。修复场地宽敞明亮，环境优美舒适。2008年6月，中心被评为"国家级非物质文化遗产（装裱修复技艺 古籍修复技艺）"基地。

中国书店"肄雅堂"古籍修复技艺的传承，离不开国家的重视、领导的支持及前辈的努力耕耘。时至今日，"肄雅堂"的牌匾仍旧悬挂在中国书店古籍修复中心的工作室门口,时刻提醒着我们要学好技艺、传承好技艺,为古籍保护事业做出应有的贡献。目前,中国书店古籍修复中心不仅可以完成本店的古籍修复任务,而且为了解决很多收藏机构古籍修复人力不足的问题,积极承接了很多店外业务,提供"上门服务",分享和传播古籍修复技术和经验。

一、古籍修复"上门服务"的可行性分析

过去我们的古籍修复业务以客户送修为主,在我单位固定场地内完成修复工作。近年来,随着古籍管理的不断严格和规范,很多古籍收藏单位都强化了古籍不得出馆的规定,但同时又迫切需要古籍修复方面的业务支持和帮助,因此我们开发了让修复技艺"走出去"的工作模式,即为客户提供"上门服务",这已成为我单位目前承接古籍修复业务的主要模式。事实证明,古籍修复"上门服务"是可行的。

第一,从工作性质来看,古籍修复是为藏书者和藏书机构提供修复服务的,从根本上来说属于服务行业的一种。而服务本就是为了满足人们某种特殊需求的礼遇行为,以客户的要求为服务导向。古籍修复服务亦如此,它不应该仅仅局限于本企业本单位本岗位的修复工作范围,也可以"走出去",根据藏书家、公藏机构的需求提供古籍修复"上门服务"。

第二,从企业发展来看,只有根据社会发展需求适时调整(或更新)古籍修复工作模式和方式方法,做到与时俱进,才能跟得上时代的步伐。"上门服务"不仅能扩大企业知名度,提高客户满意度和修复人员的职业素养,更重要的是能适应新时代新形势下的市场需要,有利于企业的良性发展。

第三,从古籍等文物保护的安全性来考虑,一方面,根据有关法律法规的规定,国家不同级别的文物出馆需要履行严格的报批程序,而古籍作为文物图书不乏一级文物和二级文物;另一方面,出于对古籍安全责任及转运过程中不可预知的风险考虑,"上门服务"的工作模式恰好能避免或减少这些问题的发生,并为客户减少相关工作量。

第四,从古籍保护工作效率来看,古籍数字化建设、古籍普查、古籍整理等工作常常与古籍修复工作同时进行,当需要两支或三支不同团队配合完成工作时,不仅需要一个相对较大的工作场地容纳各种设备和各团队人员,而且需要工作场地与书库距离越近越好。"上门服务"便于古籍修复团队与其他团队加强配合,提高工作效率。

二、中国书店古籍修复"上门服务"的经验介绍

自2006年首次承接国家博物馆的"上门服务"修复任务以来，中国书店古籍修复中心陆续承接了多项类似的上门修复任务，在探索和实践中积累了不少相关工作经验。下面以近几年承接的修复业务为例，谈一谈古籍修复业务"上门服务"驻场工作的些许心得体会和经验，供大家参考。

（一）"上门服务"业务承接途径

近几年，我们承接外包业务并提供驻场修复"上门服务"，这些业务主要是通过以下四种途径承接的：一是老客户介绍。通过老客户居中介绍，我们与客户彼此先会有一些了解，因此操作比较简单。二是通过古籍图书相关业务往来，附加（或追加）的古籍修复业务。三是招投标。在招投标时，首先需要详细阅读招标文件，在实事求是的原则下认真做好投标文件，确保实施方案具有科学性、逻辑性、可实施性，还要了解相关法律法规，最后在对工作量和工作内容进行反复评估的基础上合理报价。四是其他途径。

（二）"上门服务"前期准备工作

做任何事情，前期准备工作都是必不可少的，前期准备工作做得是否到位、是否充分、是否及时，关系到整个事情的进展和质量。古籍修复工作也不例外，大到了解项目价值、合同内容、工期、工作场地、周边环境、古籍保存环境、古籍破损现状、材料工具，以及参与修复人员的培训、突发事件联系人、安全预案等，小到了解进出修复场地的规定和时间、工作中冷热水的使用、工作垃圾如何处理、修复人员午餐和休息休假等如何解决，甚至一些合作人的脾气秉性等，与修复项目有关的各个环节和细节都要考虑到。

1. 了解古籍现状

了解古籍现状，主要是了解古籍的保存环境和破损情况，便于准备修复材料和工具、预算工作量和工期、安排修复人员、分配修复任务等。一般在双方第一次接洽的时候，无论是面谈还是远程联系，都会对古籍现状进行大概介绍和说明。除此之外，还必须进行至少两次的现场考察和实物考察，考察团队中一定要有一名修复专家或者经验丰富的修复人员。

比如，第一次去委托方图书馆考察，我们只能看到馆方提前出库的几种破损古籍，这些古籍的破损情况很可能是馆方认为具有代表性，或者是破损比较严重的，但从修复者的角度来看或许会有不同看法。比如，馆方认为不同的破损，也许只是破损程度不同，而其实属于同一类破损；我们认为亟待修复的，馆方可能

出于某种考虑而决定从缓修复;我们认为可以从缓修复的,馆方可能因某种需求而要求尽快修复。另外,对于未出库的未知古籍,修复人员对其是否存在其他"疑难杂症"往往心存疑虑,所以有必要进行第二次考察。这次是由馆方带领我们到古籍书库考察,以了解书库环境、查看古籍情况并挑选待修古籍。如果书库较大,古籍数量较多,只能随机抽查,或者只能挑选一部分需要修复的古籍,那么就有必要再次进行相关考察工作,前提是要经馆方同意。然后,根据馆方要求,结合具体破损情况等,要对待修古籍进行大致分类:亟待修复的(先修的)、从缓修复的(用空隙时间修复的)及预防性修复的等。由此大致可以预测修复难易程度、修复用料、修复工期,并进行修复人员安排。

2. 交接过程注意事项

古籍交接看似过程简短,其实非常重要,它是后续修复工作顺利进行的基石,涉及以下几个问题:

(1)交接书籍的人数。一般馆方会有1~2名工作人员,承接方会有2~3名修复人员。

(2)交接时盛载书籍的工具。书库或图书馆等都会有专门的装书工具,如小拉车,交接时对待古籍要格外谨慎,避免指甲、衣物、书筐、潮湿物品、锋利物品损伤古籍。

(3)交接单的填写。交接单由承接修复方的主管和修复人员认真填写并签字,再由馆方确认并签字,交接单要及时录入电脑备份存档。需要强调的是,交接单要按单号顺序使用且单号不得重复,一个单号对应一种古籍,一种古籍只有一个且唯一的索书号,一册古籍只有一个且唯一的财产号,这些代号一定要认真填写,确保无误,万一出现丢失方便查找信息。

(4)交接过程中最重要的工作之一是填写修复档案,信息记录不仅要真实,而且要细致,越详细越好,如:护页几页、前序后跋各几页(特殊情况甚至要注明序跋的作者)、半页是第几页、夹带的纸条在第几页、印章的数量和位置、印章是否脱色等。批校"顶天立地"要注明,必要时要向馆方强调说明,避免在验收环节出现纠纷。修复档案由承接修复方填写,如果馆方有其他要求或需要完善的内容,经双方认可后完善即可。

(5)修复方案的制定。制定的方式有时是双方口头商量,达成一致意见后,再正式写入修复档案中"修复方案"一栏;有时是承接修复方直接制定好修复方案后,请专家和馆方审核,如果审核未通过,听取专家和馆方的指导意见予以修改即可。需要注意的是,方案进行修改时要考虑目前的修复技术水平是否能达到专家或馆方的要求,如果技术不够或者预计无法达到修复效果,要向馆方说明情况,谨慎操作。

(6) 交接的批次。按照合同约定进行交接,有的是一次性将所有需要修复的古籍进行交接,有的是分批次进行交接。

(7) 修复细节问题的商定。如书页页码颠倒、倒装、缺页、小页等细节如何处理,以及整个工期时间、工期关键时间点、工作进度时间点、每周或每月的工作完成量的具体数据……这些都需要细化并交代清楚,做到多而不乱、分门别类、有序进行。

另外需要注意的几点:

一是古籍的后背部位的破损情况容易被忽略,在拆书分解后,要及时将其破损情况填写到修复档案中去,由此可能会引起修复方案、修复用料、修复工期等变动,所以需要对修复档案中涉及的相关内容进行调整或增加,并向馆方说明。

二是关于古籍出库、交接、修复、验收、回库等相关程序和制度,大部分是可以遵守馆方相关规章制度的。但是,不在合同约定内的规章制度等都是不能作为要求或凭证的,当馆方规章制度、某些要求变更或超出合同约定时,或者与合同约定有冲突时,一定要以合同约定为准,严格执行。如有必须变更或者微调时一定经双方同意并签字,否则一旦出现问题,口说无凭,易产生纠纷。

三是合同是针对整个修复项目的,而修复工作是针对每一种书、每一册书、每一张书页的,所以,合同不会对某一种书、某一册书、某一张书页有具体要求,在具体修复操作中,如果双方出现不同意见时,要立刻终止修复操作,必要时请专家指导。

(三)"上门服务"修复工作注意事项

1. 入场工作前的注意事项

入场是古籍修复"上门服务"中相当重要的一环,主要是指在约定的时间,修复人员、工具设备、修复所用材料等的入场。一般存放古籍或用于修复的场地比较安静,人员往来较少,保卫也很严格,所以在入场时要协商好出入门禁这一关,还要协商好电梯、楼梯、小拉车等的使用,运输过程中尽量动静不要太大,避免干扰周边环境。在设备安置方面,工作台的摆放位置尽量靠近窗户,便于采用自然光。备用的修复工具、材料等选择角落柜子存放即可。特别要说明一下的是压书机的摆放,因其重量很大,为避免压坏地面,最好分散摆放。

2. 工作进行中的注意事项

在修复工作过程中一定要做好相关记录,认真填写工作日志,为后续撰写修复报告和形成完整的档案做好准备。由于项目结束后需要撤场,工作过程中的很多修复细节无法追溯和还原,所以做好详尽的记录是必要的。同时,驻场修复人员一定要遵守客户方规章制度,维护企业形象。在整个修复项目进行中的任何工作时间,修复人员需要配合好客户方的参观、临时检查等,如安全检查、卫生检查、工作检查等。特别要注意场地安全及水、电的使用,下班关窗锁门等。

3. 验收时的注意事项

(1)古籍修复完成后,首先由修复方当事人自查,再由技术专人检查,根据国家标准《古籍修复技术规范与质量要求》的规定,修复用料、工序、技术等要符合文件中相关要求,最后再向馆方提出验收申请。成品检查合格的标准:①浆糊使用适当,不稠不稀。②配纸颜色深浅、厚薄均匀。③补破页要平整,糟朽书页不伤字。④折页不歪不斜,书口不偏。⑤捶书平整匀称,不伤书口。⑥齐栏直而不斜。⑦册数多时,各册上下颠倒也能整齐一致。⑧打磨书不发油亮,不起毛碴。⑨包书角紧而严,不起包,上下一致,大小合适。⑩扣皮要四面扣齐。⑪打眼正面、反面都不歪不斜。⑫订线的粗细和颜色要协调。⑬镶书书口齐,书页平。⑭包背书须包平包紧等[1]。

(2)利用好场地和时间。考虑到一般修复和验收会在同一场地(修复场地)进行,不用考虑转场,且古籍在刚刚修复完成后的状况一定比修复后搁置一段时间看起来效果更好,因此修复完成的作品可以一直压在压书板里面,直到验收时再取出;或者将书分别压在压书板里并夹纸条注明书名、序号等信息,然后将其按验收序号摞起来,排好顺序,验收时及时、准确地从压书板里取出。

(3)验收前合理分工。提前规划好验收方案和流程,责任到人(如及时从压书板里取书摆在专家面前,及时核对序号及修复方案,及时收书等),分工合作,保证验收环节高效、顺利进行。

(四)项目结束

整个古籍修复项目的质检验收(包括所有修复的古籍、古籍照片、修复档案、实物档案等的质检验收)结束后进行古籍修复资料档案整理,形成完整的古籍修复资料档案,妥为保存。

三、古籍修复"上门服务"的特点与优劣分析

(一)"上门服务"的特点

"上门服务"最大的特点是由于修复工作和场地的转移,需要修复人员尽快适应新的环境、场地,调整心态,提高随时解决问题能力,以便更快更好地投入工

作。如2006年我们承接国家博物馆驻场修复时,由于场地非常有限,四位修复人员(三位师傅和我)两人共用一张方形修复桌。一间修复室只有一面封闭玻璃窗户,空气流通不畅,室内憋闷,到了炎炎夏日,汗流浃背。为了解决场地和工作台紧张的问题,我们采取了几个方法:一是用完的工具、材料等随时整理并装盒、装箱摞起来码放,减少占用面积;二是错峰工作,提高工作台利用率,学徒可以多观摩少动手,多给师傅打下手,利用工作台空余的地方晾晒书页。2018年我们在北京某高校图书馆进行修复,修复场地是图书馆的自习室。由于工作性质和工作对象的特殊性,到了夏季不能开窗户、不能开电扇、不能拉窗帘遮挡采光,为了缓解环境艰苦、工期短、任务重的问题,我们重新调整了工作时间,提高了工作效率。

(二)"上门服务"修复的优势

尽管"上门服务"有很多问题需要工作人员来适应,但是只要想办法,大多还是可以顺利解决的。同时,古籍修复"上门服务"的形式有很多优势,举例如下:

第一,驻场修复过程中遇到问题时,馆方和修复方可以及时沟通处理。如某些专业类古籍,页码错乱或无页码,我们不能像阅读文史类书籍一样根据上下文来确定顺序,可随时向馆方专业人士求助,再根据馆方建议和要求及时进行操作。而馆方在古籍整理或数字化过程中,发现折页遮挡文字、夹框夹字、粘连等问题,可随时交给修复方进行专业处理。

第二,交接、修复和验收等相关工作集中在同一场地,节省包装、打包、装箱、运输等环节,规避了打包时绳子捆扎松紧不适造成的褶皱或磨损、运输过程中磕碰或其他损伤的风险,既节省时间又减少费用支出。

第三,对于客户方来讲,古籍不出馆,符合大多收藏单位的规定,也避免了古籍外出修复不可预知的风险。同时客户方可以随时看到全部的古籍修复过程,了解古籍修复进度等情况,过程透明可监控,减少了客户方的担忧。

第四,对于修复方来说,驻馆修复业务针对性强、整体性好,不受原单位或其他修复业务的干扰。

(三)"上门服务"修复存在的问题及解决办法

第一,修复材料、工具和设备的"搬家"带来的不便。首先,运输所用的车辆和人员,需要提前向后勤部门申请。其次,检测古籍的精密仪器和压书机等贵重和大件设备搬运不易。比如,2017年我们在中国社会科学院某部门的图书馆进行修复时,修复场地楼层高、门口狭窄,大型设备人少搬不动、人多进不去,搬运非常困难。另外,一般情况下客户方能提供的修复场地面积有限,不能带太多的材料和工具,所以,我们通常将常用和必用的工具、设备、材料一次性搬运到位,其他的则在需要时再回原单位领取,但是这样做必定会占用一些修复工作时间,这就不及在本单位工作方便。针对这种情况,如果经常会有"上门服务"驻场修复任务,可专门备一份外出修复物料,并单独存放,一旦接到外出修复任务时能"拎包"就走。我们有专门外出携带的工具箱且工具配备齐全,还有专门为外出修复配备的修复用纸和电脑、相机等。还有,对于在修复中有可能会用到的染纸,我们要提前在修复单位进行染制备用,这样既避免占用馆方有限的修复空间,又节约时间。

第二,双方甚至多方的合作伙伴需要一定的时间互相了解,在实际工作中慢慢磨合才能使合作更默契,所以前期工作可能会不太顺利,也会慢一些。由于工作内容不同,双方都会多少感觉不便。比如捶书和打眼时发出的噪声在安静的图书馆会显得特别响亮,影响读者学习和正常办公,所以,经过前面的考察环境,我们会选择图书馆临近下班时间或者闭馆时间进行操作,尽量避免影响周围环境。

四、结语

古籍修复的"上门服务",让原本固定的修复场所"活动"起来,把修复师、修复工具和设备、修复材料等搬到古籍收藏单位去,这种工作模式已经悄然形成并且逐渐成熟。从某种意义上说,古籍修复也可以被视为一种服务行业,那么尽最大可能满足客户需求、维护客户利益,是保证行业向好发展的重要原则。"上门服务"驻场修复古籍的业务模式,对古籍的安全性更有保障,为古籍收藏机构也提供了很大便利。"上门服务"修复工作中一定要利用好驻场的优势,比如与客户方建立良好的合作关系,以便工作顺利进行,修复中的任何问题要及时向馆方汇报,及时沟通解决,减少问题的积压。遇到对修复有不同认知时,例如馆方的修复要求和修复方的工艺、理念相悖时,一定要把握好沟通尺度,既要坚持修复原则和传统技艺,同时也要尊重客户方的要求和观点,但一定要特别备注说明,必要时书面说明修复要求,或者暂时搁置有分歧的修复工作,后续再请专家指导,以备出现修复质量问题、验收不合格时说明理由。总之,一定要坚持以利于古籍保护为最大目标。

(徐晓静,中国书店古籍修复师)

参考文献:

[1] 肖振棠,丁瑜.中国古籍装订修补技术[M].北京:书目文献出版社,1980:96-97.

再生与传播

《两浙藏书志辑刊》前言

Preface to *A Collection of the Bibliographies of Ancient Books in Liangzhe*

陈东辉

摘　要：《善本书室藏书志》《八千卷楼藏书志》《皕宋楼藏书志》《抱经楼藏书志》《适园藏书志》《传书堂藏书志》《约园藏书志》等浙江地区的藏书志，大约占当时全国藏书志总数的一半，极具代表性，学术价值甚高。为了给相关研究者提供便利，我们将其影印出版，定名为《两浙藏书志辑刊》。

关键词：藏书志；藏书家；藏书楼；两浙；古籍影印

吾浙人杰地灵，文化荟萃，学术发达，藏书兴盛，大家辈出，典籍琳琅，名著迭见。据范凤书统计，中国藏书家最多的十个市县依次是苏州、杭州、常熟、宁波、湖州、绍兴、福州、嘉兴、海宁、南京[1]，其中浙江占六个。浙江的归安(今湖州)陆氏皕宋楼、钱塘(今杭州)丁氏八千卷楼与江苏常熟瞿氏铁琴铜剑楼、山东聊城杨氏海源阁并称晚清四大藏书楼。此外，晚清民国时期浙江还有瑞安孙氏玉海楼、吴兴南浔(今湖州市南浔区)张氏适园、南浔蒋氏密韵楼(传书堂)、南浔刘氏嘉业堂、鄞县(今宁波)张氏约园等著名藏书家暨藏书楼。上述藏书楼大多有藏书志传世，如《善本书室藏书志》《八千卷楼藏书志》《皕宋楼藏书志》《抱经楼藏书志》《适园藏书志》《传书堂藏书志》《嘉业堂藏书志》《约园藏书志》等，大约占当时全国藏书志总数的一半，极具代表性。分述如下：

一、《善本书室藏书志》之内容及价值

《善本书室藏书志》四十卷《附录》一卷,(清)丁丙编撰,有清光绪二十五年至二十七年(1899—1901)钱塘丁立中鄂中刻本。南京图书馆藏本有曹菊生批校。丁丙(1832—1899),字松生,号松存,别署钱塘流民、八千卷楼主人、竹书堂主人、书库抱残生、生老,浙江钱塘(今杭州)人。丁丙乃晚清著名藏书家和学者,在文澜阁暨文澜阁《四库全书》保护、浙江地方文献辑刊及地方公益事业等方面,均做出了重大贡献。丁氏八千卷楼系晚清四大藏书楼之一。八千卷楼始于清中叶的丁国典(1770—1825)筑楼藏书,经由丁国典之子丁英(1804—1855)传至丁英之子丁申(1829—1887)、丁丙兄弟,再传至丁申之子丁立诚(1850—1911)、丁丙之子丁立中(1866—1920),共历四代。光绪三十三年(1907),八千卷楼藏书售归江南图书馆(南京图书馆前身之一),后由南京图书馆辟专库庋藏,完好保存至今。

八千卷楼所藏典籍多达万余种,又就其中的宋元刻本、明代精刻本及稿本、校本、旧抄善本等两千余种珍贵典籍,于八千卷楼之后偏西专辟一室加以庋藏,曰"善本书室",楼名"小八千卷楼"。《善本书室藏书志》即为此"善本书室"之藏书志。该藏书志刻于湖北,有书末丁立中跋可证:"己亥之春,书始脱稿,邮寄鄂中付梓,卷帙既繁,遂绵岁月,辛丑长夏,杀青斯竟。"

该藏书志依照《四库全书总目》部类序列,每书著录书名、卷数、作者朝代及姓名、版本、行款等,并撰有解题,尤其注重记载藏书印记、作者生平、藏书源流考订。缪荃孙在该藏书志之序中所称赞的"实能上窥《提要》,下兼士礼居之长,赏鉴、考订两家合而为一,可谓书目中惊人秘笈矣",虽然有些过誉,但是就总体而言,《善本书室藏书志》取材丰富,体例比较完善,其中解题注重作者生平、藏书源流等的考订,尤其注重记载藏书印记。诚如王欣夫所云,该藏书志"所著录的宋、元刻较少,而明刻却甚可观。他的特点,尤在留意校本、稿本"[2]。

值得一提的是,丁丙在《善本书室藏书志》卷末识语中,专门说明了"善本书室"之收藏范围:

> 一曰旧刻:宋元遗刊,日远日鲜,幸传至今,固宜球图视之。二曰精本:朱氏一朝,自万历后,剞劂固属草草;然近溯嘉靖以前,刻书多翻宋椠,正统、成化,刻印尤精,足本孤本,所在皆是。今搜集自洪武迄嘉靖,萃其遗帙,择其最佳者,甄别而取之,万历以后,间附数部,要皆雕刻既工,世鲜传本者,始行入录。三曰旧钞:前明姑苏丛书堂吴氏,四明天一阁范氏,二家之书,半系

钞本。至国朝小山堂赵氏、知不足斋鲍氏、振绮堂汪氏，多影钞宋元精本，笔墨精妙，远过明钞。寒家所藏，将及万卷，择其尤异，始著于编。四曰旧校：校勘之学，至乾嘉而极精。出仁和卢抱经、吴县黄荛圃、阳湖孙星衍之手者，尤校雠精审，朱墨烂然，为艺林至宝。补脱文，正误字，有功于后学不浅。

丁丙的善本观为后世善本概念的逐步完善奠定了重要基础，意义深远。清末之前，人们对于善本概念的理解偏重于宋元旧刻，并且不甚明确。直到丁丙对善本的范围进行明确界定，以及张之洞在《輶轩语》中提出"善本之义有三：一足本（无阙卷，未删削），二精本（一精校，一精注），三旧本（一旧刻，一旧抄）"之后，大家心目中的善本概念才渐趋清晰。1933年刊印的《国立北平图书馆善本书目》之收录范围，即大致按照丁丙所说的标准。20世纪70年代末开始编纂《中国古籍善本书目》时，为了明确收录标准和范围，规定了"三性"和"九条"，首次对善本之概念进行了系统、全面而又科学的表述。"三性"是指历史文物性、学术资料性和艺术代表性。此乃迄今为止对善本概念最权威的解读，从其具体内容可以看出，"三性"和"九条"之核心内涵，是在丁丙和张之洞上述观点的基础上，经过不断修订、完善而来的，二者应该是继承和发展的关系。对于丁丙的这一重要贡献，我们应当给予充分肯定和高度评价。

二、《八千卷楼藏书志》之内容及价值

《八千卷楼藏书志》，（清）丁丙编撰，美国哈佛大学哈佛燕京图书馆藏有清末抄本。该抄本曾经流入日本，第二次世界大战后又流入美国。日本学者长泽规矩也、薄井恭一撰有《（稿本）八千卷楼藏书志について》一文，文中提到，这部藏书志是薄井恭一在北京收购后带回日本的。该书采用绿格纸，每半页十五行，每行三十字，每页书写一篇书志，书皮上题有"八千卷楼藏书志"及"八千卷楼善本书目十一册，杭州丁松生所藏，有经、史无子、集，不完之本。辛丑冬月，购自三山书贾"[3]。

《八千卷楼藏书志》乃残本，缺子、集两部，存经、史两部，共计11册。刘蔷对此做过详细研究，将四十卷本的《善本书室藏书志》与该书相核，发现这11册相当于前十四卷之内容，至史部史评类止。所收书志，《善本书室藏书志》共计831篇，《八千卷楼藏书志》共计830篇，其中前者有而后者无的共计20篇，前者无而后者有的共计19篇。二者在收书次序、文字详简方面多有差异，但还是可以确定，抄本书志应出自丁氏自编。《八千卷楼藏书志》的体例已相当完善，至《善本书室藏书志》则更加谨严，对版刻情况的说明也更加详细，汇集了更加丰富的书

志材料[4]。此外,石祥也曾较早关注到《八千卷楼藏书志》[5]。

三、《皕宋楼藏书志》之内容及价值

《皕宋楼藏书志》一百二十卷《续志》四卷,(清)陆心源编撰,有清光绪八年(1882)刻本。陆心源(1834—1894),字刚甫(亦作刚父),号存斋(亦作诚斋),晚称潜园老人,其堂号曰仪顾堂,浙江归安(今湖州)人。陆心源系晚清著名藏书家,其藏书分别收藏于皕宋楼(主要藏宋元珍本)、十万卷楼(主要藏明清时期珍贵刻本、名人抄校本及手稿本)、守先阁(主要藏普通刻本和抄本)三处。其中皕宋楼(广义的皕宋楼也包括十万卷楼和守先阁)系晚清四大藏书楼之一。《皕宋楼藏书志》原名《守先阁藏书志》,后因未含存于守先阁之书而改用此名。《皕宋楼藏书志》实为皕宋楼及十万卷楼在光绪八年(1882)时藏书目录,光绪八年至光绪三十三年(1882—1907)书售日本期间,这方面的书当有增减[6]。

《皕宋楼藏书志》依照《四库全书总目》部类序列,著录了1111部典籍,在各条目的书名卷数之后,先列版本,次辑序跋题识,部分条目在末尾还附有按语。该藏书志保留了大量原书序跋,史料非常丰富。相关条目中的按语长短不一,主要涉及版本、作者考订及文字校勘等,对于古籍考辨和文史研究具有重要参考价值。据张艳《陆心源〈皕宋楼藏书志〉研究》统计,《皕宋楼藏书志》提要中的按语共有362条[7]。不少按语内容丰富,值得关注。例如该书卷八"元刊元印本《春秋辨疑》"条之按语如下:

> 《春秋辨疑》十卷,元刊本,每叶二十四行,行二十三字,题曰"三楚隐士子荆萧楚著,临江后学性善周自得校正"。《四库》所收乃从《永乐大典》辑出,此则其原本也。《大典》篇目相同,惟《王天子天王辨》末"又可知矣"下脱注文数百字、正文数百字。《书灭辨下》篇"然后辨故"下脱三百余字,余则无大异也。两本皆只四十五篇,《江西志·万姓统谱》作四十九篇者,误也。朱竹垞《经义考》仅录胡澹庵序,谓其已佚,则是书之罕见可知矣。《大典》本胡序脱二十余字,以《澹庵文集》较之,则此本又有不同。《澹庵集》有《萧先生墓志》,亦馆臣所未见也。

《中国大百科全书·新闻出版》将《皕宋楼藏书志》作为条目收录,此乃崇高之荣誉,是对该书价值之充分肯定。鉴于《皕宋楼藏书志》之重要价值,笔者曾于2016年5—6月,将其作为浙江大学中文系古典文献学专业本科生"目录学"课程之作业,指导学生对该书进行点校,业已完成部分初稿,后来由于浙江古籍出版社在2016年9月刊印了该书的许静波点校本而中止[8]。

四、《抱经楼藏书志》之内容及价值

《抱经楼藏书志》六十四卷,沈德寿编撰,沈家骐、沈家骧、沈家驹校正,有民国十三年(1924)美天印局铅印本。沈德寿,字长龄,号药庵,别号窳民。沈家骐、沈家骧、沈家驹乃沈德寿之子。此前的文献史料对于沈德寿之生平及藏书史实涉及甚少,就连其生卒年也不详。中华书局1990年影印出版的《抱经楼藏书志》之"影印说明"中即谓:"沈德寿字药庵,浙江慈溪人,生卒年不详。"

童银舫、张或均对沈德寿的生卒年进行过考证。童氏根据慈溪陈师范所撰、鄞县(今宁波)高震霄所书的《沈药庵先生生圹志》"推算出其生年当为同治元年(1862),而其卒年尚待考证"[9];张氏认为"在沈德寿所辑印《抱经楼丛刊》之五《徐文长佚草》记有其在民国十四年(1925)于百幅庵所作序,说明至少1925年,沈德寿尚在世。《丛刊》于民国十五年至十六年(1926—1927)由姚江昌明印局代排印,其时沈德寿或已离世"[10]。

《抱经楼藏书志》卷首依次有光绪二十七年(1901)春二月慈溪陈邦瑞《抱经楼藏书记》、光绪二十六年(1900)五月二十日镇海范市(今属慈溪)范寿金《抱经楼书录序》、光绪三十二年(1906)正月沈德寿《抱经楼书目记》。《抱经楼藏书志》仿照《爱日精庐藏书志》和《皕宋楼藏书志》之体例,按四部排序,著录宋元明刻本、旧抄本及清精刻本1472部,每书著录书名、卷数、版本、著者等,部分书还著录版式牌记、校雠年月、藏书源流、旧家藏印等。解题则大多选录原书序跋题识,其中部分直接采自《皕宋楼藏书志》。

五、《适园藏书志》之内容及价值

《适园藏书志》十六卷,张钧衡编撰,有民国五年(1916)南林张氏家塾刻本。张钧衡(1872—1927),字石铭,号适园主人,浙江吴兴南浔(今湖州市南浔区)人。该藏书志乃张钧衡延请缪荃孙代撰。缪荃孙(1844—1919),字炎之,又字筱珊(一作小山),晚号艺风老人,江苏江阴人。《适园藏书志》按四部排序,著录善本928部,其中宋刻本48部、元刻本72部、黄丕烈跋本29部。每书"先举书名,下注何本,举撰人之仕履,述作书之大意,行款尺寸偶有异同,必详载之,先辈时贤手迹题跋、校雠、岁月源流所寄,悉为登录,使人见目如见此书,收藏印记间登一二,不能备载也"[11]。关于《适园藏书志》的不足之处,赵琮诚《张钧衡〈适园藏书志〉研究》[12]、周日蓉《〈适园藏书志〉研究》[13]已经专门指出,可以参阅。不过苏精所指出的《适园藏书志》"编得颇为粗略,远不如王国维为蒋氏所编《传书堂藏

书志》精到,有些书连必要的版本项都未注出,有些版本的鉴定但教人信毋庸疑,却未举述足够的证据理由,而其中认真校勘过的书只有寥寥数部,各书更少有对于内容主旨的发明"[14],似乎过于苛刻。笔者认为,《适园藏书志》的总体水平确实不如《传书堂藏书志》,不过其中也有不少考证之内容,如对于《四库全书总目》中的讹误,多有考辨、补正,值得肯定。而关于版本之鉴定,更是《适园藏书志》的重要特色和强项,成绩卓著。作为一部藏书志,各条目字数有限,未必需要对所有的版本鉴定均一一"举述足够的证据理由"。同时,不同的藏书志各有所长,很难面面俱到,在每一个方面都做得完美。其他藏书志对于所著录的典籍也极难全部(或大部分甚至一部分)都"认真校勘过",也不一定有许多"对于内容主旨的发明",非唯《适园藏书志》如此。

六、《传书堂藏书志》之内容及价值

《传书堂藏书志》,王国维编撰,国家图书馆藏有稿本,另有蒋氏所藏誊清抄本。该藏书志又名《密韵楼藏书志》《传书堂善本书志》《传书堂藏善本书志》,乃密韵楼(传书堂)主人蒋汝藻延请王国维代撰。蒋汝藻(1877—1954),字符采,号孟苹,别署乐庵,浙江吴兴南浔(今湖州市南浔区)人。王国维(1877—1927),初名国桢,字静安,又字伯隅,初号礼堂,晚号观堂,浙江海宁人。

国家图书馆所藏系王国维自存稿本,共计10册,由王国维家人捐献。该稿本第一册封面题"传书堂藏书志",内容文字涂改之处颇多。陈力对此作过专门研究,指出在内容方面,该稿本有些部分比较简略,有些内容略而未记,有点类似大纲或摘要的性质。由于编目时蒋家分批将书送至王国维寓所,王国维在编目时随编随记,蒋家藏书或许没有完全按四部次序排列,因此该稿本中各书并末完全按四部分类法排列。另外,该稿本中还包括一些重要的宋元版书之校记,而在送交蒋家时,多数已经删除。由于该稿本一直由王国维自存,王国维经常翻检补记,并且利用书稿空白处写下了不少书志以外的文字,如《六经正误》《尔雅单疏校记》《散氏盘跋》《宋越州本礼记正义跋》《西湖书院重整书目考证》《校大典本水经注跋》等。上述跋文绝大多数业已收入《观堂集林》和《观堂集林别集》。

另有名为《传书堂藏善本书志》之誊清抄本,赵万里称其有"三十余巨册",乃王国维"躬自缮录,存蒋氏处"[15]。该誊清抄本系王国维编目结束后送交蒋氏者,著录文献比王国维自存稿本多五百余种。此本交蒋氏后,蒋汝藻、蒋祖怡(1902—1963)父子又作了许多修订补充,台湾艺文印书馆于1974年据以影印

(线装)①。

从影印本的内容笔迹来看,与赵万里所说的王国维"躬自缮录"相差甚远。该影印本一部分用"密韵楼写本"竖行稿纸抄成,一部分用普通竖行稿纸抄成;一部分似为王国维手书,一部分当为他人缮写,并且字体不一,可见抄录者较多,甚至还有一页中的多篇书志由不同人抄成之情况。

王国维自存稿本与誊清抄本在内容上存在较大差异,有不少增删。誊清抄本所作增补主要是补足了王国维原稿中略而未记之内容,这些文字绝大多数应该是王国维在誊清交稿时所补全者;誊清抄本所删除的主要是王国维原稿中的文字校记部分。值得注意的是,誊清抄本所增加的内容,可能有一部分文字并非出自王国维之手,而是由蒋氏父子补充、修改、重编,甚至有些篇章就是出自蒋氏父子之手[16]。

《传书堂藏书志》是从1919年9月开始编纂的,1923年5月初稿基本完成,1923年末修改定稿,1924年7月最终交稿,前后历时将近五年。

吴修艺曾据台湾大通书局1976年版影印本《王国维先生全集(续编)》中的《传书堂藏善本书志》统计,该藏书志收录宋、元、明、清善本2900部②58768卷,其中宋本189部、元本128部、明本1668部、抄本831部、稿本84部[17]。《传书堂藏书志》总体水平甚高,具有重要学术价值。

七、《约园藏书志》之内容及价值

《约园藏书志》,张寿镛编撰,国家图书馆藏有民国张氏约园抄本(存五卷),共计2册;宁波市天一阁博物院藏有民国张氏约园抄本(存卷四至六),共计1册。张寿镛(1876—1945),字咏霓,号伯颂,别署约园,浙江鄞县(今宁波)人。

《约园藏书志》仿照《皕宋楼藏书志》之体例,按四部排序,在各条目的书名卷数之后,先列版本,接着著录著者等,然后再摘录序跋等。

国家图书馆藏本共计2册,原系郑振铎西谛藏书,郑氏因公殉职后,由其夫人捐赠给北京图书馆(今国家图书馆)。郑振铎在1941年10月2日致张寿镛书信中叙述了这部《约园藏书志》获取之经过,内容如下:

> 前日在冷摊收得《约园藏书志》二册(计四卷,缺卷四集部上)。不知此书先生处有底稿否?敝处收得此书,决不出示外人。如先生处"底稿"已佚,

---

① 台湾大通书局1976年版影印精装本《王国维先生全集(续编)》第9~12册也收录该誊清抄本。
② 吴修艺的《王国维版本目录学的成就——〈传书堂藏善本书志〉研究之一》原作2700部,当为2900部之误。

则得此大可再钞一份也。(原书用《四明丛书》稿纸抄写,不知为何人所钞。)此书内容至佳,叙说明畅,似大可印行。先生以为如何?[18]

宁波市天一阁博物院藏本共计1册,系毛装,无外封,所存三卷共计105页。其中卷四集部一楚辞类,仅1页,收书二部;卷五集部二自《汉蔡中郎集》至明卢楠《蠛蠓集》,乃汉代至明代之别集,收书最多,共计88页,占此册之大半。卷六集部三自《文选》至《全唐诗话》,乃总集和诗文评之书,共计16页[19]。

八、《文瑞楼藏书志》之内容及价值

《文瑞楼藏书志》不分卷,(清)金檀编撰,国家图书馆、南京图书馆、浙江图书馆藏有抄本,其中国家图书馆藏本共计10册,南京图书馆和浙江图书馆藏本共计12册。金檀(约1660—1730),字星轺,浙江桐乡人。

1956年秋,杭州宝贻书店从湖南湘潭收购了一批旧书,其中有书目一种,毛装10册,原无书名、序跋,不著编撰人,书内不标卷次,第1册前半部分是孙从添的《藏书纪要》。该书每页中缝右下写有"文瑞楼"三字,因此当时就用《文瑞楼藏书志》之名售归北京图书馆(今国家图书馆)[20]。此后,《北京图书馆古籍善本书目》[21]、《中国古籍善本书目·史部》[22]、《中国古籍总目·史部》[23]、《浙江图书馆古籍善本书目》[24]等均采用《文瑞楼藏书志》之名。

《文瑞楼藏书志》所收均系集部书,各书著录书名、卷数、册数等,并有作者小传,对于版本的记载较为详细,其中颇多罕见之本。国家图书馆藏本著录北宋至明正德、嘉靖年间各家诗文集。南京图书馆和浙江图书馆藏本册数相同,内容也基本相同,著录北宋至明正德年间各家诗文集,但二者抄写之字体差距较大。并且,南图藏本末尾较浙图藏本多出一页,内容是"宁藩朱谋晋康侯诗集四种"一条。

九、关于《武林妙赏楼藏书志》

此外,日本国立国会图书馆藏有一部稀见明代私家藏书目录,即《武林妙赏楼藏书志》二卷。该书乃海内外孤本,著录典籍67部。卷端题"瑞南高士深撰",高士深即高濂(生卒年不详),字深甫(又作深父),号瑞南、瑞南道人,浙江钱塘(今杭州)人,系明代著名藏书家、戏曲家。因卷首有清嘉庆二十二年(1817)杨一琴之跋,故版本著录为清嘉庆写本。唐新梅对该书进行了详尽考辨,指出该书主要依据黄丕烈题跋及《清学部图书馆善本书目》《海昌备志·艺文志》《四库全书总目》四种书目文献剪裁、拼接、模仿、改写而成,当为民国时期作伪之书[25]。

上述两浙地区的藏书志仅在少数图书馆有收藏（稿抄本则更是独家珍藏）。笔者长期从事古典文献学、清代学术史及浙江地方文献研究，同时对藏书史也十分关注，因此深知这些藏书志之重要价值。同时，笔者也曾由于在研究时未能及时查阅原书而颇感不便。有鉴于此，为了给相关研究者提供便利，我们将其影印出版，定名为《两浙藏书志辑刊》。

需要说明的是，考虑到《善本书室藏书志》与《八千卷楼藏书志》所收书志之篇目及收书次序、文字详简等方面多有差异，为了给广大读者提供更多的参考，也便于将二者加以比对，我们同时予以收录。此外，《文瑞楼藏书志》之性质与上述藏书志不太一样，不过考虑到其书名中有"藏书志"三字，我们亦加以收录。

另需说明的是，《嘉业堂藏书志》①等两浙地区的藏书志因系珍贵稿本而难以获取底本，故此次未能收入《两浙藏书志辑刊》，我们为此深感遗憾！十分希望今后条件成熟时，再出版补编。

（陈东辉，浙江大学汉语史研究中心教授）

参考文献：
[1]范凤书.中国私家藏书史:修订版[M].武汉:武汉大学出版社,2013:658.
[2]王欣夫.文献学讲义[M].上海:上海古籍出版社,1986:119.
[3]長澤先生喜壽紀念會.長澤規矩也著作集:第4卷[M].東京:汲古書院,1983:44.
[4]刘蔷.海外佚存:哈佛燕京图书馆藏《八千卷楼藏书志》研究[M]//王绍仁.江南藏书史话.上海:上海古籍出版社,2009:394-412.
[5]石祥.写本形态的八千卷楼善本书目:以南京图书馆藏本为中心[J].中国典籍与文化,2006(3):68.
[6]徐桢基.皕宋楼藏书目及其藏书数[M]//王绍仁.江南藏书史话.上海:上海古籍出版社,2009:97.
[7]张艳.陆心源《皕宋楼藏书志》研究[D].武汉:湖北大学,2008:32.
[8]陈东辉.《陆心源全集》前言[G]//《古籍保护研究》编委会.古籍保护研究:第6辑.郑州:大象出版社,2020:183-184.
[9]童银舫.沈德寿与抱经楼[J].图书馆研究与工作,2002(3):75.
[10]张彧.慈溪沈氏抱经楼书事考述[G]//沈乃文.版本目录学研究:第8辑.北京:北京大学出版社,2018:346.
[11]缪荃孙.适园藏书志序[M]//张钧衡.适园藏书志.刻本.南林:张氏家塾,1916(民国五年).
[12]赵琮诚.张钧衡《适园藏书志》研究[D].台北:台北大学,2008.
[13]周日蓉.《适园藏书志》研究[D].兰州:西北师范大学,2013.
[14]苏精.近代藏书三十家:增订本[M].北京:中华书局,2009:217.
[15]赵万里.静安先生遗著选跋[G]//袁英光.王国维学术研究论集:第1辑.上海:华东师范大学出版社,1983:306.

---

① 复旦大学藏有缪荃孙、吴昌绶、董康、刘承幹稿本5函28册（有傅增湘批语及瞿兑之所撰后序），上海图书馆藏有董康抄本6册，国家图书馆藏有郑振铎抄本23册（原西谛藏书，有徐恕校，其中第1~17册书名页题"缪编"，第18~23册书名页题"董编"）。

[16]陈力.王国维《传书堂藏善本书志》略述[J].文献,2010(1):12-15.
[17]吴修艺.王国维版本目录学的成就:《传书堂藏善本书志》研究之一[J].江淮论坛,1986(2):90-91.
[18]郑振铎.郑振铎全集:第16卷 书信[M].石家庄:花山文艺出版社,1998:180.
[19]天一阁博物馆.天一阁藏《四明丛书》珍稀文献图录[M].杭州:浙江古籍出版社,2016:180.
[20]郑炳纯.关于《文瑞楼藏书目》和《藏书纪要》[G]//《中国典籍与文化》编辑部.中国典籍与文化论丛:第1辑.北京:中华书局,1993:352.
[21]北京图书馆.北京图书馆古籍善本书目[M].北京:书目文献出版社,1987:1132.
[22]中国古籍善本书目编辑委员会.中国古籍善本书目:史部[M].上海:上海古籍出版社,1993:1400.
[23]中国古籍总目编纂委员会.中国古籍总目:史部[M].上海:上海古籍出版社,2009:4944.
[24]浙江图书馆古籍部.浙江图书馆古籍善本书目[M].杭州:浙江教育出版社,2002:237.
[25]唐新梅.日本国立国会图书馆藏《武林妙赏楼藏书志》辨伪[G]//程章灿.古典文献研究:第23辑下卷.南京:凤凰出版社,2020:224-236.

人才培养

图书馆学本科专业古籍修复课程建设的探索与实践
——以贵州民族大学为例

Exploration and Practice of the Course Construction of Ancient Books Restoration for Undergraduates Majoring in Library Science: Taking Guizhou Minzu University as an Example

唐 亚

摘 要：为了培养古籍保护事业的后备力量，在条件允许的情况下，图书馆学本科专业应开展古籍保护教育，古籍修复课程则是其重要组成部分。本文以贵州民族大学图书馆学本科专业为例，从教学目标、教学方式、课程内容等方面论述了我校在古籍修复课程建设上的探索与实践。图书馆学本科专业古籍修复课程应传递古籍保护理念，激发学生兴趣；在师资上需要一支专业过硬、人员充足的教学团队；在教学内容及方法上应推进课程的规范化和前沿化；更应丰富课程的人文内涵，以古籍修复为载体传播典籍文化。

关键词：图书馆学；古籍修复；文献保护；实践教学；典籍文化

图书馆是古籍文献的主要收藏机构，图书馆学专业毕业生作为受过专门训练、具备图书馆工作知识背景的复合型人才，理应成为古籍保护事业的主力军之一。本科阶段是学生构建学科知识体系、探索未来专业发展方向的重要时期，对图书馆学专业本科生，应给予其一定的古籍保护教育，开设古籍修复课程①则是进行古籍保护启蒙、激发学生兴趣的良好手段。然而，目前国内图书馆学本科教育在古籍保护教学方面有所欠缺，开设古籍修复课程的院校为数较少，甚至开设

---

① 本文的"古籍修复课程"指的是明确以"古籍（或文献）修复"为课程名或课程内容中包含古籍（或文献）修复相关理论及实践教学的课程。

文献保护课程的院校也不多见，导致我国古籍保护事业无形中流失了一批有潜质的后备力量。贵州民族大学图书馆学本科教育致力于培养具有人文精神、能够服务民族地区经济社会发展的高素质应用型人才，从专业开办之初就尝试以开设古籍修复课程的方式对学生进行古籍保护教育，经过三届的摸索与实践，逐步形成了一套教学模式和方法。笔者作为该课的主要组织及参与者之一，在此介绍我校图书馆学本科专业古籍修复课程的开展情况及在教学过程中产生的思考，以期为图书馆学及古籍保护教育同行提供借鉴。

一、贵州民族大学图书馆学古籍修复课程的教学实践

"古籍修复"课程为贵州民族大学图书馆学本科专业集中实践教学课程中的选修课，大二学年夏学期（我校为三学期制）开设，1学分，每周4学时，总计16学时。我校图书馆学专业本科生在大二学年春学期修读了"文献保护概论"课程，该课为专业必修课，3学分，48学时，以理论讲授为主。"古籍修复"课程作为其延伸课程被安排在紧接而来的夏学期中，目的是通过实践进一步拓展和深化学生对古籍修复这一重要文献保护手段的认识和理解。我校图书馆学本科专业自2016年开始招生，截至2021年已连续招收6届本科生（其中2届已毕业）。"古籍修复"课程自2017级开始开设，2019—2021年，我校图书馆学专业2017级—2019级共128名本科生修读了"古籍修复"课程。

（一）教学目标

通过本课程，要求学生了解古籍装帧形式、印刷方式、破损类型及原因、定损标准、修复原则、修复基本工艺及程序等古籍修复基础知识，观摩古籍修复现场操作和工艺实践，学习浆糊制备工艺及线装书装帧技法，在修复师指导下亲自完成线装本的制作。

（二）教学方式

我校图书馆学本科专业"古籍修复"课程共16学时，培养方案设计的学时分配为理论课6学时、实践课10学时，实际教学中每年都在不断摸索、调整。2017级为理论课4学时、实践课12学时，2018级理论、实践课各8学时，2019级理论课6学时、实践课10学时。"古籍修复"课程由我校图书馆特色资源部馆员（1人）和古籍修复师（多人）联合授课，特藏馆员讲授理论，古籍修复师进行实践指导。理论课安排在第1至第2周，采取集体授课的方式，主要讲授古籍修复基础知识。实践课安排在第2至第4周，由理论课教师带领学生到图书馆古籍修复室观摩并讲解古籍修复现场操作，实操环节则采用分组指导的方式，由古籍修复

师带领学生亲手制作浆糊、线装本，体验传统印刷技艺等。本课程要求学生每人至少完成 1 册线装本的制作，期末提交 1 册四眼或六眼线装本作为课程作业之一进行评分。

(三) 课程内容

1. 理论课

2017 级为我校图书馆学本科专业创办以来首次开设"古籍修复"课程的年级，考虑到本课程以实践为主，且学生在"文献保护概论"课中已学习过古籍修复相关知识，故仅安排了 1 次即 4 学时的理论课，主要梳理了古籍的概念、装帧形式、破损类型及定损、修复原则、工具、工艺、程序等知识，属于介绍性讲解，很多知识点并未深入解析。从课后提交的作业及带教修复师的反馈来看效果不太理想，学生对古籍修复的理解较为模糊混乱，实践操作中上手也较慢。

基于此，2018 级增加了 1 次理论课，理论课扩充为 8 学时，讲授内容增加了古籍印刷方式及工艺的部分，对古籍修复工艺和程序则进行重点讲解，详细分析了脱酸、补书页、溜口、托、裱、喷水压平、接书脑等修复工艺的操作方法、原理及注意事项，结合大量图片和视频梳理了线装书修复的全流程，并且对浆糊制备、配纸、拆书等环节进行了深入解析。2019 级在提升授课效率的基础上将理论课压缩为 6 学时，但内容并未减少。从课程作业及实践课反馈来看，2018 级、2019 级的教学效果均较 2017 级为佳，学生对实践操作的接受力和理解力更好，上手更快，这当与增加了理论课课时，对古籍修复的步骤和程序进行了详细讲解和视频展示有关。

2. 实践课

我校图书馆学本科专业"古籍修复"课程实践课的核心内容为线装书装帧技法，以制作四眼或六眼线装本的方式进行教学。线装本书芯采用普通宣纸，学生通过亲自完成裁纸、折页、锤平、压平、齐书口、订纸捻、裁齐、扣皮、打书眼、订线、贴签等步骤制作线装本，以线装书最常见的四眼或六眼装帧为教学内容，学生可根据个人情况选择其一，有余力者还可跟随修复师学习其他装帧形式的制作。线装本制作采用分组教学的方式进行，根据实际参与的修复师数量进行分组，一位修复师指导一组学生。2017 级参与教学的修复师 6 人，平均每组 9～10 人；2018 级带教修复师 6 人，平均每组 6～7 人；2019 级带教修复师 4 人，平均每组 8 人。

实践课的其他内容则根据理论课课时及内容安排进行相应配合和调整。2017 级的实践课课时较多，故安排了浆糊制备方法的学习，学生在课堂上主要体验了揉搓面团以提取小麦淀粉的过程。2018级、2019级增加了理论课课时,将浆糊制备放到理论课上进行讲解。实践课课时虽然减少,但在内容优化及效率提升的基础上,2019级还增加了纸浆补书机操作现场演示及原理讲解、雕版印刷、活字印刷、传拓技艺体验等内容。

二、国内图书馆学本科专业古籍修复课程开设现状及比较

截至2021年10月,国内开办图书馆学本科专业并正在招生的高等院校共有21家[①]。笔者对各院校官网公布的专业介绍及培养方案等公开信息进行了网络调研并发放了调查问卷,根据网络调研结果及问卷回收情况,除贵州民族大学外,图书馆学本科专业开设古籍修复课程的院校有4家,分别为中山大学、郑州大学、武汉大学和黑龙江大学。

(一)开设现状

中山大学图书馆学本科专业开设"文献保护与修复"课程,为专业必修课中的专业核心课程,第5学期开课,3学分(理论2学分、实践1学分),理论与实践教学环节各36学时,每周4学时[1],另有"图书与图书馆史"课亦涉及古籍修复的内容。中山大学"文献保护与修复"课程为了适应现代文献收藏机构文献保护工作的实际需要,教学内容设计旨在突出国际文献保护与修复领域中的共识性理念,讲授一定的补救性修复技术。课程考核注重学生的动手能力及未来胜任文献保护管理工作的能力,会布置文件保护套制作之类的实践作业[2]。郑州大学图书馆学本科专业开设"文献修复与保护技术"课程,也为专业核心课,第5学期开课,2学分,40学时,其中理论教学16学时、实践24学时[3]。从课时分配上看较为注重实践教学,实践课时占比60%,结合课程名称推测,该课应包含古籍修复的内容。武汉大学图书馆学本科专业"中国图书和图书馆史"课程涉及古籍修复,为专业选修课程,第3学期开课,3学分,48学时,其中理论课39学时、实践课9学时[4]。理论课涉及古籍的装帧、印刷、破损、古籍修复的历史、工艺、现代技术等内容,实践课包含观摩古籍修复现场操作、制作多种装帧形式样书及体验传统印刷技艺等环节。黑龙江大学图书馆学本科专业"古籍资源与整理"课程涉及古籍修复,第6学期开课,3学分,40学时,其中理论课30学时、实践课10学时。理论课涉及古籍的装帧、印刷、破损、古籍修复的历史、工艺、流程等内容,实践课包含制作多种装帧形式样书及函套、体验传统印刷技艺等环节。

---

① 该数据主要来自教育部高校招生阳光工程指定平台,结合各院校官网专业设置等相关信息进行核实调整。

另有东北师范大学和长春师范大学开设了名为古籍(或文献)保护的课程。东北师范大学图书馆学本科专业开设"古籍保护与整理"课程,为专业选修课,2学分,36学时[5]。长春师范大学图书馆学本科专业开设"文献保护技术"课程,也是专业选修课,2学分,30学时[6]。上述两门课程应包含古籍修复理论的讲授,但培养方案中均未体现实践学时,不清楚是否存在与古籍修复相关的实操环节。

(二)各校古籍修复课程比较

1. 课程属性

在目前5所图书馆学本科专业开设古籍修复课程的院校中,古籍修复课大致有3种归属:一是与文献保护类课程整合或作为其配套课程,课程名称中体现出"修复"字眼,如中山大学、郑州大学和贵州民族大学(我校从2020级起亦将"文献保护概论"与"古籍修复"两课程整合为"文献保护与修复"课程);二是隶属于图书馆史类课程,如武汉大学和中山大学;三是隶属于古籍整理类课程,如黑龙江大学。不同的课程属性体现出各院校对古籍修复在图书馆学知识体系中的不同认知,文献保护类课程中的古籍修复内容主要作为文献保护的重要手段被加以介绍;图书馆史类课程中的古籍修复内容应被视作古人抢救和保护图书的重要方式,尤其古代图书装帧和印刷的演变与古籍修复关系密切;古籍整理类课程中的古籍修复内容则是作为文献学知识体系中的组成部分而存在。

2. 课程学时

从课程学时来看,中山大学"文献保护与修复"课程总学时和实践学时均最多,实践课达36学时,占比一半;郑州大学"文献修复与保护技术"课程的实践课为24学时,占比60%,为5所院校中最高;武汉大学、黑龙江大学和贵州民族大学相关课程的实践学时数相差无几,分别为9学时、10学时、10学时(实际在8～12学时之间,见上文)。古籍修复属于手工技艺,实践教学至关重要,各院校相关课程中的实践学时虽并不一定都是古籍修复教学,但多少能体现出各校相关课程的侧重所在。

3. 教学方式

根据本文对古籍修复课程的定义,调研所得5所院校的相关课程均采用"理论+实践"的教学模式。在师资安排上,中山大学、贵州民族大学由教学团队共同承担,不同教师分别主导理论与实践课,理论课由图书馆学专职教师或校图书馆古籍保护馆员讲授,实践课由校内外古籍修复师参与指导;武汉大学、黑龙江大学则由1位教师全盘主导理论及实践课,武汉大学为校内或校外图书馆古籍修复师,黑龙江大学为图书馆学专职教师。各校不同的教学方式及师资安排应与教师个人专业特长、人员实际情况及教学内容等相关。

4.课程内容

在理论课教学上,中山大学、武汉大学、黑龙江大学和贵州民族大学4所院校的古籍修复课程对古籍的装帧形式、印刷方式、破损类型、修复原则、修复工具与材料等古籍修复基础知识均有所涉及。黑龙江大学和贵州民族大学的理论课教学偏重于传统的古籍修复技艺,会讲授古籍修复的流程和工艺等内容;中山大学和武汉大学的理论课则包含古籍修复现代技术和古籍修复档案知识等内容,尤其是中山大学,从该校使用的教材《文献保护与修复》来看,涉及古籍修复的内容主要在第五章"文献修复处理"中,讲解了文献修复的原则、修复档案的制作及脱酸、去污、加固、修补等修复技术,除介绍中国古籍传统的修复方法外,还讲授现代科学背景下对纸质文献的修复方式及国外前沿的纸张修复技术[7]。

在实践课教学上,制作线装书等各种装帧形式的古籍样书和传统印刷技艺体验是最被普遍采用的教学方案,中山大学、武汉大学、黑龙江大学和贵州民族大学4所院校的实践课均包含此内容。中山大学除制作线装书外还制作西文精装书,武汉大学则制作卷轴装、经折装、蝴蝶装样书,黑龙江大学亦制作线装书及其他装帧形式样书。观摩古籍修复现场操作则被中山大学、武汉大学、贵州民族大学3所院校采用。制作文献装具也较为常见,如黑龙江大学制作函套,中山大学制作书套和文件保护夹。有的院校会教授修复材料的加工方法,如中山大学和贵州民族大学有浆糊制备实践,中山大学还设计有配纸、染纸的内容。还有院校的实践课会涉及古籍修复现代技术,如中山大学有纸张理化性能实验,贵州民族大学则有纸浆补书机操作演示。

三、图书馆学本科专业古籍修复课程建设的思考

(一)树立古籍保护理念,激发学生兴趣,发现人才苗子

图书馆学专业的培养目标之一是打造有能力在各类图书馆及信息机构从事图书文献保护工作的人才,文献保护类课程的设置即服务于此。不同于各类高校中文物或古籍修复专业的古籍修复课程(这些课程是为了培养能够专职从事文献修复的技术型人才),图书馆学本科专业的古籍修复课应是作为文献保护类课程的重要组成部分而存在,首要目的是帮助学生树立古籍保护理念,以生动可感的形式强化学生对文献保护理论、手段和价值的理解。专业培养目标的定位直接关系到课程教学目标的设定,我们不可能仅凭一门数十学时的课程就培养

出立马能上手的古籍修复师,而且绝大多数图书馆学专业毕业生也不会成为专职的古籍修复师。所以图书馆学本科专业开设古籍修复课的意义在于通过古籍修复的实际体验,促使学生对古籍文献保护产生具象化认知,激发学生对古籍保护及典籍文化的兴趣,从中甚至可以发掘今后有潜力从事古籍修复的好苗子。

我校在三届本科生中的开课实践证明,古籍修复课程对学生兴趣的激发是极其显著的。我校"古籍修复"课受到学生的普遍欢迎和好评,当每人通过裁纸、折页、打孔、扣皮、订线等繁复工艺拿到一册亲手制作的线装本时,兴奋和喜悦之情溢于言表。部分学生兴趣浓厚,完成线装本制作后还要求修复师教授其他装帧形式样书的制作方法,甚至下课后也不愿离开。很多学生对古籍修复从课前的一知半解到课后的饶有兴味,对古籍及古籍保护枯燥乏味的印象也有所改观,修复课的开展无疑对古籍保护观念的深入人心起到很大的推动作用。不止于此,每个授课班级都会有个别学生在课后表达出强烈的深入学习诉求,实际上累计有7名学生结课后自愿到图书馆跟随修复师继续学习,其中3名来自文物与博物馆学专业的学生在进一步深造后已成长为专职的古籍修复师。

古籍修复工作的特殊性决定了从业者不仅需要较高的悟性和动手能力,还须具备极大的耐心和毅力,否则在学习和职业生涯中很容易浅尝辄止甚至半途而废,强烈的兴趣往往是支撑修复师坚守下去的最大动力。古籍修复课程的深入"科普"和亲身体验,既能让学生探索自我兴趣从而涌现具备潜质的修复后备力量,更能廓清对修复一知半解、盲目热情者的错误想象,让其对古籍修复产生正确认识,避免因一时冲动而造成修复人才培养的浪费。通过这种方式在图书馆学等相关专业中发掘修复苗子,更有机会找到具备专业背景与素养、对古籍修复真正感兴趣的学生,鼓励他们通过考取古籍保护相关专业研究生、自行拜师等方式继续深造,最终走上专业古籍修复师的道路。

(二)组建专业过硬、人员充足的教学团队,保障教学效果最大化

古籍修复课程的教学定位、授课方式及课程内容决定了开课之先应该具备一支专业过硬且各有所长的教学团队,课程整体最好由具有古籍保护学科背景或从事古籍保护工作的教师统筹,主讲教师、古籍修复师分别主导理论与实践课。古籍修复课程如由一位教师全盘承担,则其应具备古籍保护的专业背景、完善的古籍修复理论体系、深厚的典籍文化知识素养,精通古籍修复实际操作且实践经验丰富。但从目前国内各高校相关专业及图书馆工作实际来看,兼具以上技能的人员为数不多。当今国内专职的古籍修复师往往是通过师带徒的方式培养而成,他们技艺高超、实践经验丰富,但很多没有接受过系统的古籍保护教育,

更偏向于工匠型人才。而拥有古籍保护背景、具备全面的典籍知识体系和较高理论水平的学者或图书馆员又并不一定十分精于古籍修复技艺。因此,没有一支各有所长的教学团队各司其职又相互配合,古籍修复课很难取得理想效果。

从国内外高校文献修复相关课程的教学实际来看,不少学校选择了由理论和实践导师组成教学团队的做法。如中国人民大学档案学专业、美国德克萨斯大学奥斯汀分校信息学专业的研究生修复实践课程均配备了主讲教师1~2名、实验室辅助教师1~2名的师资团队[8];中山大学信息管理学院"文献保护与修复"教学团队共有6名教师,其中理论课教师2名,实践课教师4名,理论课由图书馆学专职教师讲授,实践课由校图书馆古籍修复师和广东省文物科技保护中心研究人员参与指导。我校图书馆学"古籍修复"课程同样采取此种做法,理论课由校图书馆古籍保护馆员讲授,实践课则由图书馆古籍修复师指导。古籍修复师为理论课提供自制的教具,古籍保护馆员则在实践环节加以理论上的讲解和补充说明,两者扬其所长、密切配合,使课程提供的知识体系更全面深入,取得了较好效果。而且本科教育开展古籍修复课程的难度并不亚于研究生教育,因为本科班人数较多,且绝大多数学生完全零基础,要保证每个人在实践课上都能得到训练甚至是体验,都需要一支人员充足的实践导师团队。我校上过"古籍修复"课程的图书馆学本科生平均每届在40人左右,三年来参与授课的古籍修复师有6人,且每次实践课均有具备相关经验的志愿者和高年级学生在旁辅助,以保证每位学生在有限课时内都能完成线装本制作。开设古籍修复课程对师资团队提出了较高要求,虽然也有院校没有采用教学团队的做法,但笔者认为在条件允许的情况下,一支结构完善、人力充裕的人才队伍能确保古籍修复课的效果最大化。

(三)优化课程内容及教学方法,推进课程的规范化和前沿化

图书馆学高等教育开展古籍修复课程不可能也不应等同于传统的工匠培养模式,应该遵循当代古籍修复学科知识体系,为学生构建学科知识框架,提供更全面、高远、广阔的视野。有学者指出,古籍修复学科知识体系包括核心知识、专业知识、提高专业素养的相关知识及实践操作,其中核心知识包括修复理论、修复史学、修复美学、修复工艺与装帧,专业知识包括修复材料学、修复与文化、修复与现代技术、分析检测,相关知识包括修复伦理、修复技术管理、修复与鉴定、数字修复等,修复实践则可以按古籍类别、古籍价值等级开展不同层次的练习[9]。图书馆学本科专业在开设古籍修复课程时,可根据自身专业定位、学科特色、课程教学目标、师资力量、教学条件、课时、设备等实际情况设计授课内容,对

古籍修复的核心知识尽可能有所涉及,在此基础上带领学生了解古籍修复的前沿理念、知识与技术等。

古籍修复课程作为图书馆学本科专业的拓展课程,总学时一般不可能很多,为了让学生尽可能构建相对完整的修复知识体系,必须优化课程内容及教学方法,提高课堂效率。结合古籍修复课程内容的学科交叉性及实践技能性的特点,在古籍修复课程中建立理论基础、实践技能和现代科技拓展三部分内容,在课时分配上要做到三部分的合理分配[10]。我校图书馆学"古籍修复"课程理论与实践学时比例根据实际教学效果逐年调整,从1∶3到1∶1再到3∶5,事实证明适当增加理论课学时对后期实践帮助更大、效果更好。在改进教学方法、教学团队密切配合的前提下实践课内容并未减少,还增加了纸浆补书机修复演示和传统印刷技艺体验等内容。

古籍作为不可再生文物具有特殊性,出于保护和防止修复性破坏的目的,古籍修复课程的实践环节在内容设计、授课方式、操作规程上均需反复论证、慎重考虑,推进课程的规范化。比如我校图书馆学"古籍修复"课程从未安排学生进行古籍书页修补实践,既是由于课时所限,更是出于古籍保护角度的考虑。由于几乎所有学生都是首次接触古籍修复,如果让其通过一两次课的培训直接上手修复古籍,可能会因操作不当对古籍造成二次损害。如果要在古籍修复课程中开展补书页等技法的实践,必须开展小组教学,精心遴选定级较低、破损程度较轻、适合初学者上手的古籍作为教具,学生在修复师的严格监督、指导和把关下操作,这样才能使其得到训练的同时尽量避免操作不当可能对古籍造成的破坏。

在信息技术的冲击和影响下,古籍修复工作越来越多地融入了科技手段,传统修复技艺的技术创新取得重大突破,产生许多新的科学发现和新方法,如纸浆补书机的发明、善本古籍的纸张酸性检测、机械化去酸的研究、代替传统面粉制浆糊的化学制浆糊的出现、修复后的古籍制作电子影像、古籍修复后的数字化前处理工作等都取得了令人瞩目的成绩[11]。开展古籍修复课程的院校应向学生传递国内外先进的古籍修复理念及技术,条件允许的情况下可建设古籍修复实验室,购置相关仪器设备,培训教学人员,在课堂上进行高科技修复的讲解、演示及实践,推进课程的前沿化。我校在2019级图书馆学"古籍修复"课上就增加了纸浆补书机的现场操作演示及体验,学生们很感兴趣,表示大开眼界,丰富了他们对古籍修复的理解。

(四)丰富人文内涵,以古籍修复为载体传播典籍文化

古籍修复是抢救文献实体、留存文明记忆、延续民族文脉的重要手段,与造

纸术、印刷术、纺织术、篆刻、金石传拓、古代图书史、藏书史、版本学等传统技艺或文化关系密切，共同构成了我国典籍文化的重要组成部分。图书馆学的古籍修复课程不应局限于古籍修复知识的介绍和技法的传授，而应以古籍修复为载体，向学生传播与之相关的典籍文化知识，揭示古籍修复及典籍发展历程与社会、文化、观念、技术、审美之间的联系，丰富课程的人文内涵和文化底蕴，增强趣味性，激发学生知书、爱书、护书的使命感和对中华优秀传统文化的热爱。我校图书馆学"古籍修复"课程在理论课中用大量图片、视频结合实物讲解了古籍的装帧演变史及雕版、活字、套印、饾版拱花等印刷工艺、古籍修复用纸贵州丹寨皮纸造纸技艺，展示了杜伟生、潘美娣等国家级修复大师的工作视频。实践课安排了雕版、活字印刷及碑石传拓等传统印刷技艺体验的内容，学生们兴致勃勃，积极性很高。学生在课后反馈中表示，这门课改变了他们之前对古籍修复简单刻板的印象，他们被我国历史上异彩纷呈的典籍形式及古人的灵心妙思所吸引，也被印刷、造纸、修复等各种非遗技艺传承人精益求精、持之以恒的工匠精神所感染。

四、结语

古籍修复课程是对图书馆学本科生进行古籍保护教育启蒙、树立古籍保护理念的最佳方式之一。图书馆学本科专业的古籍修复课程作为文献保护类课程的重要组成部分，应通过生动具象、充满参与感的教学形式激发学生对古籍保护的兴趣，发掘具备培养潜质的修复人才种子。古籍修复课程的开设需要一支结构完善、专业过硬、人力充足的教学团队，教师根据各自专业特长在理论及实践课各司其职，方能保证课程取得较为理想的效果。在教学内容上应注意优化教学方式，提高课堂效率，尽可能多地向学生传授相对完整的古籍修复知识体系，涉猎前沿的修复理念及技术，在实践环节应高度重视课程的规范化，避免对古籍造成破坏。图书馆学本科专业的古籍修复课程更应该以修复为载体传播博大精深的典籍文化，培育学生的人文精神，激发其作为未来图书馆人的情怀和使命感。

（唐亚，贵州民族大学图书馆馆员）

参考文献：

[1]中山大学信息管理学院.图书馆学培养方案[EB/OL].[2021-11-01]. http://ischool.sysu.edu.cn/cn/content/benkejiaoyu-tushuguanxue.

[2]周旖.中山大学文献保护教学项目建设[G]//国家古籍保护中心.古籍保护研究:第2辑.郑州:大象出版社,2016:189-193.

[3]郑州大学信息管理学院.2020级图书馆学专业方案 Training Program of Library Science[EB/OL].(2020-12-12)[2021-11-01].http://www5.zzu.edu.cn/xxgl/info/1084/2607.htm.

[4]武汉大学信息管理学院.信息管理学院2018版培养方案[EB/OL].(2019-04-28)[2022-01-30].http://sim.whu.edu.cn/info/1039/5520.htm.

[5]东北师范大学.本科生教育[EB/OL].(2021-09-28)[2021-11-01].http://www.nenu.edu.cn/jyjx1/bksjy.htm.

[6]长春师范大学政法学院.各专业人才培养方案[EB/OL].(2020-07-10)[2021-11-01].http://zhengfa.ccsfu.edu.cn/info/1340/2436.htm.

[7]林明,周旖,张靖,等.文献保护与修复[M].广州:中山大学出版社,2012:152-180.

[8]张美芳.中美图书档案修复高等教育的对比研究[J].大学图书馆学报,2015,33(1):90-94.

[9]张美芳.古籍修复学科构建的若干思考[J].图书情报工作,2018,62(10):5-9.

[10]李爱红.书籍设计专业中开设古籍修复课程的构想[J].浙江工艺美术,2009,35(3):106-109.

[11]张宛艳.科技创新环境中古籍修复人才培养模式的研究[J].大学图书情报学刊,2011,29(3):12-14.

史事与人物

1923年中国对日本东京大学捐赠古籍活动考
——以日本外务省赈灾档案为线索

A Research on China's Donation of Ancient Books to Tokyo University in 1923: Based on the Disaster-relief Archives from the Japanese Ministry of Foreign Affairs

潘 超

摘 要：日本外务省所藏关东大地震赈灾档案中，保存有一批民国团体与个人对东京大学图书馆的援助活动史料。这批资料显示，在1923年关东大地震后，民国高校、图书馆、慈善协会及热心人士曾向东京大学图书馆捐赠15000余册图书，其中广东筹赈日灾总会捐赠的7000余册古籍有较高的文献价值。此次图书捐赠活动是我国历史上首次参与国际图书援助事业，但对这一事件的背景和过程始终缺乏考察。依据日本外务省档案，可以复原这一沉晦已久的历史事件的过程与细节，审视日本政府灾后重建图书馆的经验与教训，也有助于我们认知近代以来古籍流布海外的背景。

关键词：东京大学；古籍捐赠；广东筹赈日灾总会；东方文化事业

1923年，日本关东大地震造成东京大学附属图书馆在内的多所日本大学图书馆及公私图书馆、文库被毁，明治维新后苦心经营的大量珍贵图书付之一炬。灾难发生后，日本政府迅速做出反应，于1923年9月初在日内瓦举办的国际联盟第四回总会上请求各国援助，最终英国、美国、比利时、中华民国等36个国家决议援助东京地区图书馆。在这场被称作"东京图书馆复兴援助"的国际图书援助活动中，以北京大学为首的北京高校，广东筹赈日灾总会等民间团体，以及江西通俗图书馆等文化机构都参与了捐赠，捐赠图书达15000余册。这批藏书现藏于东京大学附属图书馆，其中广东筹赈日灾总会捐赠的古籍有7000余册，价值颇高,被统称为"广东筹赈日灾总会寄赠本"。这一文化援助活动是近代以来我国对外人道主义赈灾活动的重要组成部分,特别是其时国内的图书文化事业刚刚起步,能够直接参与国际图书的援助与合作,具有重要的文化和社会意义。

长期以来,学界对于近代以来的图书征集、援助活动的研究,均集中在对外请求援助的历史,如抗战时期民国图书馆界向国际社会征集图书等活动[1],而缺乏我国对外图书援助历史的考察;而对关东大地震后相关慈善活动的研究,又局限于报刊中登载的政府与民间的拨款、运粮等人道物资救援活动[2],未涉及图书援助特别是古籍捐赠这一重要课题。其中最主要的原因是当时各团体与私人的图书捐赠多与日本领事馆单线联络,从未在报刊上公开,其内幕与细节不被外界所知,故长期以来未得到应有的关注。

在日本外交史料馆所藏赈灾档案中,保存有外务省与日本驻中国各领事馆间关于图书捐赠的大量往来电报与信件[3]。这些一手史料披露了关东大地震后,民国教育文化界、慈善组织与个人向东京大学捐赠古籍活动的过程和细节,本文依据这批档案,复原这一近代重要历史活动的背景与细节。

一、地震后日本政府的图书援助诉求及复兴计划

1923年9月1日,日本关东地方发生大地震,位于震区的东京大学、日本大学、明治大学、商科大学、高等工业学校等学校图书馆,以及大桥图书馆、一桥图书馆等公立图书馆建筑被毁,大量图书在地震引发的火灾中被烧毁。据日本国际联盟协会[4]的统计,各馆图书的损失包括东京大学的70余万册藏书之大部、文部省文库约10万册藏书、日本大学图书馆约15万册藏书,明治大学、专修大学、慈惠会医科大学等大学图书馆损失则无法详细统计,但"无虑百数十万册";其余

---

[1] 相关研究参见于春明:《抗日战争时期我国图书馆界文献请援活动研究》,《图书馆建设》2011年第7期;刘劲松:《抗战时期中国图书馆界研究》,商务印书馆,2018年。

[2] 相关研究有代华:《民族主义与人道主义——1923年日本关东大地震的中国响应》,合肥工业大学出版社,2015年;李学智:《1923年中国人对日本震灾的赈救行动》,《近代史研究》1998年第3期;代华、池子华:《日本关东大地震与中国红十字会的人道救援》,《福建论坛(人文社会科学版)》2012年第1期;李学智:《由抵货而赈灾:1923年天津民众对日态度转变述论》,《天津师范大学学报(社会科学版)》2020年第6期。

[3] 见"アジア歴史資料センター"数据库公开的外务省外交史料馆档案《寄贈品関係雑件·第一巻》(Ref. B05016024400、H-6-2-0-26_001)。

[4] 第一次世界大战后,在巴黎和会上,多国通过了《国联盟约》决议,并于1920年1月在日内瓦成立了国际联盟。作为当时联盟常任理事国的日本,也于1920年4月创立了日本国际联盟协会,以"国际联盟精神的达成"为协会目的,总体上是一个"半官半民"的组织,第一任会长是在财界、政界都颇有实力和人缘的涩泽荣一。参看池井优:《日本国際聯盟協会:その成立と変質》,《法學研究:法律·政治·社会》1995年第2期。

如一桥图书馆、大仓集古馆、井上博士藏书等公私藏书也都化为灰烬[1]。由于东京是近代以来日本文化的中心，明治维新以来搜集的各国图书、报刊、研究资料的损失，对学术影响深远，"从此东亚文化将更穷乏，东亚学术的发达，亦将受莫大的影响"[2]，而其中东京大学图书馆损失最为严重。作为日本第一所依照现代学制成立的大学，东京大学继承了原东京开成学校、医学校等机构藏书，建校后，又接收了大量来自民间藏书家的捐赠，至大地震发生前，东京大学藏书总量近76万册[3]。建校之初，本着"收文运之精英"的观念，又创置了汉文学科，先后从白山黑水文库（满铁旧藏，多朝鲜刻本和清刻本，约5000册）等几所汉籍文库获得大量的中国古籍。大地震后，东京大学三分之二的建筑被毁，附属图书馆内近76万册藏书几乎"都在火灾中化为乌有"，汉籍文库如星野文库、白山黑水文库、西村文库所藏大批珍稀古籍被毁[4]。

灾后东京大学设立了"图书复兴委员会"，在讨论商议后，决定吁请国内和国际两方面的援助[3]1123。对内，向各地藏书家呼吁捐赠图书，先后获得了纪州德川家的南葵文库等机构的大批汉籍捐助；对外，则首先向当时的国际组织——国际联盟请求援助，同时东京大学也派专人前往各国劝捐或购买图书。1923年9月13日英国国际联盟协会向日本国际联盟协会发来电报询问灾情，并询问现阶段需要英方提供何种援助，日方随即在回信中请求英国方面援助东京地区的图书馆重建[1]487-489。同时，日本国际联盟协会又向各国的联盟协会发信请援，信中称"在位于日本文化学术中心的东京，包括东京帝国大学等四五所大学及公共图书馆藏书约一百五十万册被烧毁。对本国的精神损失已不可知，又损失了介绍西洋文明的机构，为东西方文化的融合带来问题，也是世界一大损失"[1]489，又重提国际联盟第三回总会中提出的"人类文明由各国有识者共同努力而进步"的国际互助原则，希望各国捐赠图书及其他研究资料。此后，又通过各国驻日本领事馆、日本驻外机构，吁请各国大学、图书馆、出版部门捐赠图书。如日本国际联盟协会会长涩泽荣一发电报请日本驻美大使埴原正直向美国学术、和平团体进行斡旋，从现代日本图书馆的功能（"介绍西洋文明的中心机构""有利于东西文明融合"）的角度进行劝捐，并指出此次受灾烧毁图书多为政治、经济、法律、文学、社会类图书[1]490。最终在日内瓦国际联盟第四回总会上，由第五委员会通过了援助东京图书馆的决议①。9月29日日本代表在日内瓦会议上向各国代表"允

---

① 日本国际联盟协会的杂志《国际知识》（第3卷第10号）转引："第五委员会对日本首都的大学和图书馆所遭受的灾厄表示哀悼，因为其文学与科学的搜集品不易得，故向国际智力合作委员会恳请研究国际援助之法。"

辅助日本恢复科学图书馆"表示感谢。据东京大学的统计,在这次图书援助活动中,共有英国、美国、中华民国等36个国家和地区的图书馆、慈善机构、私人藏书家向日本捐赠图书。其中来自英国的捐赠最丰,在英国原首相、时任英国学士院长的亚瑟·贝尔福(Arthur James Balfour)等人的多方呼吁下,最终英国方面向东京大学图书馆捐赠约7万多册图书[5]。从历史来看,这次捐赠是世界近代史上最早的国际图书援助活动之一,与第一次世界大战后美国等国援助重建比利时鲁汶大学图书馆活动几乎同时①。但与援助鲁汶大学不同的是,这次的援助活动不是对战争的赔偿而是纯粹的国际慈善援助,并且参与的国家更多,其意义更为重大。

统观日本外务省的赈灾档案,在中国的劝捐工作,实际上采取了两条线路:一方面由外务省指示驻中国各地的日本领事馆在当地劝捐,此为外交路线;另一方面则通过中国驻日外交机构,直接联系北洋政府,通过高层路线请求北洋政府援助。前者,日本外务省外相伊集院彦吉于9月21日向日本驻中国公使芳泽谦吉发电报,转述了东京大学的援助呼请——"长期以来搜集的中国文献,全部化为乌有,对今后的中国研究会产生很大的问题",并要求公使馆向中国各界人士提出请求,唤起"当地有力者"的同情,"不拘新版旧版"捐赠中国刊行的书籍[6]②,并告知将在国际联盟上呼吁捐助[7]。日本公使馆又将电报转发广东、汉口、奉天、长沙和天津等地的领事馆,要求各领事馆在当地劝捐[8]。此后,日本驻上海领事矢田七太郎、驻广东总领事天羽英二、驻南京领事林出贤次郎等地方领事在很短时间内行动起来,与各地正在为赈灾募捐的组织联系。在"高层路线"方面,则由东京大学校长古在由直致函中国驻日本外交机构,通过外交机构报告给北洋政府。在与驻日公使的通信中,古在由直称:"……而于图书之搜集,尤需多费岁月,实感非常困难,以是倘荷贵公使阁下惠予援助,对于四部之书,无论其种类新旧,数量多寡,得蒙贵国政府,或大学及贵国国民之同情,赐予寄赠,则不独本大学之至幸,亦实我国文化大庆也。"之后驻日领事馆报告北洋政府国务院,称:"此时若有所寄赠,匪特足以发扬东方文化,且于国际交谊,亦得良好感情。"随后教育部咨行各省区长官,饬令各教育厅代为搜集图书,"相应咨行贵省长都

---

① 第一次世界大战时,德军烧毁了比利时鲁汶大学图书馆,后按照《凡尔赛和约》规定,德国被要求"以书还书,以手稿还手稿"的原则重建图书馆,在此期间多国对鲁汶大学的重建进行了图书援助。参见霍政欣:《追索海外流失文物的法律问题探究——以比较法与国际私法为视角》,《武大国际法评论》2010年第12期。

② 资料来自日本亚洲历史资料中心(アジア歴史資料センター)网站。网址:https://www.jacar.go.jp/index.html。

统道尹请烦通令所属,将公家刻印图书,汇集送部,或有私人愿将图书捐助者,亦请一并汇齐,咨送本部"[9]。各省又随即训令本省学校图书馆捐赠[10]。这两条路线最终都起到了作用,此后部分慈善团体开始转向对日本图书馆的灾后重建援助。

在进行劝捐的同时,日本外务省与东京大学又商讨了中国捐赠图书的运输和保存问题。10月初日本对华文化事务局局长出渊胜次与东京大学教授服部宇之吉在外务省商谈图书运输问题,考虑到当时中国的政治局势是广东革命政府与直系军阀控制的北京政府南北对峙,决定按捐赠书籍的来源分成南北两方面分别处理,包括:

(一)北方寄赠的书籍暂时送至北京,存放在日本公使馆附近的日本军营(即所谓北平守备队)中保管,南部的图书则统一送至上海,由同文书院保管。

(二)由东京大学在北京、上海当地选择适合的人来处理这批书的整理、打包、寄送事宜,费用也由东京大学支付。

(三)图书先暂存于东京大学,再分配去其他地方。

(四)由东京大学负责协商运送事宜。[11]

可以看到,在大地震发生后,东京大学、外务省、日本国际联盟协会等互相配合,迅速开展图书馆的恢复重建工作,将图书搜集视为关系到本国文化传承与学术发展的重要事务,列为请求对外援助的重点,并且在实际吁请过程中,手段灵活。如为了增强西方各国捐赠的意愿,侧重宣传图书馆"介绍西洋文明的中心机构"的作用,并将请求捐赠对象放在了外文的"政治、经济、法律、文学、社会"等人文社科类书籍,表现出了明治维新以后日本积极学习、融入西方文化的意愿和学术立场。在整个呼吁过程中,无论是国际吁请、各地劝捐还是运输环节,均考虑得十分周到,这也为之后各国捐赠图书活动的顺利进行提供了保障。

二、中国的团体、私人的图书捐赠活动

日本关东大地震发生后,中国各大报纸纷纷报道这场"亘古未有之浩劫"。在发生大地震的1923年,由于日本拒绝归还旅顺、大连,并拒绝中国取消《二十一条》的要求,中日关系已十分紧张①,但是灾难消息传来后,教育界、文化界以及各慈善团体不计前嫌,以人道主义精神参与援助。不过此时仍是一般意义的民间慈善活动,即为灾区募集捐款或购买粮食、医药以"救灾恤邻""救济侨日同

---

① 可参看李学智:《由抵货而赈灾:1923年天津民众对日态度转变述论》,《天津师范大学学报(社会科学版)》2020年第6期。

胞",如在9月4日北京国立专门八校教职工代表联席会议上,各校决定成立"北京学界日本震灾急拯会",并商议举办"游园演剧及成绩展览会"等募捐活动[12]。

在日本各领事馆向各地赈灾组织提出图书援助时,部分赈灾组织实际已完成了筹款,在接到日方请求后,便将本来用于购买粮食、药物的钱款改而用于购入图书,如广东筹赈日灾总会、北京各国立高校等,也有如上海广学会、江西通俗图书馆、江西省官纸印刷所等组织机构直接捐赠书籍。这些机构均与日本各地领事馆单线联系,捐赠过程也各不相同,以下根据日本外务省赈灾档案对各组织与个人的捐赠活动进行考察。

(一)广东筹赈日灾总会

地震发生后,广东革命政府军政要员纷纷致函日本总领事馆以示慰问,并于9月5日筹办赈济日灾的游园会,9月7日广东政府外交部部长伍朝枢、内政部部长徐绍桢、广东省省长廖仲恺及各团体、各行代表参加会议商讨救灾事宜,决定于24日在广州第一公园等地举办赈灾游园会,将募捐所得购买"米石药料"寄送灾区[13]。在举办赈灾活动的四天里,广州市民踊跃捐款,据后来驻广东总领事天羽英二对外务省的报告,在这次游园会中,筹赈日灾总会共募得捐款12000余元,去掉开支,纯收入共7000多元[14]。此后由于日本领事馆呼吁援助东京图书馆的灾后重建,于是筹赈日灾总会决定将这笔捐款用于购入图书,并于1924年1月前,购入古籍520部,共7341册,分装50大木箱交付给了日本驻广东领事馆。驻广东总领事在接到了图书以后,按照事先与东京大学的约定,用日清汽船公司的庐山丸号将图书运送至上海[15],之后由外务省通知东京大学准备接收,东京大学校长古在由直向外务省发信,请求告知广东筹赈日灾总会会长与代表们的姓名,以向其慷慨行为表示感谢[16]。这批书最终于4月3日由日本驻上海领事馆寄出,现保存于东京大学附属图书馆。由于这批书在运至日本时,箱子上写有"广东筹赈日灾总会敬赠"字样①,所以东京大学将这部分书统称为"广东筹赈日灾总会寄赠本",在《东京大学综合图书馆汉籍目录》中著录了这些书的版本。据该目录[17],这520部古籍中,大多为明清刻本,如明嘉靖二十年(1541)新会何孟伦刻本《文选》、嘉靖四十一年(1562)序刻本《唐荆川先生编纂左氏始末》、万历四十二年(1614)金陵广庆堂刻本《新刻刘直洲先生文集》,以及清嘉庆十七年(1812)刻本《一园集》等。还有一部分清末广东地区文人的文集稿抄本,颇为珍贵,如黄培芳的《香石吟稿》稿本,甘国基的《劲草堂诗稿》抄本,均十分稀见。从

---

① 东京大学图书馆于1995年举办的"东京大学综合图书馆的汉籍及其旧藏者"展览上公布了部分图像,参看 https://www.lib.u-tokyo.ac.jp/html/tenjikai/tenjikai95/index.html。

刻本的刊行地来看,多是广东本地的书局刻本,如广州广雅书局、广州粤东书局、广州翰墨园、广东载文堂等刊印的书籍,且多实用性丛书,可知当时在购置图书时,组织者曾充分考虑到捐赠图书的学术性和资料性。

(二)北京各高校

1923年在北京、上海、杭州、武汉等城市爆发了反日集会游行和抵制日货的活动,要求废除《二十一条》,收回旅顺、大连。当时思想最为活跃的北京学校积极响应,在五四运动中成立的学生团体"北京学生联合会"组织了北京高校的多次罢课、抵制日货、查货等活动,因此长期以来,日本外务省都将北京各高校视为"排日色彩浓厚"[18]。然而,在关东大地震发生后,北京各高校迅速开展赈灾捐款活动,于9月4日召开的北京国立专门八校教职工代表联席会议上,有北京美专的代表临时提议"此次日本惨遭巨灾,吾人亟应设法拯救",随后全体代表一致通过了组织"北京学界日本震灾急拯会"的决议。该会在8日举办了第一次筹备会,商议援助日灾,包括与学生联合会接洽,并择期举办"游园演剧及成绩展览会等"募捐活动[19]。北京大学也在报刊上登出启事,称将于9月23日筹办"日灾书画助赈会"[20],之后由于日本公使馆表达了图书援助的请求,东京大学又派出学者在北京联络①,所以北京各学校改而购置图书。依据日方档案,至11月15日各校共购入图书九大箱,分两批交付日方,第一批6572册,第二批1208册,这批图书多为民国时期影印、铅印丛书,有《别下斋丛书》《皇清经解》等[21]。第二年6月,北京大学又独自捐赠了四箱图书,共27种3135册,包括《津逮秘书》《聚珍版丛书》等丛书[22]。

(三)社会团体与图书馆、印刷所等文化机构

日本发生大地震的消息传来后,社会各团体、图书馆、出版机构也积极参与了图书援助活动。在沪的留日学生如张继、李烈钧、章士钊等人发起了上海留日同学协济日灾会。由于会中人员大多曾留学日本,故与一般慈善团体不同,在成立时即明确提出"筹募东京各校复兴之基本金"和帮助重兴文化两项提议,在成立启事中表述道:"回忆东京、横滨两地为我同人在日负笈游憩之所,巨大图书馆供吾人参考获益非浅,今者惨遭巨劫,顿成灰烬,我同人本人类互助之责任应予相当之援助"[23],此后会中陈仪等人捐赠了《四部丛刊》等书。此外,一些图书馆、印刷所等文化机构也捐赠了图书,如在教育部向各省下达捐赠图书的训令后,江西省通俗图书馆和江西省官纸印刷所寄赠图书10种,计168册[24]。据档

---

① 据《清华周刊》,当时有东京大学教授冈田博士在京师与各方面接洽搜集图书。

案所附捐赠书目及《东京大学综合图书馆汉籍目录》,有清乐安游闳家塾刻本《诗义序说合钞》、同治十一年(1872)江西书局刻本《御批资治通鉴纲目三编》、光绪十七年(1891)江西书局刻本《桂洲夏文愍公奏议》等,多为清末江西地区刻本,这批书于1924年6月与北京大学的第二批捐助图书一起运往日本。除此以外,一些民间的出版机构,如由外国传教士建立的出版机构广学会,也捐献了一部分英文图书[25]。

(四)私人捐赠

当时捐赠书籍的还有政界、文化界人士,如北洋政府驻釜山领事辛宝慈、清史馆总纂王树楠等人。据日方外交档案记载,1924年2月日本朝鲜总督府接到北洋政府驻釜山领事辛宝慈的信件,信中辛宝慈表示自己"生平酷嗜书籍",对于地震中东京大学图书馆的损失感到"无限惋惜",并提出"按国际间欲谋相互幸福,必亲善为导线,亲善之趋向必以文化为导线,文化之沟通必以书籍为导线"[26],为此愿意将私人藏书中的一部分,共1035卷捐赠东京大学,以助灾后重建①。此外,一些与日本关系密切的文化界人士也捐赠了图书,如清史馆总纂王树楠在日本驻南京领事林出贤次郎的恳请下,捐赠了自刻的《陶庐丛刻》。林出贤次郎曾在新疆法政学堂任职,当时王树楠担任新疆布政使,林出贤次郎在王家寄宿,跟随王氏学习,称其为"恩师",后来在北京参加领事会议时拜访了王氏,并请求他将家刻的《陶庐丛刻》捐给东京大学,最终得到王氏的允诺[27]。

1923年由于废除《二十一条》、收回旅大等事件,中日关系已十分紧张,南北各地民众举行了声势浩大的抵制日货活动,教育界、知识界也积极响应,多次进行罢课、抵制日货等声援活动,所以日本外务省一直将以北京高校为代表的民国知识界视作"排日色彩浓厚"。但灾难发生后,知识界人士却普遍赞成对日进行经济和文化援助,如梁启超言:"过去数年间,日本政府举措颇招吾国恶感,虽为不可掩之事实,然患难相恤,人道宜然,我国当靦闵受侮之余,若能率先仗义,为诸国倡,殊足以发扬东方文化利他忘我之精神,于增进国际地位,关系抑非细也。"[28]北洋政府驻釜山领事辛宝慈在捐赠信中提到国际间要以"亲善为导线",以文化和书籍为导线,这代表了当时知识界一部分人的想法。对于这种人道互助精神,日本国际联盟协会会长涩泽荣一在《国际共助精神的显现》一文中曾称赞道"特别是中国,不拘正在进行的排日活动,灾害的消息一传来,无论南北,昨日之排日论者就成了今日的义捐者",认为此善举表现出强烈的国际救济

---

① 在档案所附捐赠书目中,捐赠书籍包括《知不足斋丛书》二十集和《唐宋金元明文汇刊》七集。

精神[29]。

三、结语

在这次被称为"东京图书馆复兴援助计划"的国际图书援助活动中,民国学校、民间协会、政界、文化界人士展现了扶危济困的人道情怀,捐献图书多达15000余册,这批图书现藏于日本东京大学附属图书馆,是近代中国积极参与国际文化援助的见证。从援助内容而言,这场捐赠由以往的经济物资援助改为文化援助,在我国近代的慈善事业史上具有重要意义,在世界舞台上也展示了我国的人道主义精神。而在日本方面,当大地震发生后,以北京大学为首的各高校及文化界人士不计前嫌的图书捐赠,一方面令日本方面颇为感激,另一方面他们也在暗中审视这一机会。当时日本公使芳泽谦吉写给外务大臣伊集院彦吉的电报中称:"又,对于北京大学应该以书面谢意。如您所知,当地各国立学校的教育费都很匮乏之际,有此种同情之举措,不仅值得感谢,对于日中关系也应有改变。……如果东京大学出版的书籍有合适的也可向当地学界寄赠,如此则有利于对方与我学界的联络。"[30]日方希冀以图书捐赠为始,借助回赠图书改善与中国知识界的关系,开展"图书外交",并继续在中国推行其"文化外交"政策①。

(潘超,山东大学儒学高等研究院副教授)

参考文献:

[1]渋沢青淵記念財団竜門社.渋沢栄一伝記資料:第三十六卷[M].東京:渋沢栄一伝記資料刊行会,1961:487.

[2]志新.空前未有之日本大地震[N].共进,1923-09-10(3).

[3]東京帝國大學五十年史[M].東京:東京帝國大學,1932:1122.

[4]東京大学総合図書館の漢籍とその旧蔵者たち[EB/OL].https://www.lib.u-tokyo.ac.jp/html/tenjikai/tenjikai95/history.html,1995-10/2021-11-29.

[5]東京帝國大學附屬圖書館復興報告及圖面[M].東京:東京帝國大學,1932:8.

[6]支那文献寄贈一件:分割1 0008[A]//外務省.寄贈品関係雑件:第一卷,1923-09-21.アジア歴史資料センター,B05016024400.

[7]支那文献寄贈一件:分割1 0010[A]//外務省.寄贈品関係雑件:第一卷,1923-09-21.アジア歴史資料センター,B05016024400.

[8]支那文献寄贈一件:分割1 0059[A]//外務省.寄贈品関係雑件:第一卷,1923-09-27.アジア歴史資料センター,B05016024400.

---

① 在随后的几年,日本外务省利用1923年3月设立的"对支文化事业"的资金,先后举办了数次中国学者与学生赴日考察活动,于1924年组织了北京八校学生赴日旅行,在同年6月又组织了广东学生赴日考察团,并多次为北京、广州等高校图书馆捐献图书和实验器材。其最终目的是推行其倡导的"文化外交"政策。

[9]教部代日本搜集图书[N].申报,1924-08-19(11).
[10]令省立各校图书馆酌量捐助日本帝国大学各种书籍由[J].河南教育公报,1923(24):2.
[11]支那文献寄贈一件:分割1 0068-0071[A]//外務省.寄贈品関係雑件:第一巻,1923-10-15.アジア歴史資料センター,B05016024400.
[12]京中对拯救日灾之热烈[N].申报,1923-09-08(7).
[13]各界筹赈日灾会议情形[N].广州民国日报,1923-09-08.
[14]支那文献寄贈一件:分割1 0056[A]//外務省.寄贈品関係雑件:第一巻,1923-11-21.アジア歴史資料センター,B05016024400.
[15]支那文献寄贈一件:分割1 0057[A]//外務省.寄贈品関係雑件:第一巻,1924-02-08.アジア歴史資料センター,B05016024400.
[16]支那文献寄贈一件:分割1 0080[A]//外務省.寄贈品関係雑件:第一巻,1924-03-26.アジア歴史資料センター,B05016024400.
[17]東京大学総合図書館.東京大学総合図書館漢籍目録[M].東京:東京堂出版,1995.
[18]北京清華学校ニ日本歴史画寄贈ニ関スル件 0129[A]//外務省.寄贈品関係雑件:第一巻,1923-10-08.アジア歴史資料センター,B05016024600.
[19]京中对拯救日灾之热烈[N].申报,1923-09-08(7).
[20]日灾书画助赈会紧要启事[N].北京大学日刊,1923-09-26(3).
[21]支那文献寄贈一件:分割1 0047,0050[A]//外務省.寄贈品関係雑件:第一巻,1923-11-15.アジア歴史資料センター,B05016024400.
[22]支那文献寄贈一件:分割1 0102-0104[A]//外務省.寄贈品関係雑件:第一巻,1924-06-07.アジア歴史資料センター,B05016024400.
[23]留日同学协济日灾会成立[N].申报,1923-09-15(13).
[24]支那文献寄贈一件:分割1 0107[A]//外務省.寄贈品関係雑件:第一巻,1924-06-14.アジア歴史資料センター,B05016024400.
[25]支那文献寄贈一件:分割1 0098[A]//外務省.寄贈品関係雑件:第一巻,1924-04-07.アジア歴史資料センター,B05016024400.
[26]支那文献寄贈一件:分割1 0086[A]//外務省.寄贈品関係雑件:第一巻,1924-02-14.アジア歴史資料センター,B05016024400.
[27]支那文献寄贈一件:分割2 0112[A]//外務省.寄贈品関係雑件:第一巻,1924-06-12.アジア歴史資料センター,B05016024500.
[28]天津梁启超通电[N].申报,1923-09-07.
[29]澀澤榮一.國際共助精神的顯現[G]//對於我國震災的諸外國之同情與諸名士之所感.東京:國際聯盟協會發行,1923:8.
[30]支那文献寄贈一件:分割1 0041[A]//外務省.寄贈品関係雑件:第一巻,1923-12-31.アジア歴史資料センター,B05016024400.

> 名家谈古籍

宋代的出版管理与宋人的版权意识

The Publication Management and the People's Sense of Copyrights in the Song Dynasty

李致忠

摘　要：文章从宋代出版管理的相关规定与宋人版权意识两个方面论述了宋代出版行业的发展情况。首先，梳理阐释了《宋会要辑稿》《宋九朝编年备要》《庆元条法事类》中记载的宋代关于出版管理的相关法律，指出从《庆元条法事类》开始，宋代出版有了明确的法律规定。其次，举例论述了宋代官、私、坊刻书中所体现的宋人版权意识，分为三种情况：一是官雕书籍版片许人出纸墨钱赁版刷印，如国子监雕印《说文解字》；二是雕造官署发布雕印某书所用成本，加上赁版费，先行印好，而后出卖，如南宋淳熙三年（1176）舒州公使库刊本《大易粹言》；三是私宅刻书出版向监司申请版权保护，如《丛桂毛诗集解》《东都事略》《方舆胜览》等。

关键词：宋代；出版管理；版权意识

自初唐雕版印刷术发明之后，中经盛唐、中唐、晚唐的缓慢发展，五代后唐、后晋、后汉、后周四朝连续二十二年校刻《九经》等的重大实践，进入宋代，其技术已日臻成熟，普遍盛行，从而使书籍生产由手写传抄，大踏步朝雕版印刷转变，很快形成了全新的出版局面。这种局面推动了文化的繁荣昌盛，但也出现了一些亟待加强管理的问题，如违背儒家经义、伤风败俗、妖言惑众及涉时政边机等书籍也随之雕版印行，不仅泄露机密，亦危及国家安全，危害社会稳定。对此，宋初政府虽也有管理，但多为一般性的说教，直到北宋哲宗时才上升到法律层面逐渐严管。

一、宋代的出版管理

北宋仁宗康定元年(1040)五月二日尝诏:"访闻在京无图[徒]之辈及书肆之家,多将诸色人所进边机文字镂板鬻卖,流布于外。委开封府密切根捉,许人陈告,勘鞫闻奏。"[1]184 显然这仍是一般性的管理。对那些在京的无徒之辈及书肆之家,将各类官员进奏的有关边机文字刊印鬻卖,流布于外,也只是下令开封府追捕,并将审讯的情况奏报而已。

北宋哲宗元祐四年(1089),适为辽主耶律洪基六十大寿。为给辽主贺岁,苏东坡的弟弟苏辙奉命使辽。苏辙在辽国遇到很多人问及他哥哥苏轼的情况,并在燕都(今北京)看到了他们的家谱,感到惊讶,引起警惕,遂在回程路上写诗寄给他哥哥:"谁将家谱到燕都,识底人人问大苏。莫把声名动蛮貊,恐妨他日卧江湖。"(清厉鹗《辽史拾遗》卷十)且在回到开封之后,以《北使还论北边事札子五道》形式,书奏皇帝。其一曰:

> 本朝民间开版印行文字,臣等窃料北界无所不有。臣等初至燕京……谓臣兄轼《眉山集》已到此多时……及至中京,度支使郑颛押宴,为臣辙言先臣洵所为文字中事迹,颇能尽其委曲。及至帐前,馆伴王师儒谓臣辙:"闻常服茯苓,欲乞其方。"盖臣辙尝作《茯苓赋》,必此赋亦已到北界故也。臣等因此料本朝印本文字多已流传在彼,其间臣僚章疏及士子策论,言朝廷得失,军国利害,盖不为少。兼小民愚陋,惟利是视,印行戏亵之语,无所不至。若使尽得流传北界,上则泄漏机密,下则取笑夷狄,皆极不便。访闻此等文字贩入虏中,其利十倍。人情嗜利,虽重为赏罚,亦不能禁。惟是禁民不得擅开板印行文字,令民间每欲开板,先具本申所属。州为选有文学官二员,据文字多少,立限看详定夺。不犯上件事节,方得开行。仍重立擅开及看详不实之禁,其今日前已开本,仍委官定夺。有涉上件事节,并令破板毁弃。[2]

这道札子以苏辙在北界所见所闻感觉到的辽国刺探北宋各种情况为基础,判断"本朝民间开版印行文字""北界无所不有","其间臣僚章疏及士子策论,言朝廷得失,军国利害,盖不为少",而"小民愚陋,惟利是视,印行戏亵之语,无所不至"。若使这些"尽得流传北界,上则泄漏机密,下则取笑夷狄,皆极不便"。因此建议朝廷下令民间凡"欲开板,先具本申所属。州为选有文学官二员,据文字多少,立限看详定夺。不犯上件事节,方得开行",并且要"仍重立擅开及看详不实之禁"。至于以前所雕之本,亦要"委官定夺。有涉上件事节,并令破板毁弃"。

苏辙札子进呈后,皇帝十分重视,遂令礼部会议此事。元祐五年(1090)七月,礼部发布经皇帝批准的法律规定:"凡议时政得失、边事军机文字,不得写录传布。本朝《会要》《实录》不得雕印,违者徒二年,告者赏缗钱十万。内《国史》《实录》仍不得传写。即其他书籍欲雕印者,选官详定,有益于学者,方许镂板。候印讫,送秘书省。如详定不当,取勘施行。诸戏亵之文,不得雕印,违者杖一百。凡不当雕印者,委州县、监司、国子监觉察。"[1]204

这条法律规定涉及如下几方面内容:一是对妄议时政得失及边事军机的文字,不得写录传布;本朝《会要》《实录》,不得雕印。如果违犯这两条,要判徒刑二年。举报者,赏缗钱十万。二是对一般的书籍,欲雕印,也要选官详审,对其中有益于学者才允许雕印。待印讫,还要送秘书省备案。如果"详定"过程中未获通过,则不得雕印。三是对各类戏亵不端的文字,不得雕印,违者要受杖刑一百。比仁宗时的管理,明显加严。

到了宋徽宗时期,北宋王朝已临近末期,强辽亦走向衰落,但另一支北方的少数民族女真则日渐崛起,他们虎视眈眈,觊觎中原,并不断用金戈铁马南下侵扰,使北宋的北部边防更趋紧张。这种严峻的政治、军事形势,反映在版印图籍的管理上,也就愈加严格。徽宗大观二年(1108)三月十三日诏曰:"访闻房中多收蓄本朝见行印卖文集书册之类,其间不无夹带论议边防、兵机、夷狄之事,深属未便。其雕印书铺,昨降指挥,令所属看验,无违碍,然后印行。可检举行下。仍修立不经看验校定文书擅行印卖告捕条禁颁降,其沿边州军仍严行禁止。应贩卖藏匿出界者,并依铜钱法出界罪赏施行。"[1]215

连房中收蓄本朝现行印卖的个人文集,都担心其中夹带"论议边防、兵机、夷狄之事",因而令所属州县,看验各雕印书籍铺所出之书,其中无违碍者方可印行。对那些不经看验校定文书就擅行印卖者,要将告捕条禁颁降沿边州军,严行禁止。一应贩卖藏匿出界者,则"依铜钱法出界罪赏施行"。所谓"铜钱出界法",在宋代呈不断加严趋势。北宋太祖开宝元年(968)九月"严铜钱出界禁",严到什么程度?严到出界"五贯以上者死,以下抵罪有差"(宋陈均《宋九朝编年备要》卷二)。北宋仁宗庆历元年(1041)五月,再次"严铜钱出界法",严到"一贯以上为首者死"(宋陈均《宋九朝编年备要》卷十一)。北宋哲宗绍圣元年(1094)十二月,再次"严铜钱出界禁"。之所以再次严格铜钱出界之禁,乃因出使辽国的郑价回都说:"北界支到抬厢人例物,见钱七十余贯,正是国朝新铸钱宝。"(宋陈均《宋九朝编年备要》卷二十四)。将擅自印行文字贩卖藏匿出界者,依照"铜钱出界法"问罪,意味着贩卖雕印文字出界也有了死罪,可见已是严上加严了。

大观四年(1110)六月,诏:"近撰造事端,妄作朝报,累有约束,当定罪赏。仰开封府检举,严切差人缉捉,并进奏官密切觉察。"[1]221 所谓"朝报",乃中国封建社会中央政府编发的一种报纸,在宋代由进奏院主管其事。古代进奏院本质上是地方行政机构的驻京办事处,汉代称为"邸(邸)",唐代各藩镇在京设置的办事处称为进奏院。其职责是负责呈递本地政府的章奏,亦及时传递朝廷发布的政令、人事任免及其他较为重大的事件。宋太宗时朝廷设立都进奏院,由给事中兼领,管理各地进奏院事宜,并编印发行一种报纸,称为朝报,也称为邸报。但这些官样文章常常不能满足人们猎奇的心理,遂令一些唯利是图的小人编撰事端,"妄作朝报",雕印发行,赚取小钱。这种妄作的朝报,宋人又称之为"小报",这些小报常常"始自都下,传之四方,甚者凿空撰造,以无为有,流布近远,疑悟群听。且常程小事,传之不实,犹未害也。倘事干国体,或涉边防,妄有流传,为害非细。乞申明有司,严行约束。应妄传小报,许人告首。根究得实,断罪追赏,务在必行"[1]295。宋代正规的朝报,每日经门下后省审定,始可印行。而小报则将朝报未报之事,官员陈乞未曾施行之事,擅自刊布,流传于外。这还只是公布了不该公布的消息,给朝廷造成被动,还有人编造命令,以无为有,传播于外。乃至有人专以探报此事为生。其信息所得,或省院之泄露,或街市之传闻,或编造情节,捕风捉影,奇谈怪论,极力迎合人们猎奇喜新之心理,以获不义之利,迫使朝廷不得不重置典宪,将院官五人为甲,递相委保觉察,而后问罪。

北宋徽宗宣和四年(1122),金人早已取代辽国,叩打中原的刀兵声一天紧似一天,北宋政府对外保密、对内加强管理也一天紧似一天。十二月十二日,"权知密州赵子昼奏:'窃闻神宗皇帝正史多取故相王安石《日录》以为根柢,而又其中兵谋、政术往往具存,然则其书固亦应密。近者卖书籍人乃有《舒王日录》出卖,臣愚窃以为非便,愿赐禁止,无使国之机事传播间阎,或流入四夷,于体实大。'从之。仍令开封府及诸路州军毁板禁止。如违,许诸色人告,赏钱一百贯"[1]250。意谓北宋神宗皇帝的正史,其材料来源主要是王安石的《日录》。其中涉及兵谋、政术的文字皆有,泄露于外,实属非便,故提出上述建议。

宣和五年(1123)七月十三日,中书省言:"勘会福建等路近印造苏轼、司马光文集等。诏今后举人传习元祐学术以违制论,印造及出卖者,与同罪,著为令。见印卖文集,在京令开封府、四川路、福建路令诸州军毁板。"[1]251 所谓"元祐学术",乃北宋徽宗御极、蔡京当道时出现的特有名称。神宗熙宁四年(1071)至元丰八年(1085),王安石为相,主持变法,明令科举考试取消诗赋,改试经义、策论。元祐元年(1086)哲宗即位,由太皇太后高氏垂帘听政,起用旧党,恢复旧制,遂又改变科举法,进士考试除经义、策论外,仍试诗赋。元祐八年(1093)九月,太皇太后驾崩,哲宗亲政,又着手改革,恢复神宗之制,科考再罢诗赋,专考经义、策论。徽宗即位,采纳蔡京建议,取消科举,推行三舍选考法。甚至认为作诗有害经术,称诗为"口号"。宋叶梦得《石林避暑录话》卷下曰:"政和间,大臣有不能为诗者,因建言诗为元祐学术,不可行。李彦章为御史,承望风旨,遂上章论陶渊明、李、杜而下皆贬之,因诋黄鲁直、张文潜、晁无咎、秦少游等请为科禁故事。"并严令"诸士庶传习诗赋者,杖一百"[3]。可知"元祐学术"实则指的就是诗词歌赋。上述禁令,针对的是"元祐学术"及"元祐党人",表面看,似是禁止苏轼、司马光文集的出版,以免泄露边事军机,实质则是朝廷政治斗争的结果。好在时间不长,刘逵等人便上书请求"碎元祐党人碑,宽上书邪等之禁",帝从之(清来集之《倘湖樵书》卷三《雷击元祐党人碑》)。

北宋政府紧锣密鼓出台的出版管理法令,未能挽救自身衰败的颓势。至钦宗靖康二年(1127),金人破汴,徽钦二帝、赵宋宗室、臣僚官宦、后宫嫔妃等三千余人成为俘虏,被押解北还。大批劫后余生之人,纷纷南渡,一片国破家亡的悲惨景象。

进入南宋以后,金人进占中原,南宋偏安江左。高宗任用奸相秦桧,对金人妥协求和。高宗后期,金人内部也发生政变,无力南侵,于是形成了南北对峙局面。江南本来风物繁茂,刻书出版历有传统,此时偏安,刻书出版业更兴,但国破人亡的惨痛教训亦不敢忘怀,南宋加强出版管理,防止军机政术流传北界。南宋光宗绍熙元年(1190)三月八日诏:"建宁府将书坊日前违禁雕卖策试文字日下尽行毁板,仍立赏格,许人陈告。有敢似前冒犯,断在必行。官吏失察,一例坐罪。其余州郡无得妄用公帑刊行私书,疑误后学,犯者必罚无赦。"[1]293 福建建宁府乃南宋刻书出版重镇,书坊林立,刻书繁多。其中违禁之刻时亦有之,如进士廷试策论的文字,常常涉及国家兴衰、执政得失、军机韬略、建言献策,这些东西流布界外,实在于国不利,故下令禁断。

光宗绍熙四年(1193)六月十九日,臣僚再次进言:"朝廷大臣之奏议,台谏之章疏,内外之封事,士子之程文,机谋密画,不可漏泄。今乃传播街市,书坊刊行,流布四远,事属未便,乞严加禁止。"光宗遂"诏四川制司行下所属州军,并仰临安府、婺州、建宁府照见年条法指挥,严行禁止。其书坊见刊板及已印者,并日下追取,当官焚毁,具已焚毁名件申枢密院。今后雕印文书,须经本州委官看定,然后刊行。仍委各州通判专切觉察,如或违戾,取旨责罚"[1]294。这次臣僚建言涉及诸臣奏议、台谏章疏、内外封事,乃至士子程文,认为其间机密不可泄露,实关军国利害,所以要严加禁止。遂使光宗下诏,令四川、浙江、福建三大刻书出版中心依照现行条法,严行禁止。对书坊现已刊版及已印之书,即刻追缴,当官焚毁,并申报枢密院。今后再行出书,须经本州委官审定,而后才能刊行。违抗不遵者,可取旨责罚。一看便知愈来愈严。

南宋宁宗庆元四年(1198)九月,《庆元重修敕令格式》成书,至嘉泰二年(1202)八月,宰相、监修谢深甫奏上《庆元条法事类》。《庆元条法事类》乃南宋初年至宁宗庆元年间(1127—1200)的法令汇编,凡八十卷,分为十六门及随敕申明,门下再分类。此书刑法类将南渡以来出版管理方面的法律条文囊括殆尽,足资参考。其卷第十七《文书门》"雕印文书"题目之下,列有如下各类具体条文[4]:

杂敕

诸雕印御书、本朝《会要》及言时政边机之文者,杖捌拾,并许人告。即传写《国史》《实录》者,罪亦如之。

诸私雕或盗印律、敕、令、格、式、《刑统》、续降条制、历日者,各杖壹佰(增添事件、撰造大小本历日雕印贩卖者,准此。仍阡[千]里编管),许人告,即节略历日雕印者,杖捌拾(止雕印月分大小及节气、国忌者,非)。

诸举人程文辄雕印者,杖捌拾(诗赋、经义论曾经所属详定者,非)。事及敌情者,流叁阡[千]里(內试策事干边防及实务者,准此),并许人告。

诸私雕印文书,不纳所属详定辄印卖者,杖壹佰。印而未卖,减叁等。

诈伪敕

诸纠合人共犯私雕或盗印历日,而首告以规赏者,徒贰年。

赏令

诸告获私雕或盗印历日应赏,而犯人无财产或不足以官钱代支者,不得过叁拾贯。

杂令

诸私雕印文书,先纳所属,申转运司选官详定,有益学者,听印行。仍以印本具详定官姓名,送秘书省、国子监。

关市令

诸在京官印历日,许人买,赴指定路分出卖。

赏格

诸色人告获私雕印时政边机文书,钱伍拾贯;御书、本朝《会要》《国史》《实录》者,钱壹佰贯;告获私雕或盗印律、敕、令、格、式、《刑统》、续降条制、历日者,盗印,钱伍拾贯;私雕印(增添事件、撰造大小本历日贩卖同),钱壹佰贯。告获辄雕印举人程文者,杖罪,钱叁拾贯;流罪,钱伍拾贯。

不难看出,经过条理归纳、修改删润而正式进入《庆元条法事类》的有关出版法规,显得准确、严谨、赏罚分明,入情入理得多,宋代出版由此有了明确的法律规定,社会稳定、国家安全似乎也有了保障。未承想,当蒙古骑兵攻下临安时,从皇帝到臣僚,从宗室到国戚,从皇后到嫔妃,又是三千多人被掠而北还,重蹈了北宋王朝的覆辙。看来两宋"崇文抑武"的基本国策很值得研究,光兴文不强兵是不成的。

二、宋人的版权意识

宋代的刻书出版业,由官、私、坊三大刻书主体构成。所谓官刻,指中央各部、院、监、司、局,地方各府、州、军、县,各路常平、茶盐、安抚、提刑、转运司,各地公使库,各地府学、州学、县学,各郡斋、郡庠、学舍、学宫、颊宫,各地官办书院等,用公帑投资所刻之书,皆可称为官刻。起初,中央官刻之书,除朝廷颁发、赐赠外,还许人花纸墨钱赁版刷印。北宋太宗雍熙三年(986),敕准徐铉校定、国子监雕印的《说文解字》许人纳纸墨价钱印赎。牒文称:"许慎《说文》,起于东汉,历代传写,讹谬实多,六书之踪,无所取法。若不重加刊正,渐恐失其原流。爰命儒学之臣,共详篆籀之迹。右散骑常侍徐铉等,深明旧史,多识前言,果能商榷是非,补正阙漏,书成上奏,克副朕心。宜遣雕镂,用广流布。自我朝之垂范,俾永世以作程。其书宜付史馆,仍令国子监雕为印版,依《九经》书例,许人纳纸墨价钱收赎,兼委徐铉等点检书写雕造,无令差错,致误后人。牒至准敕故牒。雍熙三年十一月日牒。"(《说文解字》卷十五下)这是国子监出资雕印之书,许人出纸、墨、工价钱赁版刷印的较早记录。这种做法的可循先例,则是国子监校刻的《九经》印版,尝允许士人纳纸墨钱赁版刷印。此次由徐铉受命校正的《说文解字》表进朝廷之后,很称帝心,遂令门下省发下牒文,要求徐铉等亲自"点检书写雕造,无令差错",以免"致误后人"。这种官雕书籍版片许人出纸墨钱赁版刷印的做法,既维护了官版的尊严、经义的醇正,亦推广了教化,可谓一举三得。

北宋哲宗绍圣元年(1094)六月二十五日,国子监言:"本监先准朝旨开雕《小字圣惠方》等共五部出卖,并每节镇各十部,余州各五部,本处出卖。今有《千金翼方》《金匮要略方》《王氏脉经》《补注本草》《图经本草》等五件医书,日用而不可缺。本监虽见印卖,皆是大字。医人往往无钱请买,兼外州军尤不可得,欲乞开作小字,重行校对出卖,及降外州军施行。"[5]可知到了绍圣年间,国子监也直接卖书,并以牒文形式广而告之。

金人破汴后,开封的金银财宝被劫掠一空,皇家及民间藏书,乃至书籍版片,亦捆载北还,致使南渡的宋室书缺典乏,难以为继。南宋高宗绍兴九年(1139)九月,张彦实待制为尚书郎,始请下诸道州学,取旧监本书籍镂版颁行。然所取北宋监本六经中缺《礼记》,史书中缺《汉书》《唐书》。至绍兴二十一年(1151),辅臣再次上言,帝才谓宰执曰:"监中其他缺书,亦令次第镂板,虽有重费,亦所不惜也。"由是南宋国子监经籍复全,"令士大夫仕于朝者,率费纸墨钱千余缗,而得书于监云"(宋李心传《建炎以来朝野杂记》甲集卷四)。可知,南宋国子监所刻之书,仍延续北宋中央官署所雕之经史版片,许人纳纸墨钱赁版刷印的旧例,许朝官纳纸墨钱千余缗,而得南宋国子监所刻之书。这是南、北两宋中央国家机关刻书许人纳钱印赎的实例。而到了地方官署刻书,虽然还有一点意象,但本质上已变成了促销和兜售。国家图书馆藏有南宋孝宗淳熙三年(1176)舒州公使库刊本曾穜《大易粹言》一部,此本卷尾有舒州公使库雕造所牒文,称:"舒州公使库雕造所。本所依奉台旨,校正到《大易粹言》,雕造了毕。右具如前。淳熙三年正月日。"而后是"今具《大易粹言》一部,计贰拾册。合用纸数、印造工墨钱下项纸幅耗共壹千叁百张、装背饶青纸叁拾张、背青白纸叁拾张、棕墨、糊药、印背匠工食等钱,共壹贯伍百文足;赁板钱壹贯贰百文足。库本印造见成,出卖每部价钱捌贯文足。右具如前。淳熙三年正月日雕造所贴司胡至和具此"。而后是十行校勘官衔名,最后是"淳熙三年正月日雕造所贴司胡至和具,杭州路儒学教授李洧孙校勘无差"具名。证明此书的确是淳熙三年舒州公使库刻本。这显然已不是许人出纸墨钱赁版刷印的性质,而是由各雕造官署发布雕印某书所用成本,加上赁版费,先行印好,而后出卖。

书籍本是人们思想意识的物化实体,当它也以一种物质产品形式出现并进入商业流通,就又具备了商品价值,遂使制作它版行于世的主体也具有了相应的版权。当这种版权遭到侵犯,经济利益受到损失,主体就会起而寻求保护,这就是版权意识。南宋时期,这种意识不仅在私宅、坊肆刻书出版者中产生,国子监也应刻书出版者有关人员之请,为他们行文发牒,禁止翻版。例如宋罗樾刻本段昌武所撰《丛桂毛诗集解》三十卷,卷首即有《行在国子监禁止翻板刷印公据》:

行在国子监据迪功郎新赣州会昌县丞段维清状:"维清先叔朝奉昌武,以《诗经》而两魁秋贡,以累举而擢第春官,学者咸宗师之。卬山罗史君瀛尝遣其子侄来学,先叔以毛氏《诗》口讲指画,笔以成编,本之东莱《诗记》,参以晦庵《诗传》,以至近世诸儒一话一言,苟足发明,率以录焉,名曰《丛桂毛诗集解》。独罗氏得其缮本,校雠最为精密。今其侄漕贡樾锓梓以广其传。

维清窃惟先叔刻志穷经,平生精力毕于此书,倘或其他书肆嗜利翻板,则必窜易首尾,增损音义,非惟有辜罗贡士锓梓之意,亦重为先叔明经之玷。今状披陈,乞备牒两浙路、福建路运司,备词约束,乞给据付罗贡士为照。未敢自专,伏候台旨。"呈奉台判,牒仍给本监。除已备牒两浙路、福建路运司备词约束所属书肆,取责知委文状回申外,如有不遵约束违戾之人,仰执此经所属陈乞,追板劈毁,断罪施行。须至给据者。右出给公据,付罗贡士樾收执照应。淳祐八年七月日给。[6]

这是国子监应段维清之请,向两浙路、福建路转运司发下的牒文,要求两路转运司发文约束各该路书肆开版翻刊段昌武《丛桂毛诗集解》的实例。

南宋孝宗淳熙十三年(1186)八月二十六日,"知龙州王称上《东都事略》百三十卷(纪十二、世家五、列传百五、附录八)。明年春三月,除直秘阁。其书特掇取五朝史传及四朝实录附传,而征以野史附益之"[7]。该书宋本目录后镌有"眉山程舍人宅刊行,已申上司,不许覆版"木记[8],表明程舍人宅颇具版权意识,自己刻书出版,同时申报有司,寻求版权保护。

宋祝穆《方舆胜览》(《前集》四十三卷、《后集》七卷、《续集》二十卷、《拾遗》一卷),其宋刻本卷前有吕午序及祝穆自序。祝穆自序后有两浙转运司录白,曰:

据祝太傅宅干人吴吉状:"本宅见刊《方舆胜览》及《四六宝苑》《事文类聚》,凡数书,并系本宅贡士私自编辑,积岁辛勤。今来雕板,所费浩瀚。窃恐书市嗜利之徒,辄将上件书版翻开,或改换名目,或以《节略舆地纪胜》等书为名,翻开搀夺,致本宅徒劳心力,枉费钱本,委实切害。照得雕书,合经使台申明,乞行约束,庶绝翻板之患。乞给榜下衢婺州雕书籍处张挂晓示。如有此色,容本宅陈告,乞追人毁版,断治施行。"奉台判,备榜须至指挥。右令出榜衢婺州雕书籍去处张挂晓示,各令知悉。如有似此之人,仰经所属陈告追究,毁版施行。故榜。嘉熙二年拾二月日榜,衢婺州雕书籍去处张挂。转运副使曾台押。福建路转运司状,乞给榜约束所属,不得翻开上件书版,并同前式,更不再录白。[9]

上述皆是宋代私宅刻书出版向监司申请版权保护的实例。这个监司主要指的就是转运司。司马迁《史记·秦本纪》载:"秦王政立二十六年,初并天下,为三十六郡。号为始皇帝。"即是说秦始皇统一六国之后,将全国分为三十六个郡,郡下是县,施行行政区划郡县制管理。那时的郡其实指的是州,每州下辖几个县。汉代在郡之上又设州,每州下辖几个郡,中央派出刺史实施管理。唐在郡之上设置道,相当于后来的省,每道管若干郡。宋承唐制,全国分为十道,后又改道为路,每路管若干州。太宗时各路设置某路诸州水路转运使,其官署称为转运司。转运司除管理一路或数路的财赋外,还兼管监督考核地方官员、保障社会治安、提点刑狱、举贤考能,宋真宗时其权力一度膨胀到一路最高长官,但始终未上升到省的建置。后又设提点刑狱司、安抚司、常平司、常平茶盐司,以分割各路转运司的权力。可知宋代各路转运司职责较广,权力较大,故连刻书出版版权保护也要申请各相应转运司通牒各处书户,禁止侵权翻刻。

(李致忠,国家图书馆研究馆员)

参考文献:
[1] 宋会要辑稿:刑法[M].马泓波,点校.郑州:河南大学出版社,2011.
[2] 苏辙.栾城集:中册[M].曾枣庄,马德富,点校.上海:上海古籍出版社,1987:937-938.
[3] 叶梦得.石林避暑录话[M].上海:上海书店,1990:126-127.
[4] 薛允升.唐明律合编;宋刑统;庆元条法事类[M].北京:中国书店,1990:194-195.
[5] 陆心源.皕宋楼藏书志:第3册[M].许静波,点校.杭州:浙江古籍出版社,2016:744.
[6] 张金吾.爱日精庐藏书志:上[M].柳向春,整理.上海:上海古籍出版社,2014:45.
[7] 王应麟.玉海[M].扬州:广陵书社,2003:878.
[8] 陆心源.皕宋楼藏书志:第2册[M].许静波,点校.杭州:浙江古籍出版社,2016:388.
[9] 叶德辉.书林清话(附书林余话)[M].北京:中华书局,1957:36-37.

版本与鉴赏

钱谦益《重编义勇武安王集》稿本考论

A Study of Qian Qianyi's Manuscript of *A New Edition of Collected Works on Yiyong Wuanwang*

裴振濮　秦帮兴

摘　要：钱谦益《重编义勇武安王集》迄今未得到深入研究。本文对稿本考察后有几点发现：其一，该书为钱谦益手稿，保存基本完整，钱氏身后由顾湄、陈奂等人递藏。其二，以《读书敏求记》提要为主，对照钱谦益年谱，确定是书始编于顺治十八年（1661），分为三卷。其三，是书的主要文献来源为元胡琦著《关王事迹》与明吕柟著《义勇武安王集》，另有钱谦益广为搜集的正史、杂剧、小说等材料。其四，结合明末清初的历史背景与钱谦益的出处选择可知，其编此书不但是为了表明心志，更重要的是想宣扬忠义观念，鼓舞抗清势力的斗志。

关键词：钱谦益；《重编义勇武安王集》；稿本；成书

关羽本来只是一位三国时期的武将，却在后代地位逐渐抬升，最终在明清时期完成了由人向神的转变，影响至于今日，对其形象的接受史构成了我国古代一道独特的文化景观。明末大儒钱谦益所辑《重编义勇武安王集》正是其中的重要一环。是书目前流传下来的版本较少，一是清稿本，为钱谦益手书原稿，二是清康熙八年（1669）顾湄刻本。目前可知前人对此书的研究尚只有孙楷第先生所著《也是园古今杂剧考》附录中《余所见钱谦益〈重编义勇武安王集〉》一篇而已[1]271-279，且孙先生的研究对象为顾湄刻本，重点关注的是有关杂剧方面的内容。钱谦益的手稿本尚无人进行深入研究，兹略作考论以为初探，尚乞方家见教。

一、稿本概述

稿本藏于中国国家图书馆,共三册。题签上有篆书"道光六年十一月装"字样,道光六年(1826)应是稿本在流传过程中最后一次被重新装订的时间。全书可分为三个主要部分。

第一部分为正文之前直接取自吕柟《义勇武安王集》刻本的内容。包括目录、明代吕柟的《义勇武安王集序》、元代胡琦的《新编关王事迹序》、元代李鉴的《题刻胡琦新编事迹序》,以及《汉前将军汉寿亭侯谥壮缪义勇武安王像》《常平冢图》《常平冢新图》《玉泉冢图》《寿亭侯印图》《玉泉显烈庙图》《崇宁宫图》《崇宁宫新图》《祭品图》《司马印图》《寿亭侯印图》十一张图。文字部分有少量删改,整体版式为半页十行二十二字,花口,双鱼尾,四周双边,版心有"武安王集"字样。这一部分整体保存良好,字迹清晰,唯页面底部边角受潮,稍有缺字。

第二部分为正文,包括目录和正文八篇。分别是《本传考》《故事考》《谱系考》《坟庙考》《封爵考》《神迹考》《正俗考》《艺文考》。篇前有小序,简介本篇内容或文献来源。正文双行小字夹注,多取相关人物的正史传记材料,亦有直接摘自胡琦《关王事迹》、吕柟《义勇武安王集》等书的片段,在《坟庙考》《封爵考》《神迹考》《艺文考》中尤多。由此可知,这一部分并非全为钱谦益手书,中有后人的补辑。正文偶有句读,删改涂抹痕迹较多,除旁批和补辑的部分外整体版式为半页九行二十字,小黑口,四周单边。

第三部分是正文之后,有清代陈奂、僧人圆信、吴毓芬、毛怀、曹元忠跋,魏源题诗。其中陈奂题跋最多。陈奂(1786—1863),字倬云,号硕甫,晚年自号南园老人,师从段玉裁治小学,以治毛诗著名,其《诗毛氏传疏》堪称清季毛诗研究的集大成之作。陈奂跋有四篇。最早的一篇撰于嘉庆十七年壬申(1812),紧随其后陈氏又有续跋,续跋后有僧人圆信题诗①。其后有陈奂的第三篇跋,时间为嘉庆二十年乙亥(1815),跋后又有圆信跋语,落款时间为"庚子九月",应是圆信在道光二十年庚子(1840)所补题。再后为陈奂第四篇跋语,落款时间是"道光六年岁次丙戌十一月",与题签上的时间相同,可知此次题跋与稿本最后一次装订约在同时。之后是吴毓芬作于同时的题跋,吴毓芬(1821—1891),字公奇,号伯华,著有《也是园诗钞》等。再后为道光七年(1827)毛怀题跋。毛怀,生卒年存疑,字

---

① 明末清初,有诗僧圆信法师较为出名。圆信,字雪峤,号语风,俗姓朱,顺治四年(1647)圆寂,著有《语风稿》《雪峤禅师语录》。此圆信法师与文中的圆信并非同一人,文中的圆信应为清中晚期时人,生平暂不可考。

士清，号意香，工书，善谈谑，门弟子极盛，尤工题跋，著有《南园草堂集》。魏源随后题诗两首，诗后亦有跋。之后有"道光癸卯孟夏魏耆敬观"字样，应是魏耆与其父魏源同观时所题。最后是曹元忠的题跋。曹元忠（1865—1923），字夔一，号君直，晚清著名藏书家、校勘学家，著有《笺经室书目》四册。这一部分除序跋、题诗外还有藏书章、闲章等，可以增进我们对此书成书与递藏情况的了解。

是书现今可查于《中国古籍总目》"史部·传记类·别传之属"或《中国古籍善本书目》"史部·传记类·别传类"，因在清代查禁之列①，极为珍贵。如陈焌在序跋中道：

> 是编得于玉峰山麓，钱东涧手稿也。……焌为修葺，得完善可读。二百余年故物出自敝簏破纸中，为神灵呵护无疑也。嘉庆十七年岁次壬申十一月朔日长洲陈焌沐手谨志。

嘉庆十七年（1812）是目前已知与此稿本流传相关的最早年限，距钱谦益写定此书已有一百五十余年。此书历经顺治、康熙、雍正、乾隆四朝，度过了清朝文字狱最为严苛之时，能重新得见天日实属难能可贵。嘉庆时期文字狱消歇，文化氛围较为宽松，此书方才现世。其他与此稿本相关的年份有陈焌序跋中的道光六年丙戌（1826）、吴毓芬序跋中的道光六年丙戌、毛怀序跋中的道光七年丁亥（1827）、魏耆题字中的道光二十三年癸卯（1843）以及曹元忠序跋中的己未（1919）冬。细读序跋可知他们得见此稿本皆与陈焌相关，前几人都是直接在陈焌处观看的，而曹元忠虽言"迩见东涧手稿于南园先生家，幸何如耶"，但通过考校可知曹元忠写序跋时陈焌已逝世五十六年，且据《苏州通史》记载，"（咸丰）十年（1860），太平军攻陷苏州，陈焌弟子马钊战死，陈焌侧室杨氏投井自尽。陈焌仓皇逃至上海，手稿藏书及友朋书札均付兵燹"[2]。因此，此"南园先生家"应是留守苏州的陈氏后人在居住。钱谦益于康熙三年（1664）逝世，其藏书都归于族孙钱曾之手，此稿本也应如此，但观钱曾所编《读书敏求记》与《也是园藏书目》都有是书存目题解，唯其最早所编的《述古堂藏书目》没有。根据赵荣蔚先生考订，《述古堂藏书目》写定于康熙八年（1669），《也是园藏书目》写定于康熙二十五年（1686）[3]。钱谦益门人顾湄于康熙八年刊刻此书，与《述古堂藏书目》成书于同一年，因此《也是园藏书目》应是钱曾对刻本的记录描述。所以，《重编义勇

---

① 张小李先生详细统计了《清高宗实录》中乾隆皇帝批判钱谦益的谕旨数，共有19道，其中有6道专门针对钱谦益。修《四库全书》时，乾隆要求将钱谦益等人之书"逐细查明，概行毁弃，以励臣节而正人心"，且在乾隆四十四年（1779）十一月甲辰时下旨严禁各省郡邑志书名胜古迹部分载入钱谦益、屈大均等人诗文，以及人物、艺文门内载其生平事实及所著书目。参张小李：《乾隆帝批判钱谦益的过程、动因及影响》，收入《故宫学刊》第九辑，故宫出版社，2013年，第150~163页。

武安王集》稿本应有一段时间入藏在顾湄处。另,《藏园批注读书敏求记校证》关于"重编义勇武安王集二卷"一条的批注中,管庭芬有言:"此书已归朱述之司马绪曾插架,旋携归金陵里第,已早堕刀兵劫中矣。"[4]管庭芬说的"此书"亦当是《重编义勇武安王集》的刻本,且朱绪曾(字述之)《开有益斋读书志》中并没有关于此书的信息。

综上,可大致梳理此手稿的流传状况如下:钱谦益逝世后,手稿落在了顾湄手中,由他进行刊刻。此后一百多年间,该书手稿销声匿迹,直至陈奂于玉峰山麓重新发现,其后一直藏于陈奂家中,陈氏逃太平天国之难去上海时,此书遗留在了苏州,己未冬,曹元忠得见。民国时期流传情况俟考。

二、成书与内容考

(一)成书时间与分卷

《读书敏求记》"史部·传记类"中《重编义勇武安王集》二卷提要云:

> 辛丑孟冬初旬,吾邑西乡迎关神赛会。先期王示梦里人云:"红豆庄有警,廿八至初二,须住护持,过此方许出会。"是日,牧翁赴李石台使君之约,入城止宿山庄,其夜盗至,而公无虞,王之灵实庇焉。公斋心著是书者,盖所以答神佑也。元季巴郡胡琦编刻《关王事迹》。嘉靖四年,高陵吕柟复校次刊之,名《义勇武安王集》。公取二书,次第厘定,考正删补,而谓之重编者,因名仍吕公之旧耳。公又取钱唐罗贯中撰《通俗演义三国志》及《内府元人杂剧》,撷拾其与史传抵牾者,力为举正。而予于此亦有疑焉。神座右塑立周仓像,传来甚久。遍考书史绝无其人,仅见于小说传奇,那可为据。今王之庙貌遍天下,罕有核及此者,何也?且如桓侯字益德,内府板《演义传》尚未之改,而流俗本竟刊为翼德,岂不可笑。或有为之说者曰:"桓侯名飞,揆厥字义,焉知非翼德乎?"予笑语之曰:"如子云云,岂独桓侯宜此字,即王之讳羽,亦应移此字字之矣!"其人憾憾而去,并书之以发一笑。[5]

此则提要为我们提供了很多信息,最重要的是编书的时间与目的。辛丑年在钱谦益的一生中共经历了两次,一次是在二十岁时,一次是在八十岁时。据金鹤冲先生《钱牧斋先生年谱》考证,钱谦益第一个辛丑年时二十岁,"尚偕表兄何君实读书虞山之兴福寺。先生熟烂空同、弇州之文集,至能暗数行墨"[6]932。《年谱》对第二个辛丑年记曰:"村居被盗,先生适在拂水山庄宴客,与李梅公书云:'胠箧之夕,山妻稚子,匍匐荒田。片纸寸丝,遂无余剩。幸以扁舟早出,免于白刃。'谓贼意诚不在货财也……"[6]949第一个辛丑年时,钱谦益年纪尚轻,且在兴福寺读书,不具备编写是书的条件。第二个辛丑年时,金鹤冲先生的年谱记载与钱曾《读书敏求记》中都提到了这一年钱谦益遇贼幸免之事,与钱曾所谓"神佑"可相勘合。所以,钱谦益当于顺治十八年(1661)十月开始编辑此书。方良先生所著的《钱谦益年谱》一书中也是把《重编义勇武安王集》作为钱谦益本年事迹[7]。

《读书敏求记》与《也是园藏书目》中都有《重编义勇武安王集》之目,但所述稍有不同,孙楷第先生总结道:"其书《敏求记》云二卷,《也是园目》作八卷,丁祖荫《重修常昭合志·艺文志》作三卷,皆不同。章钰《敏求记校证》,谓胡菊圃校本作八卷……是章氏撰《读书敏求记校证》时,实未见谦益此书,而斯书之罕见可以知矣。"[1]271 又《钱牧斋全集·钱牧斋先生年谱附记》中言:"先生所著,《初学集》《有学集》之外……又撰《关壮缪集》三卷,《大方语范》若干卷。"[6]972 凡此种种,皆言是书分卷之不同。孙楷第先生通过考校刻本确认为三卷二册,卷首是序目,卷上卷下是正文,从《本传考》至《坟庙考》为上卷,卷首与上卷合订为上册,从《封爵考》至《艺文考》为下卷,下卷自成一册。此描述与丁祖荫《重修常昭合志·艺文志》《钱牧斋先生年谱附记》相同,也与钱氏稿本的分卷相合。只是与刻本相比,稿本分为三册,第一册包括卷首之前的序言与图解、卷首、正文中的《本传考》至《故事考》,第二册为《谱系考》至《神迹考》,第三册包括《正俗考》至《艺文考》、正文后的题跋与题诗等。另《也是园藏书目》作八卷,应是把每一篇目当成了一卷,不包括卷首序目。《读书敏求记》作二卷,是只取正文上、下两卷为准。因此,《重编义勇武安王集》的正确描述应为三卷本。

(二)文献来源

钱谦益本人博学多识,且藏书之富享有盛名,因此其《重编义勇武安王集》文献来源极广,本节所论为此书的主要文献来源。一是据书内总序:

> 元巴陵胡琦编《关王事迹》五卷,本朝高陵吕文公柟重修为五卷,名《义勇武安王集》,今谦益取二编次第刊定,厘为八篇,其名则仍吕公之旧。

钱谦益在序中言明此书素材主要取自胡琦《关王事迹》与吕柟《义勇武安王集》。最早的《关王事迹》元至大元年(1308)刊行本已不存,明代翻刻本即明成化七年(1471)张宁刻本,中国国家图书馆有存,版式为半页八行十六字、黑口、四周双边,该本分为"灵异、制命、碑记、题咏"四门五卷。吕柟《义勇武安王集》初刊于嘉靖四年(1525),隆庆六年(1572)吕文南重刻,万历二年(1574)方莹、朱震、侯卿重新校刊。现仅存吕文南抄本,名为《重编义勇武安王集八卷》,存于台北"国家图书馆",尚不得见。《义勇武安王集》另有八卷本与四卷本。八卷本为顾问辑、嘉靖四十三年(1564)顾梦羽刻本,中国国家图书馆有藏,版式为半页十二行二十四字、白口、四周单边。顾问在后序中道:"既逾年,乃取《三国志》阅之,爰加考摘,复得泾野吕先生所刻解州本,以成此编。间采及他书,视旧稍有删润。"由此可知,此版本书名虽与吕柟本相同,内容却有很大改动。顾问的做法与钱谦益相同,都是以吕柟本为基础,增补而成自己的著作。四卷本为吴玄叔、孙尚恕校补,明万历庚戌三十八年(1610)刻本,现存美国哈佛大学燕京图书馆,版式为半页十行二十二字、白口、单鱼尾、四周单边。吴玄叔在《义勇武安王关公集后序》中明言此书是其与孙尚恕"以三余之日厘校是集"的成果,因此,可凭此书窥见吕柟原本之貌。

二是钱谦益对史传、杂剧、小说、民间传说的引用,这也是钱谦益对胡琦《关王事迹》与吕柟《义勇武安王集》做的最重要的补辑。对史传材料的借鉴以《三国志》为主。对小说、杂剧、传说的引用主要体现在手稿上卷《故事考》《神迹考》等篇中。四库馆臣对《读书敏求记》评价不高,《四库全书总目提要》言:"国朝钱曾撰。……编列失次者,尤不一而足。其中解题,大略多论缮写刊刻之工拙,于考证不甚留意。"[8] 提要对《读书敏求记》的评价确中其失,但是具体到钱曾对《重编义勇武安王集》的考证却是不合适的。如:钱曾称关王庙之周仓,遍观史书,绝无其人,仅见于小说传奇,不可为据,恰恰指出了钱谦益编书之误。另外,其对俗刊本"翼德"之误也做了强有力的驳斥,以明钱谦益《重编义勇武安王集》中用字之准确。钱谦益补辑的《通俗演义三国志》《内府元人杂剧》等文献,在其自序中并未提到,但钱曾《读书敏求记》中的提要反而做了更详细的说明,可见其对同宗前辈的著作确实做了精审的校读。孙楷第先生对此已有发覆,他在《也是园古今杂剧考》附录中《余所见钱谦益〈重编义勇武安王集〉》一文中言:"世之论者,因谓谦益虽得琦美书,而琦美抄藏诸剧尚未可遽云为谦益所有,以无证也。今得谦益《重编义勇武安王集》读之,其引内府杂剧,或摘其句,或摭其事,明白如此,知谦益曾阅其本,曾藏其书。今疏而明之,不唯可释世人之惑,亦可证钱曾《读书敏求记》之言之确可依据也。"[1]277-278 所言良是。

(三)文本内容

通过对比吴玄叔、孙尚恕校补本《义勇武安王集》可知,钱谦益《重编义勇武安王集》稿本卷首之前的序言、图录皆直接取自吕柟本《义勇武安王集》,且根据吕柟《义勇武安王集序》中钱氏手补字迹"是集吕柟校次,隆庆元年解州知州咸宁吕文南增定"可知,钱谦益编写此书时,所据版本应是隆庆元年(1567)吕文南增定本。吕柟的序有缺字、破损部分,可据吴玄叔、孙尚恕校补本《义勇武安王集》

前序对校来读。钱氏稿本中胡琦《新编关王事迹序》与李鉴《题刻胡琦新编事迹序》缺损也很严重,且涂抹剜改之处很多,可据明成化七年张宁刻本《关王事迹》前序校补。图录部分除《武安王像》《司马印图》《寿亭侯印图》外,都是只有图片而无介绍,跟《关王事迹》与《义勇武安王集》不同,钱谦益把文字部分放在了正文各篇目中。图片排序有些错乱,有些本是相连的图片有所割裂,应是整理装订时大意所致。

以下对文本内容依次考述。

1. 本传考

卷上《本传考》小序言:

> 胡琦《实录编》,以陈寿《蜀志》本传及《先主传》为纲,杂取《魏》《吴》二书,以事类件系,今依吕柟编次例,删补隐括,俾本末可观。撰《本传考第一》。

胡琦《实录编》为吕柟本卷二,其将胡琦《关王事迹》卷第一《实录上》与卷第二《实录下》合为一卷,另附《侯辞曹书》与王世贞《赞》。钱谦益依吕柟编次例,内容多取自正史,叙述简洁明畅,以史笔为传。最有价值的是双行注解部分,不但表明其对事件、人物的看法与态度,还博采历代史论,如《诸葛瑾传》、李文子《论》、王世贞《论》等。

2. 故事考

卷上《故事考》小序言:

> 《蜀志》本传,略举大事,其诸遗迹琐语,杂见传记者,咸足使英雄堕泪,庸儒拊节。撰《故事考第二》。

此篇充分展示了钱谦益的博学多识及其搜罗文献之广泛。《故事考》与《本传考》稍有不同,《本传考》史料钱谦益力求准确,所取多从正史关羽本传。《故事考》的文献来源广杂得多,如所引有《古今刀刃录》《水经注》等。

3. 谱系考

卷上《谱系考》小序言:

> 胡琦《事迹》,有年谱、世系二图,今合为一篇。撰《谱系考第三》。

此篇内容较少,小序中已言明直接取自胡琦《关王事迹》。年谱部分更为详细,也与《关王事迹》中《年谱图》文字部分稍有不同,应是钱谦益自编,且文末注解部分考证了关羽的年岁问题。《世系图》直接取自吕柟《义勇武安王集》,稍作删改。

4. 坟庙考

卷上《坟庙考》小序言:

河东,侯降生地也;当阳,侯归神地也;玉泉,侯摄化地也。侯之神,无所往而不在,而于此三地为尤著。撰《坟庙考第四》。

此篇钱谦益主要考证介绍了常平冢庙、解州崇宁宫、玉泉冢、玉泉显烈庙。常平冢庙文献来源一是吕柟《义勇武安王集》中的《常平冢图》,二是嘉靖三十四年(1555)解州知州徐作撰的《常平重修武安王庙记》。解州崇宁宫部分,钱谦益按历史时间来介绍崇宁宫的修建、翻新,对吕柟本的记载做了更详尽的补充。玉泉冢部分直接取自吕柟《义勇武安王集》中的《玉泉冢图》。玉泉显烈庙文献来源一是直接取自吕柟《义勇武安王集》中的《玉泉显烈庙图》,二是周洪谟《庙记》与《长安志图志杂说》。

5. 封爵考

卷下《封爵考》小序言:

生而为将为侯,殁而为王为帝,亘古以来,未有如侯者也。神宗显皇帝追崇之后,南国有降乩者,侯批示曰:"但知一日兄和弟,宁问千秋帝与王。"呜呼!侯之心事,斯言尽之矣。撰《封爵考第五》。

胡琦《关王事迹》与吕柟《义勇武安王集》都名《追封爵号图》,钱谦益此篇则从关王被封汉寿亭侯开始,每一封号或是谥号由来都详加考证。有直接取自吕柟《义勇武安王集》"论说"卷中的程敏政《爵谥论》和胡琦《关王事迹》中的《淳熙十四年加封事记》,也有其他文献材料,如陆容的《菽园杂记》。《菽园杂记》认为寿亭侯印系伪造,然是书卷首前又有《寿亭侯印图》,盖钱谦益本人观点与陆容不同。另《张母获生》《太仓捍倭纪绩》《嘉定捍倭庙记》等篇章属乱入,与《封爵考》毫无关系,应归入后篇《神迹考》,应是整理者装订时未加校理。

6. 神迹考

卷下《神迹考》内容多取自胡琦《关王事迹》卷第四《灵异篇》与吕柟《义勇武安王集》"论说"卷,孙楷第先生认为《解池平妖本末》等篇取自《内府元人杂剧》,其实不然。关羽作为民间信仰的神灵,其灵异故事广为流传,正史、杂剧、传奇、小说中都有收录。胡琦《关王事迹》中《灵异篇》自叙其文献来源有《资治通鉴》《南史》《北史》《荆门志》《智者大师实录》及传记小说等。钱谦益在其基础上更进一步,搜集范围更广,尤其是在佛道文献方面,如《晋王入朝遣使参智者大师书》、《大师别传》、傅同虚编次《汉天师世家》等篇。

7. 正俗考

卷下《正俗考》小序言:

钱塘罗贯中撰《三国志通俗演义》,载侯事迹最详。……今取其与史传抵牾者,聊为举正,亦以资观感焉。撰《正俗考第七》。

此篇与《故事考》颇为相似,但更重考校,所发皆是钱谦益本人的观点与感触。所取文献多来自史书、杂剧或是前人论说,如《辞曹拜书》《斩文丑》《曹吕冥报》《斩蔡阳》目皆取自《三国志》,《斩貂蝉》《单刀赴会》目取自关汉卿杂剧等。

8. 艺文考

卷下《艺文考》小序言:

> 侯祠庙遍荒陬,赞诵穷海墨。高文典册照曜四裔者,玉泉、正阳之碑版也;一言半什凭吊千古者,杜陵、义山之歌诗也。旧志繁芜,卷盈缃帙,撮略举要,俾后世有述焉。撰《艺文考第八》。

此篇碑记、铭文占绝大多数篇幅,《蜀先主庙碑》为钱谦益手书,其他碑铭都是直接摘录而来,以吕文南增定本《义勇武安王集》为主,另有元虞集《广铸禅师塔铭》、明王世贞《汉前将军汉寿亭侯关公庙记》、明丘集《双凤乡云长新庙铭》三篇。诗有杜甫《谒先主庙》《奉寄章十侍御》《题八阵图》、李商隐《题筹笔驿》、宋张士环《张飞刁斗》,都为钱谦益手书,诗歌内容多是用关羽典故,并非直接颂赞关羽。另有宋邓光荐《送钱方立游荆楚歌》、元郝经的《曹南道中憩关王祠一首》、明刘储秀《谒武安王墓祠》及明宋仪望诗、曹大有诗、蹇万里诗等直接摘录自吕文南增定本《义勇武安王集》。

书后序跋中,于文本考校最有价值的当数陈奂题跋。其于道光六年丙戌十一月所作跋云:

> 丁丑岁,奂于黄主政荛圃家借观《武安王集》刻本及钞本,钞本即从是编录出,惟增入钱《碑记》《像赞》,余与是编悉同。刻本为太仓顾伊人所刊,伊人名湄,东涧弟子也。东涧殁后六年付剞劂,版寻废,凡集中所标识未记录者,如《长沙志》《正阳门庙》等篇,取它书补入。吴君伟业与其事。刻本与是编不同,皆伊人所补入者也。越九载,奂谍正是编,倩张子苑樵装成全册,至伊人所补入者,更录副本,以俟稽考。

其一,陈奂言黄丕烈家中藏有是书刻本及钞本,并对比出了版本间内容的异同,点明刻本比钱谦益手稿多出之篇目都为顾湄所补。其二,陈奂明言自己曾对手稿做过订正、修补工作,与其嘉庆十七年序中"奂为修葺,得完善可读"相应,这就解释了书中为何会出现不同字迹,甚至正文部分中直接摘录自他书的内容都有可能是其所为。其三,题序时间与题签上"道光六年十一月装"相同,是书应是在此年由张樵装订分册。

三、编撰心态

"有才无行"的钱谦益为忠义化身关羽作传[9]，实在是一件耐人寻味之事。钱曾在《读书敏求记》之《重编义勇武安王集》提要中言钱谦益编辑此书目的是"所以答神佑也"。此盖为掩人耳目的说法，清朝大兴文字狱，钱曾作为钱谦益的族孙，钱谦益身仕两朝的行为对他来说是一个敏感话题，在当时思想控制极严的社会背景之下，他对是书的编撰起源只能托之虚词，亦属情有可原。

另外，钱谦益为关羽作传非突兀之举，实有迹可循。其《初学集》中《浒墅关重修关壮缪庙碑铭》一文有"桓桓壮缪，环卫宸极。钩陈阁道，作庙翼翼。崇关将军，神亦庶止"句[10]，意即是对关羽的崇敬。另有《关壮缪侯画像赞》篇，文风如前，同是表明对关羽的赞美，以及守护社稷之祈愿。其《有学集》中有《孟津县关帝灵感记》篇，讲述了一则关帝显灵事迹，与《神迹考》内容相似。另有《关圣帝君像赞》篇，中有"绝伦逸群，须髯奋张。虎臣赳赳，国士堂堂。勒蜀山之铁铭兮，昭回汉鼎；誓长沙之铜柱兮，离立扶桑。……吁嗟乎！威震华夏，义薄穹苍"句[11]，气势磅礴，比《初学集》中两篇更有风采。只此两书中便有三文来礼赞关羽，那么到其晚年，专门搜罗文献为关羽作传的行为也在情理之中。

然而，从其所处的社会背景与晚年心态来看，为关羽作传恐怕有更深层次的用意。明清鼎革之际，清政权为迅速稳定局面，对前朝官僚的招安可谓不遗余力。尤其是在政治上，清政权一方面高举"为明复仇"的旗帜，另一方面对前朝官员采取了无条件一揽子包下来的政策，并实行荐举制度，与血腥镇压反抗者的手段相辅相成，取得了非常好的效果。而从当时的思想层面来看，晚明人文主义思潮风起云涌，对原有的理与欲、义与利、君臣名节等儒家道德规范造成强力冲击，心学的兴起更使得儒家死板的忠孝观念有所松动。种种因素综合影响下，降清成了很多官员自然而然的选择。具体到钱谦益，除上述因素影响外，其降清行为更有特殊性。其一，明王朝是其故国，却已然崩溃，他的忠义没了依托，而其本身又没有殉国之勇气，那么为家族、为自己再谋出路也算理所应当。其二，弘光朝廷的腐朽让钱谦益非常失望，在弘光帝与马士英相继逃走后，钱氏进入了最高决策层，而当时南京城的命运甚至南明的国运都与他的决定息息相关，他所承担的责任与压力不能让他随心来做选择，降清可算权宜之策。其三，钱氏性格中或许有脆弱的一面，有重生恶死的一面，但修史心愿一直无法完成或也是促成其降清的一个因素①。

  钱谦益虽然丧失了气节,但故国之思仍未泯灭。清廷剃发令下,江南士民奋起反抗,遭到了清军的血腥镇压。这使得钱谦益极为反感,对清廷的幻想彻底破灭了。此时的他极为后悔,仕清让他无法面对自己的内心,进而再次走上了抗清之路。顺治六年(1649)钱谦益表面息影居家,实则暗中与反清势力联络,一直到其逝世的康熙三年(1664)从未中断过复明活动。顺治十六年(1659),郑成功同张煌言率十七万水陆大军北伐,捷报频传,一时间威震天下。钱谦益作《金陵秋兴八首次草堂韵·己亥七月初一日作》,其二有"杂虏横戈倒载斜,依然南斗是中华""十年老眼重磨洗,坐看江豚蹴浪花"等句[6]2,歌颂抗清之师,抒发自己的激动心情。顺治十八年(1661)正月,顺治皇帝于养心殿逝世,年仅八岁的玄烨继位,复明士人重新看到希望,张煌言当即写《上延平王书》[12],希望郑成功与李定国相互配合,水陆并进,长驱北上。张煌言的意见代表了东南一带抗清志士的要求与愿望。钱谦益也于二月初四写下了《后秋兴之十·辛丑二月初四日夜宴述古堂酒罢而作》,有"云台高筑点苍山,异姓勋名李郭间。整束交南新象马,恢张辽左旧河关"句[6]56,以中兴大唐的李泌、郭子仪比喻李定国、郑成功,和张煌言的意见相同。然而,郑成功权衡之下,并未听从张、钱的建议,最终选择向东发展,于三月开始进攻台湾,这对当时抗清复明志士的士气可以说是致命打击。清政府为了阻断内地人民与抗清军队的联系,十月正式颁行"迁海令"②,钱谦益于此时开始重编《义勇武安王集》,可谓用心良苦,其首要目的应当是鼓舞士气,宣扬忠义观念,希望郑成功等抗清将领能受到关羽的忠义感召,勇武作战。康熙元年(1662),南明永历帝朱由榔在昆明被吴三桂杀害,郑成功病逝,钱谦益心灰意冷,写下了《后秋兴之十二·壬寅三月二十三日以后大临无时啜泣而作》,其四有"忍看末运三辰促,苦恨孤臣一死迟"句[6]66,以及康熙二年(1663)所作的《后秋兴之

---

① 钱谦益及第后,授翰林院编修,此后历任经筵日讲官、侍读学士、詹事府少詹事、礼部右侍郎等职,均与修史有关,其在文集中也多次提到他担任史官,有志纂述。如《初学集》卷二十八《皇明开国功臣事略序》一文中,钱氏言:"谦益承之史官,窃有志于纂述……天启甲子,分纂神宗显皇帝实录……是书经始于天启四年癸亥。又明年乙丑,除名为民,赁粮艘南下,船窗据几,摊书命笔。归田屏居,溷厕置笔,越三年始告成事。"修撰当代史书,更是其一生志向所在。引文见钱谦益:《牧斋初学集》,上海古籍出版社,2007年,第844~845页。

② 据杨阳、张青主编《清代历史辞典》记载,清政府为了消灭集中于沿海和台湾地区的抗清势力,于顺治八年(1651)开始海禁,十三年发布上谕,严禁商民船只私自下海贸易,犯罪者无论官民,一律处决。顺治十八年正式颁布"迁海令",下令江南、浙江、福建、广东沿海等地居民分别内迁三十里到五十里,并烧毁沿海居民船只。为保证迁海令的执行,清政府施以酷刑,焚烧房屋,砍伐树木,设立边界并重兵防守,使得田园荒芜,流民塞路,海盗猖獗,百姓惨不堪言。后禁令渐宽,至康熙二十二年(1683)完全废除。见杨阳、张青:《清代历史辞典》,远方出版社,2006年,第160页。

十三·自壬寅七月至癸卯五月讹言繁兴鼠忧泣血感恸而作犹冀其言之或诬也》,其二有"海角崖山一线斜,从今也不属中华""嫦娥老大无归处,独倚银轮哭桂花"等句[6]73。这时仍继续为关羽作传,可以说更多的是为了表明自己的心志,对关羽的赞扬其实就是他对忠义的复归,是对自己过往行为的补偿,包含了对自己矛盾心理的抚慰。

钱谦益一生的履历较为复杂,说其忠君,却降清失节;说其无德,却又不忘故国,暗中反清。这种跋胡疐尾的尴尬状态,不但给他自己造成了极大的道德痛苦,也给后人留下了耻笑之资。但陈寅恪云:"对于古人之学说,应具了解之同情,方可下笔。"[13]从《重编义勇武安王集》稿本来看,钱谦益晚年抗清复明的决心是坚定的,对前朝仍怀有深厚情感。钱氏这种身仕二朝但又眷恋故国的行为,体现了历史风云动荡中人物个体的复杂心态,后人未可作简单化的道德评判。

(裴振濮,新疆大学中国语言文学学院硕士研究生;秦帮兴,新疆大学中国语言文学学院副教授)

参考文献:
[1]孙楷第.也是园古今杂剧考[M].太原:山西人民出版社,2018.
[2]李峰.苏州通史[M].苏州:苏州大学出版社,2019:320.
[3]赵荣蔚.《读书敏求记》成书时间辩证[J].图书馆理论与实践,2011(8):95.
[4]钱曾.藏园批注读书敏求记校证[M].管庭芬,章钰,校证;傅增湘,批注;冯惠民,整理.北京:中华书局,2012:181.
[5]钱曾.读书敏求记[M].上海:商务印书馆,1936:52.
[6]钱谦益.牧斋杂著[M].钱曾,笺注;钱仲联,标校.上海:上海古籍出版社,2007.
[7]方良.钱谦益年谱[M].北京:中国书籍出版社,2012:260.
[8]永瑢,等.四库全书总目提要[M]:第17册.上海:商务印书馆,1931:59.
[9]高宗纯皇帝实录[M]:第13册.北京:中华书局,1985:693.
[10]钱谦益.牧斋初学集[M].钱曾,笺注;钱仲联,标校.上海:上海古籍出版社,2007:843.
[11]钱谦益.牧斋有学集[M].钱曾,笺注;钱仲联,标校.上海:上海古籍出版社,2007:1422.
[12]张煌言.张苍水集[M].上海:上海古籍出版社,1985:18.
[13]陈寅恪.金明馆丛稿二编[M].上海:上海古籍出版社,1980:247.

《张皋文笺易诠全集》考略*

A Study on the *Zhang Gaowen Jian Yi Quan Quanji*

周余姣　汪明杰　杨效雷

摘　要：张惠言《张皋文笺易诠全集》是清代的一部自著丛书，其常见题名为《张皋文笺易诠全集》，但作者在古籍编目实践中发现该丛书还有一古籍内封，题名《张皋文笺易注全集》。从"诠""注"的一字之差出发，进一步发现该丛书还有《笺易注元室遗书》《茗柯全书》等题名。本文分析了这三种题名的丛书子目及它们的存藏概况，并对这些丛书子目书籍的刊刻加以考察。《张皋文笺易诠全集》等丛书及其子目书籍的流传，有利于后人了解张惠言之学术，无论对于汉易研究，还是清易研究，都有重要价值。

关键词：《张皋文笺易诠全集》；张惠言；虞翻；丛书

《古籍保护研究》第七辑中，周余姣《美国华盛顿大学图书馆存藏易学类古籍考略》一文中著录的《张皋文笺易注全集》，下注："该丛书常见的著录名为《张皋文笺易诠全集》，本次目验所见丛书名为《张皋文笺易注全集》，是否有两种不同的版本，待考。"[1] 循此线索，我们对《张皋文笺易诠全集》做进一步考察，以求教于方家。

＊ 本文系国家社会科学基金重大项目"古籍保护学科建设与基础理论研究"（项目编号：19ZDA343）研究成果之一。

一、《张皋文笺易诠全集》及其衍生丛书

《张皋文笺易诠全集》，清张惠言撰。张惠言（1761—1802），字皋文，或作皋闻。书斋名为茗柯堂，人亦称其为茗柯先生。恽敬为张惠言所作墓志铭中称其"言《易》主虞氏翻，言《礼》主郑氏玄"[2]，其另一书斋名"笺易注玄室"或由此而来。因避讳故，亦称"笺易注元室"。张惠言平生编著三十余种，后人汇编成丛书主要有三种题名，即《张皋文笺易诠全集》《笺易注元室遗书》《茗柯全书》。

（一）《张皋文笺易诠全集》及其子目

《中国丛书综录》著录《张皋文笺易诠全集》[3]，子目信息如下：

周易虞氏义九卷　嘉庆八年（1803）扬州阮氏琅嬛仙馆刊

周易虞氏消息二卷　嘉庆八年（1803）扬州阮氏琅嬛仙馆刊

虞氏易礼二卷　道光元年（1821）合河康氏刊

虞氏易候一卷

虞氏易言二卷

周易郑氏注三卷　（汉）郑玄撰　（宋）王应麟辑　（清）丁杰后定（清）张惠言订正

周易荀氏九家三卷　（清）张惠言辑

周易郑荀义三卷　道光元年（1821）合河康氏刊

　　周易郑氏义二卷

　　周易荀氏九家义一卷

易义别录十四卷　（清）张惠言辑　道光元年（1821）合河康氏刊

易纬略义三卷

易图条辨一卷

读仪礼记二卷

茗柯文初编一卷二编二卷三编一卷四编一卷　嘉庆十四年（1809）李生甫张云藻刊

茗柯词一卷

拟名家制艺一卷　道光八年（1828）张琦刊

词选二卷附录一卷续词选二卷　（清）张惠言辑　附（清）郑善长辑

续词选（清）董毅辑　道光十年（1830）张琦刊

《中国丛书综录》所著录之《张皋文笺易诠全集》含子目十六种（其中《周易郑荀义》中包括两种：《周易郑氏义》二卷、《周易荀氏九家义》一卷），子目版刻时

间从嘉庆八年（1803）到道光十年（1830），历时近三十年。《中国丛书综录补正》中有注释"一名《张皋文全书》"[4]。《续修四库全书总目提要（稿本）》中载"张氏易学十一种四十四卷"，含《周易虞氏义》九卷、《周易虞氏消息》二卷、《虞氏易礼》二卷、《虞氏易候》一卷、《虞氏易言》二卷、《周易荀氏九家》三卷、《周易郑氏注》三卷、《读仪礼记》二卷、《易纬略义》三卷、《周易郑荀义》三卷、《易义别录》十四卷[5]。

以《张皋文笺易诠全集》题名的丛书今多家图书馆有藏。如前所述，美国华盛顿大学藏《张皋文笺易注全集》十五种，除内封与他馆所藏不同外，其他均相似。此内封为目前仅见，不知为刊刻者刻意为之，抑或另有深意在焉。此外，武汉大学藏《张皋文笺易诠全集》有"江阴缪荃孙藏书印""荃孙""云轮阁""国立武汉大学图书馆"印，可知该书经晚清民国藏书家缪荃孙（1844—1919）存藏。宁波天一阁博物院藏《张皋文笺易诠全集》十六种标注"樵0514"，为藏书家张季言（1897—1957）樵斋捐赠给天一阁的书籍。

（二）《笺易注元室遗书》及其子目

《中国丛书综录续编》著录有《笺易注元室遗书》[6]，丛书及其子目信息如下：

笺易注元室遗书（又名张皋文笺易诠全集）

（清）张惠言撰

（清）道光元年（1821）合河康氏刊本

周易虞氏义九卷

周易虞氏消息二卷

虞氏易礼二卷

虞氏易候一卷

虞氏易言二卷

周易荀氏九家义三卷

周易郑氏注三卷　（汉）郑玄撰　（宋）王应麟撰集

周易郑氏义三卷　（清）张惠言订正

易义别录十四卷

易纬略义三卷

易图条辨一卷

读仪礼记三卷

茗柯文四卷

茗柯词一卷

拟名家制艺一卷

仪礼图六卷(别行)

七十家赋钞(别行)

词选二卷(别行)

说文谐声谱二十卷(已刊)

除后四种"别行"或"已刊"外,《笺易注元室遗书》子目为十五种五十二卷。

笔者所见的题名为《笺易注元室遗书》的丛书为南京图书馆所藏。南京图书馆藏《笺易注元室遗书》十五种五十一卷,注明版本是清道光合河康氏刻本。无内封,其子目与华盛顿大学所藏同。其中《茗柯词》《拟名家制艺》版心镌"笺易注元室遗稿",该丛书名为编目者据此自拟,与《中国丛书综录续编》著录相同。《茗柯词》目录页钤有"江苏省立第一图书馆藏书"印。

此外复旦大学图书馆藏有清道光间张成孙抄校本《张皋文笺易诠全集》之零种,有:《笺易注元室文集》五卷《茗柯诗》一卷《词》一卷《拟名家制艺》一卷①、《易义别录》十四卷、《易图条辨》一卷、《读仪礼记》二卷、《易纬略义》三卷。张成孙为张惠言之子,师从庄述祖(《江苏艺文志·常州卷》)。该书注明"从手稿校录",这些子目卷端多钤有"宗室文悫公世藏""清室宗室盛昱伯羲之印""复旦大学图书馆藏"印。从前两印可看出,这些稿抄本经清宗室藏书家盛昱(1850—1900)收藏,被列为善本古籍。此"笺易注元室文集"应是《茗柯文》的另一别称。

除以上公藏机构所藏较全外,另有多家只存藏《张皋文笺易诠全集》之零种。天津师范大学图书馆藏有《易义别录》十四卷、《周易郑氏注》三卷二种三册(典藏号:1196),兹不赘述。

(三)《茗柯全书》及其子目

《茗柯全书》(或亦称《茗柯全集》)在《书目答问补正》中著录信息为"茗柯全书 张惠言补 十四种 嘉庆元年扬州阮氏道光元年合河康氏刻本"[7]。《书目答问斠补》著录为"道光八年刻茗柯全集本"[8]。其子目确定的有如下六种:

周易虞氏义九卷

周易虞氏消息二卷

虞氏易礼二卷

虞氏易事二卷

---

① 辽宁大学图书馆藏抄本亦著录为《笺易注元室文集》八卷。

虞氏易言二卷

　　虞氏易候一卷

《茗柯全书》十四种子目的其余八种目前尚未能确定。题名为《茗柯全集》的丛书目前我们也未能查到其存藏状况。

由上可知,张惠言之著作,被后人汇编为《张皋文笺易诠全集》《笺易注元室遗书》《茗柯全书》等三种丛书流传。当然还有《张皋文全书》《茗柯全集》等名。丛书总名不一,各丛书子目亦不完全一致,但大同小异。其中以《张皋文笺易诠全集》最为常见,《笺易注元室遗书》较为稀见,《茗柯全书》只见于《书目答问补正》等文献记载中。

二、《张皋文笺易诠全集》及其衍生丛书的刊刻

参与《张皋文笺易诠全集》等丛书子目刊刻的主要有阮元、康绍镛、李生甫、张云藻、张成孙、张琦、郑善长、赵之谦等八人。下分而述之。

（一）阮元

阮元是最早参与的刊刻者。第一种《周易虞氏义》前有嘉庆八年(1803)阮元《周易虞氏义序》。序中阮元述其刊刻缘起：

　　武进张编修惠言承惠征士之绪,恢而张之,约而精之,阐其疑滞,补其亡阙,究其诋舛,成《虞氏义》九卷,又标其纲领,成《虞氏消息》二卷。其大要明乾元以立消息之本,正六位以定消息之体,叙六十四卦以明消息之次,推九六变化以尽消息之用。始于幽赞神明,终于乾元用九而天下治。盖自仲翔以来,绵绵延延千四百余载,至今日而昭然复明。呜呼!可谓盛矣!余学易愧未能卒业,而是书之可传于后,固学者所共知,而予所深服者也。编修不幸早卒,其弟子陈生善得最后定本,思广传之而未得。余素重编修书,因命之校付梓人。[9]427

据阮元序可知《周易虞氏义》和《周易虞氏消息》的刊刻出于学术价值和私人交情两方面原因。阮元从张惠言弟子陈善手中得此最后定本,为之"校付梓人"。惠栋和张惠言同为汉易专家,但由于惠栋《周易述》撰写宗旨未能划一,"大旨宗虞而义有未通,补以郑、荀诸儒",招致后学不满。张惠言为弥补此种不足,遂承继惠栋的精神,"恢而张之,约而精之,阐其疑滞,补其亡阙,究其诋舛",著《周易虞氏义》九卷,又条其大要纲领撰成《周易虞氏消息》两卷。阮元为发扬其学术,为之刊刻,后又刊刻《仪礼图》。

《周易虞氏义》嘉庆八年(1803)扬州阮氏琅嬛仙馆刻本,内封题"周易虞氏

义　原附虞氏消息　嘉庆八年扬州阮氏琅嬛仙馆刊板"。凡九卷,行款为十一行二十三字,左右双边,单鱼尾,版心镌书名、卷次、页码。前有阮元、陈善序和张惠言自序。《周易虞氏消息》二卷,版式与《周易虞氏义》同。

(二)康绍镛

清代合河(今山西兴县)康氏以科第起家,其中康绍镛(1770—1834)一支于刻书最有成就。其家塾曾聘请李兆洛(1769—1841)为师,主持刻《古文辞类纂》等书多种[10]。道光元年(1821),李兆洛在广东为康绍镛(时康绍镛任广东巡抚)校刊张惠言的其余几部易学专书:《虞氏易礼》二卷、《周易郑荀义》三卷、《易义别录》十四卷、《易图条辨》一卷,以及张惠言弟子江承之撰、张惠言作序的《虞氏易变表》一卷。康绍镛在《周易虞氏义》序中曰:"同年张编修皋文述《周易虞氏义》《虞氏消息》《易礼》《易事》《易候》《易言》,易道粲然,可以推说,非空虚之言之所得而乱矣……其《虞氏义》《虞氏消息》《仪礼图》,座主阮先生刻之。《易事》《易言》亦有刻者。余于君之子成孙取其遗言,命儿子兆奎校录,将悉刊而传之。适不及,仅就《易礼》二卷、《郑荀义》三卷、《易义别录》十七卷、《七十家赋钞》六卷,余以俟诸异日。"时为道光元年七月。康绍镛所得之张惠言遗书,来自其子张成孙。自此,"皋文《周易虞氏义》《虞氏消息》《仪礼图说》阮元公既已刊之,先生复刊其各种,由是皋文一家之学备矣"[11]。同年,康绍镛刊刻张惠言所编《七十家赋钞》六卷,并为之序[12]。《虞氏易礼》等书题为"道光元年合河康氏刊",行款为十一行二十三字,左右双边,单鱼尾,版心上镌"虞氏易礼"等书名,中镌卷次及页码。前有张惠言自序。据周茂仲考证,《虞氏易礼》除道光元年刻本外,还有四种版本,分别是道光九年(1829)广东学海堂刻本,咸丰十年(1860)学海堂刻本重刻本,光绪七年(1881)蛟川张寿荣花雨楼刻本,光绪十六年(1890)湖南船山书局刻本[13]。

(三)李生甫、张云藻

嘉庆十四年(1809),张惠言友李生甫、张云藻刊其编年文集为四卷,即《茗柯文编》。张云藻(1800—?),字伯陶,号励庵,江苏仪征人,曾任安徽按察使、广西布政使。其稿本之标题可能为"笺易注元室文集",见复旦大学图书馆藏抄本。阮元为序,序中曰:"编修所著书,元为刊其《周易虞氏义》《虞氏消息》《仪礼图》,今其友李生甫、张云藻又为刊其编年文集为四卷,而属序于元,因阐编修之素所持论,俾后之学为文者抉择焉。"[14]郭麐①应张云藻之请为之删订,并作《张皋文

---

① 郭麐(1767—1831),字祥伯,号频伽,吴江人。工诗词,有《灵芬馆全集》。

茗柯文后序》。

(四)张成孙

张成孙(1789—?),字彦惟,为张惠言之子。据阮元《虞氏易言序》可知,嘉庆二十一年(1816)张成孙刻《虞氏易言》二卷。另张成孙从张惠言手稿中校抄有多个稿抄本。

(五)张琦

张琦(1764—1833)为张惠言之弟,原名翊,字宛邻,号翰风。二人于嘉庆二年(1797)八月合编《词选》成。该书收词四十四家一百一十六首,张惠言门人金应珪校刻,道光十年(1830)张琦重刻。道光八年(1828),张琦校刻《拟名家制艺》一卷,并作跋。《拟名家制艺》等版心上镌"笺易注元室遗稿"。

(六)郑善长

郑善长亦为张惠言弟子。在《词选》刻成后,郑善长选茗柯七友、茗柯兄弟、茗柯门人等词,刻成《词选附录》一卷。在《词选附录序》中,郑善长称张皋文有友七人,为恽子居、丁若士、钱黄山、左仲甫、李申耆、陆祁生、黄仲则。恽子居即恽敬,为其作《祭张皋文文》《张皋文墓志铭》。

(七)赵之谦

赵之谦(1829—1884),初字益甫,后改字㧑叔,书画家、篆刻家。《虞氏易事》二卷后有赵之谦跋,跋文为:"皋闻张先生治虞氏易,《易事》刻最后,印本行世最鲜。或谓此书当时有遗议,遂去之,妄也。易事如蛊、大畜、讼三卦,先生因弟子江安甫条记而复改,见《安甫遗学》,是先生此书亦最后定也。世儒以学海堂刻《经解》不及此,疑而为此言耳。之谦所得先生书,此书具在,重为校刊,以存一家之学,毋使未见者有异词也。光绪辛巳八月会稽赵之谦记。"[9]660 可见,《虞氏易事》二卷最后刻成,行世甚少,且引来了一些误解。张惠言弟子江承之(字安甫)曾有《虞氏易变表》二卷,收入《安甫遗学》①中。在《虞氏易变表》序中,张惠言谓:"安甫受易三年,从余至京师,乃作此表。其义例屡变益审,故为完善自鼎以下十五卦。未成,安甫死之。七月余役陪京,馆舍无事,乃取其稿校录而补之,定为二卷,附于吾书之后。呜呼,吾书苟传也,安甫为不死矣。"[15] 后张惠言在江承之的基础上复改,成《虞氏易事》二卷。赵之谦将《虞氏易事》列入其《仰视千七百二十九鹤斋丛书》(简称《鹤斋丛书》)第二集中之第一种,再度刊刻行世。

为说明各人刊刻的贡献,特制表如下:

---

① 上海图书馆著录有清嘉庆六年(1801)刻本。

表1 《张皋文笺易诠全集》及其衍生丛书子目刊刻情况

序号	题名卷数	刊刻人、地	刊刻时间
1	周易虞氏义九卷	扬州阮氏琅嬛仙馆	嘉庆八年(1803)
2	周易虞氏消息二卷		
3	仪礼图六卷	扬州阮元刻本	嘉庆十年(1805)
4	周易荀氏九家三卷	扬州阮氏琅嬛仙馆	清嘉庆、道光间(1796—1850)
5	易纬略义三卷		
6	周易郑氏注三卷		
7	读仪礼记二卷		
8	茗柯词一卷		
9	易图条辨一卷		
10	虞氏易候一卷		
11	虞氏易言二卷	张成孙	嘉庆二十一年(1816)
12	虞氏易礼二卷	合河康氏刊	道光元年(1821)
13	易义别录十四卷		
14	周易郑荀义三卷		
15	虞氏易变表一卷		
16	周易郑氏义二卷		
17	周易荀氏九家义一卷		
18	七十家赋钞六卷		
19	茗柯文初编一卷二编二卷三编一卷四编一卷	李生甫、张云藻刊	嘉庆十四年(1809)
20	拟名家制艺一卷	张琦宛邻书屋刻本(郑善长刻成《词选附录》一卷)	道光八年(1828)
21	词选二卷附录一卷续词选二卷		道光十年(1830)
22	虞氏易事二卷	佚名①、赵之谦	道光十二年(1832)、光绪辛巳(1881)

由上表可见,22种子目书中,阮元参与刊刻的有10种,康绍镛参与刊刻的有7种,李生甫、张云藻刊刻1种,张成孙刊刻1种,张琦刊刻2种(含郑善长刻成

---

① 查"全国古籍普查登记基本数据库",福建图书馆藏有江承之的《虞氏易变表》二卷,张惠言的《虞氏易礼》二卷、《虞氏易事》二卷、《虞氏易候》一卷,四书共一册,注明是清道光十二年(1832)刻本。因福建图书馆正装修,不能阅书,笔者未能目验。

《词选附录》一卷),赵之谦刻1种(在赵刻之前另有道光十二年刻本,不知是谁人所刻)。

三、《张皋文笺易诠全集》及其衍生丛书之学术价值

(一)为文而求道,笺易注玄

张琦在《拟名家制艺跋》中称:"先兄皋文先生十三四为时文,十余年乃弃去为古文辞,晚乃治经。"张惠言在《文稿自序》中也提及为文求道:"故乃退而考之于经,求天地阴阳消息于《易》虞氏,求古先圣王礼乐制度于《礼》郑氏,庶窥微言奥义,以究本原。"张惟骧《清代毗陵名人小传稿》卷六本传中也称其"少为辞赋,拟司马相如、扬雄之文,及壮又为古文,效韩愈、欧阳修,后乃专治《易》《礼》,言《易》主虞氏翻,言《礼》主郑氏康成,微言奥义,穷极本源,于古今天人之统纪,言之皆亲切有味。"《清史稿》张惠言本传记其"从歙金榜问故,其学要归六经,而尤深《易》《礼》"。《清史列传·儒林传下二》卷六十九下"张惠言 子成孙 江承之 胡祥麟"条载其"生平精思绝人,尝从歙金榜问故。其学要归六经,而尤深《易》《礼》。著有《周易虞氏义》九卷、《虞氏消息》二卷……惠言传虞氏易,即传汉孟氏易矣,孤经绝学也。惠言又著《周易郑氏义三卷》……故其所著皆羽翼虞氏易者。于《礼》,有《仪礼图》六卷、《读仪礼记》二卷,皆特精审……"《江苏艺文志·常州卷》称其"博学多能,词学尤有创见。其《词选》一书,为常州词派奠基之作,影响深远。古文别具一格,与恽敬共创阳湖文派,治学尤长于经。其虞氏易号为专家绝学。《礼》主郑氏。兼工骈赋篆书"[16]。张惠言虽享寿仅四十二岁,但在学术上有多方面的成就,在文学史上亦有"常州词派""阳湖文派"之宗师地位。

(二)笺虞氏易,专家绝学

张惠言与惠栋、焦循一同被梁启超等人视为"乾嘉易学三大家"。在张惠言三十七岁时,所撰学术著作《周易虞氏义》九卷、《虞氏易礼》二卷、《虞氏易事》二卷、《周易郑荀义》三卷、《易义别录》十四卷、《易纬略义》三卷等均成书,"先生为各书作序,书(序)目见《茗柯文》二编卷上"[17]。《续修四库全书》《皇清经解》《续皇清经解》均收录了张惠言易学著作。梁启超评价道:"张皋文所著书,主要的是《周易虞氏义》九卷,还有《虞氏易礼》《易言》《易事》《易候》及《荀氏九家义》《易义别录》等。皋文凭借定宇的基业,继长增高,自然成绩要好些。他的长处在家法明了,把虞仲翔一家学问,发挥尽致,别家作为附庸,分别搜择,不相杂厕。我们读这几部书,可以知道汉易中最主要的部分——《虞氏易》有怎样的内

容,这是皋文的功劳。"[18]尚秉和评论张惠言之易学为"盖知惠言之易,以虞氏为宗。其明章句者备于《虞氏义》,阐消息者备于《虞氏消息》,考典礼者备于《虞氏易礼》,说人事者备于《虞氏易事》,推时训者备于《虞氏易候》。独虞氏之微言大义,尚未有所传述,故又本乾、坤《文言》之例,作《易言》以推衍其说"[19]75。

张惠言《周易虞氏义》是一部疏解、补注类的著作。其对《周易》疏解、补注的方式是:(1)唐李鼎祚《周易集解》中有虞翻《易》注者照录之,并对其中一些加以疏解;(2)唐李鼎祚《周易集解》中无虞翻《易》注者则根据其对虞翻易学的整体把握,按照虞翻的解《易》思路,加以补注。在疏解、补注《周易》时,张惠言运用了88种乾、坤二卦的逸象,41种震、巽二卦的逸象,54种坎、离二卦的逸象,26种艮、兑二卦的逸象。其所运用的逸象基本上是虞氏逸象或符合虞氏创立逸象思路的,说明张惠言精研虞氏易已到了融会贯通的程度。但百密一疏,也有一些缺失:(1)误以非虞氏逸象者为虞氏逸象;(2)作为以补注为主的著作,补注应力求全面,然而有些应补且能补者,张惠言却未补;(3)不仅以逸象补注经文,而且以逸象补注传文[20]。

张惠言自序称虞氏易宗旨为"以阴阳消息,六爻发挥旁通,升降上下,归于乾元用九而天下治,依物取类,贯穿比附,始若琐碎,及其沉深解剥,离根散叶,畅茂条理,遂于大道"。成书后,影响较大,先后有曾钊《周易虞氏义笺》九卷、李翊灼《周易虞氏义笺订》为之补苴,这也是柯劭忞所说的"自此书刊行,惠言之学遂大行于世"。

关于《周易虞氏消息》的主旨,阮元在《周易虞氏义序》中已扼要精当地指明,"明乾元以立消息之本,正六位以定消息之体,叙六十四卦以明消息之次,推九六变化以尽消息之用。始于幽赞神明,终于乾元用九而天下治"。该书上卷为"易有太极为乾元第一""日月在天成八卦第二""庖牺则天八卦第三""乾坤六位第四""乾坤立八卦第五""八卦消息成六十四第六",下卷为"卦气用事第七""乾元用九第八""元第九""中第十""权第十一""反卦第十二""两象易第十三""系辞引爻第十四""归奇象闰第十五""占第十六"。柯劭忞称:"惟八卦消息成六十四卦为虞氏最精之义。"[19]77

四、结语

钱大昕曾言"荟萃古人书,并为一部而以己意名之"为丛书。丛书之编撰及刊刻历来较为复杂。本文由一内封题名《张皋文笺易注全集》出发,对比了《张皋文笺易诠全集》《笺易注元室遗书》《茗柯全书》的子目及丛书存藏状况,分析了子目书籍的主要刊刻情况,并对《张皋文笺易诠全集》及其衍生丛书的学术价值作了探讨,但对华盛顿大学图书馆藏《张皋文笺易注全集》内封问题仍未解决,只能继续留待讨论①。

在中国古代易学发展史上,对虞翻易学的研究集中在清代。清代汉易研究之风兴起之后,作为两汉以来象数易学集大成者的虞翻易学自然首先受到了人们的重视。张惠言是第一位,也可以说是唯一一位对虞翻易学进行全面系统的整理分析并加以详细研究的虞氏易专家。该丛书的流传,有利于后人了解张惠言之学术,无论对于汉易研究,还是清易研究,都有重要价值。

(周余姣,天津师范大学古籍保护研究院副教授;汪明杰,南开大学哲学院2021级博士生;杨效雷,天津师范大学历史文化学院教授)

参考文献:

[1]周余姣.美国华盛顿大学图书馆存藏易学类古籍考略[G]//《古籍保护研究》编委会.古籍保护研究:第7辑.郑州:大象出版社,2021:24-41.
[2]恽敬.张皋文墓志铭[M]//王文濡.续古文观止.杭州:浙江古籍出版社,2012:120.
[3]上海图书馆.中国丛书综录[M].上海:上海古籍出版社,1982:614.
[4]阳海清.中国丛书综录补正[M].蒋孝达,校订.扬州:江苏广陵古籍刻印社,1984:160.
[5]中国科学院图书馆.续修四库全书总目提要(稿本):第29册[M].济南:齐鲁书社,1996:690-691.
[6]施廷镛.中国丛书综录续编[M].北京:北京图书馆出版社,2003:146.
[7]范希曾.书目答问补正[M].北京:中华书局,1963:212.
[8]张之洞.书目答问二种[M].陈居渊,编;朱维铮,校.上海:中西书局,2012:299.
[9]《续修四库全书》编纂委员会.续修四库全书:第26册[M].上海:上海古籍出版社,2002.
[10]付琼.李兆洛与合河康氏家塾刻书事迹考述[J].延边大学东疆学刊,2007(3):53-56.
[11]蒋彤.武进李先生年谱[M].台北:台湾商务印书馆,1980:74.
[12]谢忱.张惠言先生艺文录[M]//谢忱.秋逸轩诗文选.北京:中国文史出版社,2005:189.
[13]周茂仲.张惠言学术渊源研究[D].扬州:扬州大学,2011:51.
[14]阮元.茗柯文编序[M]/张惠言.茗轲文编.黄立新,校点.上海:上海古籍出版社,2015:268.
[15]江承之.南菁书院丛书:八集第四种 安甫遗学[M].光绪十四年(1888).
[16]南京师范大学古文献整理研究所.江苏艺文志:常州卷[M].南京:江苏人民出版社,1994:554-561.
[17]谢忱.张惠言先生年谱[M]//谢忱.秋逸轩诗文选.北京:中国文史出版社,2005:172.
[18]梁启超.中国近三百年学术史[M].夏晓虹,陆胤,校.北京:商务印书馆,2011:218-219.
[19]中国科学院图书馆.续修四库全书总目提要:经部[M].北京:中华书局,1993.
[20]杨效雷.清儒易学举隅[M].香港:国际学术文化资讯出版公司,2003:123-181.

---

① 本文曾于2021年5月22日在湖南大学岳麓书院"第三届文本与文献工作坊"暨"史源·体式·层次:编撰学的视角——古籍研究青年同仁联谊群第十二次沙龙"上汇报过,蒙诸多师友指正,谨致谢忱。北京外国语大学谢辉先生曾提出:张氏的三种丛书,虽然题名与子目各有不同,但实际大同小异,怀疑是一套版片的不同汇印本,要彻底解决此问题,可能需要更深入的研究。此后当继续留心探索。

马叙伦藏书题跋补录

A Supplement of the Postscripts in the Books Collected by Ma Xulun

杨 健

摘　要：马叙伦藏书庋藏于北京师范大学图书馆。本文辑录馆藏马叙伦藏书中的题跋九则并稍加笺释。题跋内容涉及马叙伦的藏书来源、购书经历、师友交往等，对学界研究马叙伦生平、交谊、藏书、治学等，有一定的史料价值。

关键词：马叙伦；藏书；题跋

马叙伦（1885—1970），字彝初。更字夷初。号石翁、寒香，晚号石屋老人。浙江杭县（今属杭州）人。早年入杭州养正书塾，师从史学家陈黻宸。离校后在上海从事报刊编辑工作，参与编辑《新世界学报》《政艺通报》《国粹学报》等报刊，后又执教于广州两广师范学堂、两广方言学堂、浙江第一师范学校、北京大学等。民国时曾任浙江教育厅厅长、教育部次长等职。1945年发起成立民主同盟促进会。1949年后，历任政务院文化教育委员会副主任，教育部、高等教育部部长等职。

马叙伦好购书、藏书。其藏书以清人词集及清代小说最有特色。1930年，马叙伦将其天马山房藏书共18296册售予辅仁大学，1952年院校合并，辅仁大学并入北京师范大学，马叙伦藏书遂庋藏于北京师范大学图书馆。马叙伦喜在藏书中作跋语。数年前，笔者曾将当年整理其藏书时辑出的马氏题跋汇为《马叙伦藏书题跋辑录》一文[1]。此后，陆续又发现其跋文数则，兹再辑为《马叙伦藏书题跋补录》。

一、《春秋钻燧》四卷,清曹金籀撰,清同治七年(1868)曹氏小石盦刻本

马叙伦跋云：

> 曹葛民先生与外王考相善,其唱和墨迹犹存余处。此书盖灵星之谊。惜所谓《穀梁春秋释例》及《穀梁春秋微》者不得而见也。丙辰十月石屋记。

按：曹金籀(1800—1879)，又名曹籀(所著书多署"曹金籀")。浙江仁和(今杭州)人。诸生。精文字训诂之学。马叙伦《读书续记》卷二："《籀书内篇》二卷《外篇》二卷《续编》四卷，曹籀撰。籀字葛民。仁和人。与戴醇士先生及先外祖邹蓉阁先生皆红亭社中人也，亦与龚定庵交善。其学自谓学定庵者(见《太誓答问后序》)。著书八九种，余得此书及《春秋钻燧》耳。"[2]342 马叙伦外祖(即"外王考")邹在衡(1806—?)，字蓉阁，号红芋诗人。浙江钱塘(今杭州)人。马叙伦《石屋余沈·蓉阁先生投赠诗册》云："陈伏庐丈使送余托代求俞阶青、章式之题余外祖邹蓉阁先生在蕲《友朋投赠诗册》来。邹氏世有文学，先生困于科举，肄业国子监，为管监大学士汪由敦所识，而总不得志，乃隐于簿尉间。此册子为公内外交游投赠之作。"[3] 跋中所云与曹金籀"唱和墨迹"，疑即辑录在《友朋投赠诗册》内。

二、《说文解字》十五卷,汉许慎撰,清嘉庆十二年(1807)藤花榭刻本

清席龄批注。马叙伦跋云：

> 此世所称藤花榭本，满洲额勒布所刊，郝兰皋尝善其工。余得之上海蟫隐庐书社，旧藏席氏。书中批注皆席氏笔，且通卷点勘，似勤于此学者。然观其所书，甚有可笑。至以南唐为即("即"字疑衍)后唐，尤可嗤耳。中华民国五年春正月石屋农人记。

按：额勒布(1747—1830)，字履丰，号约斋，索佳氏。满洲正红旗人。乾隆四十四年(1779)由文生补工部笔帖式。历任户部右侍郎、总管内务府大臣、两淮盐政使等职。除《说文解字》外，额勒布另刻有《经学五种》《谐铎》《红楼梦》等书。郝兰皋，即郝懿行(1757—1825)，清代学者。字恂九，号兰皋。山东栖霞人。深于名物训诂之学。蟫隐庐书社，为近代学者罗振常(罗振玉季弟)与刘大缙(刘鹗之子)在上海汉口路合作开设的旧书店。此席龄批本《说文解字》，马叙伦于《读

书小记》卷二中有著录，较此为详，略云："余所得出自席氏，名龄，字与九，又字原穀。清光绪时人。于全书遍加丹墨，盖亦勤于此业矣。然录范书许君传，于'除浽长'注于眉云：'与案：浽，水名，亦地名，疑是浽邑之长官。'又第一册衣外书云：'徐锴，字楚金。铉之弟。南唐人。即后唐。铉本集锴说于内，锴别有著作《系传释文》，名小徐本。祁刻最工。时人比之二陆。然小徐胜于大徐之学。'……又注云：'南唐，五代之后唐也。'是亦疏于史矣。且于叙述小徐事略，而搀入'祁刻最工'一语，于文律甚失。其云'小徐胜于大徐之学'，句亦未安。然清代学术，至于同光之间，狭陋日甚，则于此君亦不足深责也。"[2]34

三、《说文五翼》八卷，清王煦撰，清光绪八年（1882）上虞观海楼刻本

马叙伦跋云：

> 空桐别有《小尔雅疑证》八卷行世。此犹后镌者也。兹来京师，得此用识。癸丑二月十日杭县人马叙伦夷初书。

按：王煦（1758—?），字汾原，号空桐。浙江上虞（今绍兴市上虞区）人。曾官甘肃通渭知县。晚年主讲朗江书院。《说文五翼》初刻为嘉庆十三年（1808）王氏芮鞫山庄刻本。光绪八年本为重刻。王煦另一小学著作为《小尔雅疏》八卷，有嘉庆五年（1800）初刻本及光绪十一年（1885）重刻本。《小尔雅疑证》未见。疑马叙伦将《小尔雅疏》误书为《小尔雅疑证》。

四、《小学答问》一卷，章炳麟撰，清宣统元年（1909）刻本

马叙伦跋云（图1）：

> 不觏茂叔七八岁，兹来东京，亟往访之。商榷小学数事，积疑顿释，私喜不负此游。茂叔居夷处，困而体硕神王，略无忧恼，可谓能行乎患难矣。今以所著《新方言》《学林》及斯册来赠。辄志其惠。辛亥闰六月。彝初记于日本东京旅次。

按：茂叔，当为章炳麟别号。马叙伦《我在六十岁以前》记载："这年（辛亥年）夏天，汤尔和为筹办浙江医药专门学校到日本去，我跟他到东京一

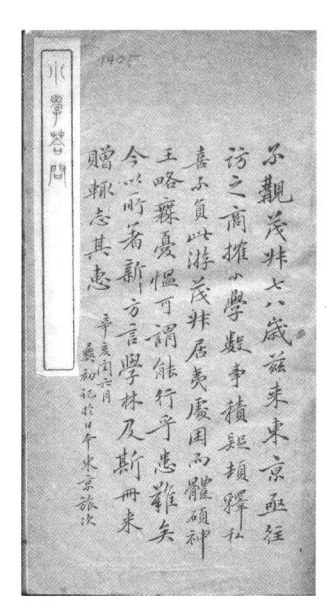

图1 《小学答问》马叙伦跋

玩……我的目的要找章太炎先生，论亲他是长辈，论年我是后辈，……在上海为国事运动的时候，我们是时常碰头的。"[4]26 马叙伦于 1902 年开始在上海从事《新世界学报》等报刊编辑、撰述工作。其时章炳麟亦在上海从事革命宣传，但因"苏报案"于 1903 年 6 月被捕，判监三年。跋中言"不觏茂叔七八岁"，即从章炳麟被捕算起，至两人在辛亥年（1911）东京再会面，间隔七八年。《新方言》，清光绪三十四年（1908）日本铅印本，馆藏有马叙伦藏本，为章炳麟赠。《学林》为章炳麟于宣统二年（1910）在日本东京创刊的杂志，馆藏未见。

五、《揅经室经进书录》四卷，清阮元撰，清傅以礼编，清光绪八年（1882）傅氏刻本

马叙伦跋云：

> 右爱伯先生遗笔也。《荀学斋日记·戌集上》第八十五页"光绪九年癸未八月初六日记"云："阅节子所刻《揅经室经进书录》即阮文达《揅经室集外集》之《四库未收书提要》也，为子按四部排比目录以便检阅，间订正无误。然阮氏惟严氏《明理论》一书误据《宋史》题严器之，而不知即成无己《伤寒明理》，《四库》已收之。此一条为最疏，余皆无关大旨。而节子载归安陆心源一跋极诋之，且为改题书名，皆非也。"云之详。丁亥为光绪十三年，则此已为重阅时所加矣。丁亥先生年五十九，盖已晚年笔也。中华民国十一年六月十九日读日记识此。

> 按：爱伯，即李慈铭（1830—1894）。字爱伯，号莼客，晚署越缦老人。浙江会稽（今绍兴）人。此本马叙伦以朱笔过录李慈铭题跋于书内夹纸，再以墨笔自跋于左。李慈铭跋云："此据《揅经室外集》所刻，为之编排次序，订正无多。本不必刻，且为改换书名，尤属无谓，至末附归安人陆心源一序，妄言轻诋，更至为乖。节子刻此时，未尝见商，惜不得阻之耳。光绪丁亥正月五日雪夜，越缦老人识于京邸。"李慈铭题跋原本曾为周越然所藏，周氏《越缦藏书》略云："余家藏李氏所跋之书，旧有光绪壬午大兴傅节子（以礼）重编校刊之《研经室经进书录》四卷，已被焚于'一·二八'难中。惟李氏之跋为难前友人抄去，未失，兹转录如下……"[5]周越然转录之李慈铭跋与上录李跋，差别仅个别字（"陆心源"作"陆□□"，"更至为乖"作"更至为累"），兹不再录。"一·二八"国难在 1932 年，马叙伦此跋题于 1922 年，是李氏跋文被传录时间远早于"一·二八"。马叙伦藏本未见陆心源序，疑成书时未装入或被人撤去。

六、《儒志编》一卷，宋王开祖撰，民国四年（1915）如皋冒氏刻《永嘉诗人祠堂丛刻》本

马叙伦跋云：

> 王景山先生《儒志编》一卷，瑞安孙氏刊《永嘉丛书》，未之择也。如皋冒君鹤亭榷税瓯海，乃登于木。今从林君公铎寻之，辄志岁月。乙卯八月。

按：王开祖，字景山，人称儒志先生。浙江永嘉（今温州）人。宋皇祐五年（1053）进士。曾任丽水县主簿，不久辞官回乡，讲学授徒。宋代永嘉学者陈谦（1144—1216）高度评价王开祖，称"景山独能研精覃思，发明经蕴，倡鸣'道学'二字，著之话言。此永嘉理学开山祖也"[6]。清同治间，孙衣言（1814—1894）以振兴永嘉学派自任，搜集乡邦先哲遗著不遗余力，所刊《永嘉丛书》收录宋薛季宣、陈傅良、叶适等永嘉学者著述十数种，而《儒志编》未收录。冒鹤亭，即冒广生（1873—1959），字鹤亭。江苏如皋人。民国二年至六年（1913—1917）间任浙江瓯海关监督，《永嘉诗人祠堂丛刻》即刊于其任内。林公铎，即林损（1890—1940），字公铎。浙江瑞安人。马叙伦、林损均师从近代温州大儒陈黻宸。民国四年（1915），林损任北京大学教授，马叙伦亦在北大兼职。

七、《檐曝杂记》六卷，清赵翼撰，清刻本

马叙伦跋云：

> 此书首叶有"曾在归安严迪庄处"印。予得之京师厂肆，南人所有，仍归南人，亦殆有因缘与？是日所见《过江集》有"敬业堂珍藏"印，则海昌查氏物也。议价不谐，此后不知流归谁氏矣。癸丑二月。

按：严迪庄，浙江归安（今湖州）人。民国藏书家。著有《吴兴别录》。严迪庄卒后，其藏书散出。民国藏书家王修跋严迪庄旧藏清乾隆十七年（1752）刻本《韩诗外传》云："甲子春在北京得严氏藏书百余种，以迪庄为觐侍年伯子，殁后楹书竟不能守，怆然于怀，故不问善莠，无计偿值，尽留之。然为他人有不知几倍蓰矣，迪庄有知，能无长叹息耶？"[7]"敬业堂"为清浙江海宁诗人查慎行（1650—1727）室名。海昌，海宁旧称。《过江集》，疑即查慎行同时期诗人史申义的诗集。史申义（1661—1712），字叔时，号蕉饮。江南江都（今属江苏扬州）人。官翰林院编修，擅诗文。有《芜城》《使滇》《过江》等集。

八、《山海经广注》十八卷《附图》五卷《读山海经语》一卷《山海经杂述》一卷,清吴任臣注,清崇义书院刻本

马叙伦跋云:

> 此书有"两广方言学堂藏书"印者,何也?余为此学堂教习多士文学,编纂讲义,偶需此经考据。管理藏书瑞安王翁畏庐即购此书以供余考据,余爱此书板本不甚俗,允为原刊印者,且为余乡先生之注,并可补官局本毕注所未备,遂起垂涎之意。适翁自出赀购之,未登会稽,爱即如所需之数付翁,易得此书,藏诸私箧,遂识数语,以示余非盗买官书。己酉秋七月二十二日二十五悔斋主啸天马叙伦志。

按:两广方言学堂成立于光绪三十二年(1906),由广州译书馆和两广游学预备科合并而成,马叙伦的业师陈黻宸被聘请为学堂监督。马叙伦《我在六十岁以前》言其于1906年下半年到广州,"先在两广师范馆,后在两广方言学堂,都是教书"[4]24。马叙伦在方言学堂任文科教习,兼授伦理学。吴任臣(?—1689),清代学者。字志伊,一字尔器,号托园。浙江仁和(今杭州)人。故马叙伦称之"乡先生"。"官局本毕注",当指清光绪间浙江书局刻《子书二十二种》本《山海经新校正》,清乾隆间毕沅注。

九、《白石诗集》一卷《词集》一卷,宋姜夔撰;《诸家评论》一卷,清乾隆三十六年(1771)刻本

马叙伦跋云(图2):

> 予藏《白石集》有三本,今复获此椠,最精,然亦非全豹也。壬子夏五尊匏笔。
>
> 余向藏白石老仙集,一为仁和许氏本,一为桂林倪氏本,一为某氏本,并此凡四本。某氏本失去,更得嘉泰本、武唐吴氏本、张奕枢本,惟陆钟辉本屡见,而议价不谐。然张本、陆本并出嘉泰本,今得其祖本,而孙、礽或缺其一,亦可已乎?论刊工之精粗,则嘉泰本后当推武唐本,次为张、陆,此又其次矣。癸亥秋石屋记。

按:"尊匏",马叙伦别号。"仁和许氏本",

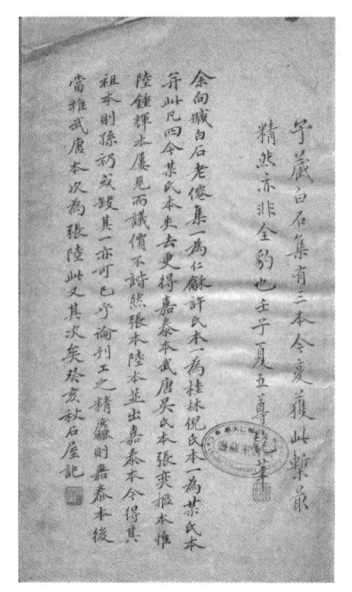

图2 《白石诗集》马叙伦跋

即清光绪十年(1884)仁和许增刻《白石道人歌曲》四卷别集一卷本。"桂林倪氏本",即清同治十年(1871)倪鸿刻《白石道人四种》本。"嘉泰本",为姜夔集最早刻本,即宋嘉泰二年(1202)钱希武刻《歌曲》六卷歌曲别集一卷本,此本早已失传,马叙伦所获为清宣统二年(1910)沈曾植影印《白石道人歌曲》六卷别集一卷附《事林广记》二卷。马叙伦误以为沈氏据嘉泰本影印,其《读书续记》卷四有云:"余近见影印嘉泰本(沈子培提学安徽时所印),六卷之目赫然。"[2]477 其实沈曾植所据底本当为"张奕枢本",即清乾隆十四年(1749)张奕枢刻《白石道人歌曲》六卷别集一卷本。"陆钟辉本",即乾隆八年(1743)陆钟辉刻《姜白石诗词合集》(含诗集二卷,集外诗一卷 附录一卷,诗说一卷,歌曲四卷,歌曲别集一卷)本。张本、陆本均源自嘉泰刻六卷本,然陆氏以"歌曲第二卷、第六卷为数寥寥,因合为四卷"(陆钟辉自序)。"武唐吴氏本",或称"武唐俞氏本",稀见。黄裳《来燕榭书跋》著录一本:"白石诗钞一卷、词钞一卷。题'武唐吴淳还连侬编订'。康熙刻本。十行,廿一字。上下黑口,左右双栏。前有改庵居士吴淳还诗钞序。目录大题下双行题'武唐俞兰圣梅校阅、陈大经弘道一字理亭参详'。目后有俞兰叙。词钞前有花庵词客黄升序,香藏道人柯煜序,吴淳还序。"黄裳并云:"柯序言乙丑以还二十年间云云,是刻当成于康熙四十四年顷也。"[8]马叙伦藏本仅存词钞一卷,缺诗钞。该本曾引起词学大师夏承焘关注,据其《天风阁学词日记》,1940年12月24日,夏承焘曾函询马叙伦"其旧藏武唐俞氏《白石词钞》何时何人刻"[9]。

(杨健,北京师范大学图书馆研究馆员)

参考文献:
[1]杨健,葛瑞华.马叙伦藏书题跋辑录[G]//上海交通大学经学文献研究中心.经学文献研究集刊:第14辑.上海:上海书店出版社,2015:1-14.
[2]杨家骆.近三百年读书笔记汇编:读书小记及续记[M].台北:鼎文书局,1978.
[3]马叙伦.石屋余沈[M].上海:上海书店,1984:140.
[4]马叙伦.我在六十岁以前[M].北京:生活·读书·新知三联书店,1983.
[5]周越然.言言斋古籍丛谈[M].周炳辉,辑;周退密,校.沈阳:辽宁教育出版社,2001:101.
[6]陈谦.儒志先生学业传[M]//儒志编:卷首.《永嘉诗人祠堂丛刻》本.如皋:冒氏,1915(民国四年).
[7]曹海花.浙江图书馆藏王修题跋考[G]//程焕文,沈津,等.2016年中文古籍整理与版本目录学国际学术研讨会论文集(下).桂林:广西师范大学出版社,2018:575.
[8]黄裳.来燕榭书跋[M].上海:上海古籍出版社,1999:68-69.
[9]夏承焘.夏承焘集:第6册[M].杭州:浙江教育出版社,1998:259.

书评与书话

吴文津的古籍书缘
——兼评《书剑万里缘：吴文津雷颂平合传》

Eugene W. Wu and his Devotion to Chinese Rare Books: A Review of *A Lifelong Romance Rooted in Books and the Sword: A Joint Biography of Eugene and Nadine Wu*

凌一鸣

摘 要：王婉迪所作《书剑万里缘：吴文津雷颂平合传》一书是为北美华人学者吴文津及其夫人所作的合传，书中以时间为明线，"情"为暗线，详述了二人的一生经历。本书虽不刻意强调吴文津的学术身份，却通过其言行彰显了其学者本色，从中可以窥见吴文津对北美汉籍收藏、整理、研究事业的参与及贡献。尤其是他对沈津的信任与支持直接催生了古籍书志"哈佛模式"的诞生。

关键词：吴文津；古籍；海外汉籍

吴文津（1923—2022）曾任美国哈佛大学哈佛燕京图书馆馆长，在北美东亚图书馆界享有盛名，他颇具传奇色彩的一生引起了青年学者王婉迪的注意。在汉学家艾朗诺（Ronald Egan）夫妇的引荐下，她通过探访吴文津与夫人雷颂平，获取了大量的一手资料，并予以细致梳理与核对，完成了吴氏伉俪的合传《书剑万里缘：吴文津雷颂平合传》（以下简称《吴传》），由联经出版事业公司与国家图书馆出版社分别于2021、2022年出版繁、简体中文版①。此书聚焦于传主夫妇的一生际遇，把海外华人在文化碰撞中的适应与抉择藏在从笔尖平静流淌出的平实文字中。关于是书对图书馆学史研究的贡献和疏失，已有学者撰文指出[1]。然通过本书，还可以窥见吴文津作为北美知名汉籍收藏机构的掌门人，对于北美中

---
① 本文所引内容与页码以国家图书馆出版社2022年版为准。

文古籍收藏、整理与研究事业做出的贡献。

一、《吴传》概述

《吴传》属于人物传记，内容以叙述梳理吴氏夫妇一生经历为主，兼及其学行，文笔细腻生动，客观而不失感性，具有较强的可读性。但由于吴文津在北美东亚图书馆史乃至中外文化交流史上的地位，本书也可以作为北美汉籍收藏史上的典型案例予以探析。

王婉迪毕业于斯坦福大学东亚系，师从美国人文与科学院院士康达维（David Knechtges）教授和著名汉学家艾朗诺教授，对诸多北美汉学家都有过专文研究，对北美汉学发展史与北美华人史有深入了解。在艾朗诺与夫人陈毓贤（《洪业传》作者）的引荐下，王婉迪对他们的邻居吴文津夫妇产生了浓厚兴趣，由此起意为二人撰写合传。据陈毓贤所述，本书台湾繁体字版的中文书名由余英时所赋并亲予题签，亦足见在余氏等著名北美汉学家眼中吴文津对北美汉学发展所做出的突出贡献。

根据王婉迪自述，本书的写作动机有以下几点：第一是对作为世界级图书馆学家的吴文津为推进学术发展所做贡献的尊重，第二是对作为高龄老人的吴文津夫妇伉俪情深的敬佩，第三是对吴氏夫妇人格魅力的倾慕（参见王氏自序）。有趣的是，王婉迪在自序中还提到，她与吴氏夫妇的牵线人陈毓贤在其代表作《洪业传》再版自序中曾如是说："我成长中受到各种文化潮流的滋润，这些潮流差不多也都滋润过洪先生，不同的是这些潮流对他是一波逐一波来的，而对我则同时冲涌而来，让我有点招架不住，我很想知道他怎样接受挑战。"[2]这句话让仍然处于文化冲突与碰撞中的王婉迪感同身受，她也试图从吴文津夫妇的一生遭际与探索中提出相同的问题，并找到答案。正因如此，读者可以在本书看似冷静的叙述笔调间，时时感受到作者对传主的深切共情和认同。

作为一部传记，《吴传》以缘起"我是怎样认识吴文津雷颂平夫妇的"统括与展开了全书的内容，为吴氏颇具传奇色彩的一生定下了基调。在此之后，《吴传》以吴文津哈佛生涯的开始作为节点形成两个阶段。前六章为第一个阶段。"从'四书五经'到《葛底斯堡演说》""生长在侨乡：雷颂平和台山""空军翻译官与华埠女学生""在西雅图华盛顿大学读书和恋爱"四章勾勒了吴文津伉俪的早期学习与生活，帮助读者见证了两位年轻人成长的足迹。"初出茅庐任职于斯坦福大学胡佛研究所""足迹天下，成为学界抢手人物"则是吴文津正式步入学术圈、形成自己的学术理念，并就此发光发热的起点。吴氏也因其对中国近现代文献资料的整理与研究在学界名声鹊起,由此引起了费正清的注意。就吴文津个人而言,前六章的内容更像在解释是什么造就了吴文津,吴文津何以成为"吴文津"。

《吴传》在第七章"主持哈佛燕京图书馆"中把哈佛燕京图书馆称作吴文津"家一样的地方",这里也成为吴文津实践学术理念的舞台。正如书中所引余英时之言:"由一位现代图书馆专家接替一位古籍权威为第二任馆长①,这是哈佛燕京图书馆的发展史上一件划时代的大事。我这样说绝没有丝毫故甚其辞的意思。经过深思熟虑之后,我现在可以断定:这件大事之所以具有划时代的意义,是因为它象征着美国的中国研究进入了一个崭新的历史阶段。"[3]

本书第八章"'愚公弄'的生活点滴与在哈佛的朋友们"、第九章"推动与大陆图书馆界的交往和回乡之旅"、第十章"'哈佛因你而成为一所更好的大学'"继续聚焦于吴文津的哈佛岁月,但把中心放在了吴文津的海外华人代表、中美学术交流使者及图书馆事业家的身份上。这几章与第七章虽有交叉又各有侧重,最终落脚于第十一章"旧金山湾区的退休生活"、第十二章"文明新旧能相益,心理东西本自同"里作为退休老人的吴氏伉俪,以生活化、个人化的叙述语调和内容贯穿始终,结构安排颇具匠心。

本书以时间为明线,"情"为暗线,看似不执着于突出吴文津伉俪的学者身份,实际上却在娓娓道来的话语中为吴文津的学术地位与学术成就作了清晰的注脚。这样的写作方法在学者传记中极具个人风格。

二、吴文津与古籍保护

吴文津之父吴荣本曾出任四川省警务处处长、四川省政府军法课课长等职。吴文津本人幼承庭训,修习经典,曾就读于重庆中央大学,后远涉重洋,获得美国华盛顿大学的图书馆学硕士学位,并在斯坦福大学攻读历史学博士学位。他曾就职于斯坦福大学胡佛研究所,担任该所东亚图书馆馆长。任职期间,他发掘了该所所藏文献资料的研究价值,并丰富了该所的馆藏,不仅使该所成为北美的中国近现代史收藏重镇,也使自己成为知名的近现代史研究专家。尽管学习生活与斯坦福大学的岁月为吴氏积累了对中国文史研究扎实的学养与充沛的知识,但吴氏与中国古籍的缘分还是从其就任哈佛燕京图书馆第二任馆长真正开始的,这也是王婉迪所撰《吴传》最为浓墨重彩的章节。

哈佛燕京图书馆初建于1928年,时名"哈佛燕京学社汉和图书馆",隶属于

---

① 笔者按:指由吴文津接替裘开明。

哈佛燕京学社，1965年正式更名为哈佛燕京图书馆。但哈佛大学收藏中文书籍的历史早在19世纪80年代就已发端。1879年，中国人戈鲲化应美国商人鼐德（Francis Knight）之邀赴哈佛大学教授中文，任职期间受命为该校购买了一批中文图书。戈氏随身带来的图书，在其1882年去世后也归藏哈佛。

1965年，吴文津受聘哈佛大学，执掌哈佛燕京图书馆这一海外汉籍收藏的宝库。吴氏本人此时已是近现代史研究领域的知名学者，扩充馆内与此相关的收藏自是理所当然，也最为得心应手。吴氏对近现代史乃至社会科学相关书籍的扩充受到了学界的褒扬和关注[4]，但作为一位有远见卓识的图书馆管理者，他对馆藏古籍的价值自然是了然于心，并且在任上给予其高度重视。

吴文津认为："归根结底，学术研究需要的是实质的图书馆信息内容，这些内容只能来自图书馆馆藏。"[5] 因此，吴氏上任以后就一直致力于对馆藏古籍文献内容与价值的揭示与发掘。他通过爬梳馆史资料与档案，结合馆藏中文古籍，撰文追溯哈佛燕京图书馆馆史及其收藏中国古籍的过程[6]，并将其归纳为三个阶段[7]。不止于此，吴文津还以哈佛燕京图书馆为基点，从美国60余家东亚图书馆中选取美国国会图书馆、耶鲁大学图书馆、哈佛燕京图书馆、哥伦比亚大学图书馆、普林斯顿大学图书馆、康奈尔大学图书馆、芝加哥大学图书馆、西雅图华盛顿大学图书馆、斯坦福大学胡佛研究所东亚图书馆和加州大学图书馆这10家作为案例，以勾勒并呈现北美东亚图书馆与中文古籍收藏的地理分布和历时发展，不再仅仅局限于个案考察，而是把整个美国的中文古籍收藏都纳入研究版图[8]。在此基础上，他又以集合的形式从宏观上梳理了北美东亚图书馆发展的历史，包括各馆收藏整理中文古籍的历史，对哈佛燕京图书馆在其中的定位有了准确的认识[9]。这些成果，对于如今渐成热点的海外中文古籍研究都是宝贵的财富。

前已述及，吴文津本人并不以中文古籍整理与研究见长，因此他也不过多插手具体工作，而是以选贤任能、专家专事的方式处理相关事宜。他整理与研究馆藏古籍的第一步举措就是聘请已经退休的前馆长裘开明返校担任图书馆善本室顾问，审查馆藏古籍的目录。裘开明不仅在本馆的发展史上占据开创性地位，对北美图书馆事业的发展也起到了举足轻重的作用。有学者称他是"20世纪欧美东亚图书馆事业的伟大先驱者，又是学贯中西的图书馆学术大师。在图书分类学、编目学、目录学、版本学等诸方面，裘开明先生熔中国的传统学术成就与西方的近现代学术精华于一炉，开创了既与中西图书馆学术迥异其趣，又与中西图书馆学术兼容并蓄的独特'东亚图书馆学术'体系"[10]。吴文津此举不仅是图书馆文化的传承与接续，也是任用专家整理馆藏的一部分。

当然,吴文津在古籍领域最为人称道的举措是延请古籍编目专家沈津到馆专职从事古籍工作。据《吴传》,请到沈津是吴文津的"得意之作",他为聘请其长期任职付出了巨大的努力(《吴传》第159~160页)。

三、吴文津与"哈佛模式"

北美汉籍管理与编目领域有一个著名的"哈佛模式"(也有人称之为"沈氏模式"[11])。该模式以版本学家沈津为哈佛燕京图书馆编纂的《美国哈佛大学哈佛燕京图书馆中文善本书志》为代表,强调用学术性书志形式描述馆藏古籍特征。用该模式主要开创者沈津的说法,所谓"哈佛模式",就是比较详细地揭示书的内涵[12]。具体来说,哈佛模式的古籍书志特征体现在以下方面:(1)准确著录图书的外形特征;(2)介绍图书内容;(3)考证作者署名、别号等情况;(4)引述有价值的原书序跋、批校、题识;(5)考证版本时间、出版者;(6)详记藏印,鉴别真伪,考究收藏经过;(7)介绍一书存世其他版本;(8)介绍作者生平事迹[13]。有学者指出,以上八点是"哈佛模式"的主要特点,其中第一、二、三、八点侧重于在传统之上的创新,第四、五、六、七点侧重于对中国古籍书志传统的吸收与继承[14]476。

"哈佛模式"的创立引发了中外学者的广泛关注和业界同行的效仿。自《美国哈佛大学哈佛燕京图书馆藏中文善本书志》出版之日起,已有多篇论文对该模式的特点、意义与价值予以深入的探析[14]477-478,此处不一一赘述。值得提出的是,文献学家严佐之首次提出了"哈佛模式"的说法,他在对学术史发展脉络进行分析的基础上总结了该模式的特点与优势,同时也指出了该模式的一些不足之处,为学界对此模式的学习与发展提供了空间[15]。

如前所述,吴文津并不直接参与哈佛燕京图书馆的古籍编目工作,但他却在自己工作范围内推动了馆藏古籍的编目与整理,促成了沈津在该馆工作的展开,由是保障了"哈佛模式"的形成与推进。《吴传》第七章中引述了吴文津的回忆,详叙了沈津到哈佛燕京图书馆工作的始末及其在此过程中的作用。根据吴氏的说法,沈氏在美国各汉籍收藏重镇如普林斯顿大学东亚图书馆、哥伦比亚大学东亚图书馆、国会图书馆、耶鲁大学东亚图书馆等巡回访问,其间得以至哈佛燕京图书馆访学。据沈津口述,1986—1987年,在吴文津邀请下,他曾四次到访哈佛燕京图书馆,并接受吴氏委托分别完成了三项工作:通过审核原书,从原普通古籍中遴选善本;浏览并考察馆藏善本的原目录记录和其他编目相关资料,并完成对这些目录质量的评估报告,交与吴文津;按照吴文津的要求,撰写与馆藏套印本相关的论文。通过这些工作,沈氏得以对哈佛燕京图书馆的馆藏情况尤其是善本收藏情况有一个基本了解,并据此完成了《哈佛燕京访书记》,于香港《明报月刊》1987年第6—9期连载。据沈氏口述,每次《哈佛燕京访书记》连载更新,吴文津都赞赏有加,且给予评论,双方对对方的认识都得到了进一步加深。

沈津的学养才华同样引起了吴文津的注意,获得了他的青睐,故而吴氏通过哈佛燕京学社,邀请沈津做正式的访问学者,并启动了一项馆藏古籍整理的重要工作:"做个比较详细的中文善本目录"(《吴传》第221页)。沈津仅用一年时间即完成初稿,为"哈佛模式"的建立奠定了基础。为了实现编制高质量中文善本书目的目标,吴文津积极争取到了专项经费,并延请沈津出任善本室主任,在编纂善本书目的同时,开始作为哈佛燕京图书馆藏书的专门工作人员协助校内外学者及研究生利用馆藏古籍。

沈氏在哈佛的工作也得到了国内古籍工作与研究领域的泰斗顾廷龙先生的高度赞同与支持,他在信中也肯定了吴文津先生对于北美东亚图书馆与汉籍管理事业的热忱与专业:"吴延请您去哈佛,编撰书志,他有见地,亦能识人,为事业着想。忠于事业之人,最可钦仰。"[16]事实也是如此,对于哈佛燕京图书馆中文善本书目录的形式,吴文津是有自己的想法的:编写一部王重民《中国善本书提要》一样的书志。沈津则在肯定王氏提要学术价值和历史意义的同时,提出作为悬居海外的汉籍收藏中心,哈佛燕京图书馆的书志应更为深刻地揭示古籍的内涵,比如"作者是什么人,为什么写这本书,书里面的内容,这本书有什么特点,流传的情况等"(《吴传》第226页)。这些诉求体现了沈氏对书志的定位不仅在于扩写与详写卡片目录,更在于对古籍作深入的学术性挖掘。这些看法得到了吴文津的认可与首肯,他鼓励沈氏自行把握撰写书志的具体时间安排和内容形式,"哈佛模式"的基本形式与特征即由此确立。

哈佛燕京图书馆古籍善本书志具体编纂工作的展开在北美古籍编目史上也颇有代表性。据沈津口述,吴文津对他的书志工作给予了全力支持,为其创造了良好条件。首先,吴文津保障了沈津拥有相对宽松且独立的时空条件,用以从事馆藏古籍善本书志的撰写工作。其次,吴文津帮助沈津获取书志撰写所必需的古籍、工具书和参考文献。可以说,在沈津创造"哈佛模式"的过程中,吴文津扮演了非常重要的角色。

四、结语

王婉迪所作《吴传》全景呈现了吴文津、雷颂平夫妇的一生,为北美华人移民史研究、北美汉学发展史研究、北美东亚图书馆发展史研究等提供了一个既典型又特殊的案例。吴文津的职业生涯虽不专以中文古籍为中心，但却与哈佛燕京图书馆藏中文古籍乃至整个北美地区所藏中文古籍的整理与研究关系密切。从古籍保护的视角研读《吴传》，可以窥见吴氏作为海外古籍保护工作的领导者之一，是以何种方式介入其中，并最终为海外古籍编目整理与书志撰写模式创新提供助力的。

附记：本文未及刊行，忽惊闻噩耗，先生于2022年8月2日遽归道山，享年一百岁整。泰山其颓，哲人其萎，然薪火不绝，风范长在。吴先生在世时曾通过王婉迪女史寄语笔者，表达对书评的期待。后学晚辈不胜惶恐，仅以拙稿呈与吴夫人雷颂平女士，聊表哀思。吴夫人多有谬赞，并于先生追思会上呈列拙稿，作为字祭。此亦为万里书缘绵续不绝之一证。

（凌一鸣，天津师范大学古籍保护研究院讲师）

参考文献：

[1]谢欢.《书剑万里缘：吴文津雷颂平合传》评述[J].高校图书馆工作,2021,41(4):3.
[2]陈毓贤.洪业传[M].北京：商务印书馆,2013:10.
[3]余英时.从传统到现代：中国研究在美国的转向[J].读书,2014(7):90-98.
[4]汤罡辉.哈佛燕京图书馆发展中文馆藏的历程及启示[J].图书馆,2011(6):44-47.
[5]吴文津,张寒露.北美东亚图书馆的发展[J].图书情报知识,2011(2):4-12.
[6]吴文津.哈佛燕京图书馆简史及其中国典籍收藏概况[J].国学,2017(2):455-470.
[7]吴文津.哈佛大学燕京图书馆中国古籍[J].国学,2019(1):470-480.
[8]吴文津.美国东亚图书馆收藏中国典籍之缘起与现状[J].国学,2018(1):473-489.
[9]吴文津.美国东亚图书馆发展史及其他[M].台北：联经事业股份有限公司,2016.
[10]程焕文.裘开明简介[M]//程焕文.裘开明年谱[M].桂林：广西师范大学出版社.2008:1.
[11]司马朝军.善本书志的"沈氏模式"[M]//司马朝军.国故新衡.武汉：武汉大学出版社,2018:200.
[12]沈津.《美国哈佛大学哈佛燕京图书馆藏中文善本书志》编纂访谈记[M]//沈津.书海扬舲录.桂林：广西师范大学出版社,2016:274.
[13]骆伟.序三[M]//沈津.中国珍稀古籍善本书录.桂林：广西师范大学出版社,2006:序6.
[14]戴程志,罗志欢."哈佛模式"对我国中文善本书志编撰的启示：附中外图书馆中文善本书志知见录[C]/程焕文,沈津,王蕾.2014年中文古籍整理与版本目录学国际学术研讨会论文集：下册.桂林：广西师范大学出版社,2015:476.
[15]严佐之."哈佛模式"：关于美藏汉籍目录现状的思考：兼评《美国哈佛大学哈佛燕京图书馆中文善本书志》[J].书目季刊,2001(2):11-19.
[16]沈津.顾廷龙年谱[M].上海：上海古籍出版社,2004:776.

> 研究生论坛

中美两版《国会图书馆藏中国善本书录》的分类与体例研究①

A Study on the Classification and Style of the Chinese and American Versions of *A Descriptive Catalog of Rare Chinese Books in the Library of Congress*

王子怡　王泽丰

摘　要：20世纪40年代，王重民为美国国会图书馆所藏中国古籍善本编撰目录，后经袁同礼重新校订修改，于1957年出版，即为学人所熟知的《国会图书馆藏中国善本书录》。实际上，王重民本人所校订的版本早在1948年就已由北京大学出版组印行，但并不完整。本文对比袁同礼校订出版后的书录与北京大学出版组的清样，从分类与著录体例两个层面加以比对，考察两部《国会图书馆藏中国善本书录》的编纂特点。从总体来说，在目录分类和著录体例上，袁同礼校订出版的书录较王重民原稿有一定程度的简化。

关键词：王重民；《国会图书馆藏中国善本书录》；《四库全书总目》；海外古籍编目

1939年8月到1947年2月，著名目录学家王重民（1903—1975）受国立北平图书馆指派，由洛克菲勒基金会资助，作为美国国会图书馆东方部的访问馆员，为该馆东方部整理所藏中国古籍善本，并撰写了千余种馆藏中文善本古籍的提要[1]43-54。这部分提要后来以《国会图书馆藏中国善本书录》的题名出版，也曾收入《中国善本书提要》之中。

《国会图书馆藏中国善本书录》作为王重民所编撰的首部海外馆藏中国古籍善本提要体目录，是王重民目录学成就的突出代表，具有重要的学术价值。不

---

① 本文为国家社科基金一般项目"王重民生平与学术思想研究"（19BTQ054）研究成果之一。

过,这一部重要的海外古籍提要目录的出版情况较为复杂,本文拟初步比较中美两个版本《国会图书馆藏中国善本书录》的分类与体例情况,以期加深学界对王重民先生这一重要著作的认识。

一、《国会图书馆藏中国善本书录》的出版情况

王重民整理鉴定美国国会图书馆馆藏中国善本古籍并撰写提要,其成果必然要公布于世。早在1942年,美国国会图书馆就开始考虑《国会图书馆藏中国善本书录》的出版事宜,但由于美国出版机构处理汉字有许多困难,最后决定将出版工作放在中国进行[2]。1947年,王重民携手稿回国[3],美国国会图书馆仅留存一份手稿的缩微胶卷。

1948年,在王重民的安排下,北京大学出版组开始排印出版《国会图书馆藏中国善本书录》,原计划印行12册,但未能印完,只装成8册清样一份,现存于北京大学图书馆。长期以来,此清样不为人所知,姚伯岳《北京大学图书馆新发现的三部王重民先生原藏线装书》一文是对此清样唯一的介绍。文中指出:"《国会图书馆藏中国善本书录》的清样共8卷8册1函,按经史子集部类编排,经部1卷1册,史部3卷3册,子部3卷3册,集部仅存1卷1册,截止于明万历间刻本《栖碧先生黄杨集三卷补遗一卷》,未印完,共著录美国国会图书馆藏中国善本古籍1268种,15552册。"[4]

1949年后,美国国会图书馆与王重民失去联系,遂让当时在该馆任职的原国立北平图书馆馆长袁同礼以王重民手稿的缩微胶卷为基础,校订提要、齐整体例。该目录手稿经刘启贤誊清,于1957年由美国国会图书馆在华盛顿影印出版,装为2册,分经史子集4卷依次排列,共著录善本1777种,书后附补遗、著者索引与书名索引。1972年台北文海出版社、2014年广西师范大学出版社先后据该书影印出版《美国国会图书馆藏中国善本书录》。此外,1983年出版的《中国善本书提要》中也包含了王重民为美国国会图书馆善本古籍撰写的提要。

综上,《国会图书馆藏中国善本书录》的内容曾数次出版面世,其中袁同礼的校订本与《中国善本书提要》较易得见。然而,北京大学出版组印行的清样(下或简称"北大本")当更符合作者的原意。经比对,此清样与袁同礼校订、整理的版本(下或简称"袁本")在目录分类、著录体例上存在一定的差异。以下将整理分析北大本与袁本之间的差异,以考察《国会图书馆藏中国善本书录》的编纂特点。

二、中美两版《国会图书馆藏中国善本书录》的分类异同

王重民在《论〈四库全书总目〉》一文中指出:"在《四库全书总目》刊布以前,各种目录,尤其是私人藏书目录的分类和编排是极其紊乱的,自从《四库全书总目》开始流通之后,一个最显著的影响,就是在目录分类上很快都按照《四库全书总目》的分类体系去做了。"[5] 王重民本人的目录编纂也多沿用《四库全书总目》的分类体系,《国会图书馆藏中国善本书录》亦然。

值得注意的是,《国会图书馆藏中国善本书录》的具体分类,尤其是二级类目、三级类目的设置,与《四库全书总目》并不完全相同。北大本与袁本的分类也存在一定的差异。本节将以《四库全书总目》为参照,比较北大本、袁本的分类异同。

从整体上看,北大本设置部、类、属三级类目,袁本则不设置三级类目。同时,二者在二级类目的设置上也有细微差异。考虑到北大本的集部不完整,且集部的分类相对单纯,故以下依次讨论经、史、子三部的分类异同。

(一)经部

下以表格对比经部的分类异同。

表1 经部对照表

《四库全书总目》		北大本		袁本
易类		易类		易类
书类		书类		书类
诗类		诗类		诗类
礼类	周礼之属、仪礼之属、礼记之属、三礼通义之属、通礼之属、杂礼书之属	礼类		礼类
春秋类		春秋类		春秋类
孝经类				孝经类
五经总义类		五经总义类		五经总义类
四书类		四书类		四书类
乐类		乐类		乐类
小学类	训诂之属、字书之属、韵书之属	小学类	训诂字书之属①、韵书之属	小学类

---

① 相较《四库全书总目》,北大本将经部小学类下的训诂之属与字书之属,合并为训诂字书之属,实质并无区别。

就二级分类而言,北大本不设置"孝经类",而袁本则补充设置。

袁本孝经类下仅著录一部《孝经衍义》(四十七卷,张能鳞辑,抄本)。北大本子部儒家类著录此书。

从题名上看,《孝经衍义》或当归入孝经类,而王重民却将其置于子部儒家类。王重民录《孝经衍义》后序于提要之后:

　　……臣(张能鳞)以为《孝经》之古与今注疏之真与伪,俱不必置辨,独慨然于此经之缺陷者,在未得其义而衍之耳。夫《大学》一书,格物致知修身齐家,真西山德秀既衍之于前,而治国平天下,丘琼山濬又补之于后,合宋、明两大儒衍之而《大学》之义始备。……臣是以窃比先儒,聊申管见,总十八章,分四大则:一曰孝序,即《开宗》首章,本末始终之序也;一曰孝统,即《天子》以下五章,自天子以至于庶人之统也;一曰孝治,即《三才章》《孝治章》《圣治章》,括其义而约之孝治也;一曰孝行,即《纪孝行》以下九章,统谓之孝行也。……[6]2

由此可知,张能鳞所辑《孝经衍义》撰著宗旨类似于真德秀《大学衍义》、邱濬《大学衍义补》。且王重民在提要中还指出:"今持是书稿本与康熙百卷本(《御定孝经衍义》)相校,观其取材分类,不能不疑张英、韩菼等曾据是书为蓝本也。"[6]2 可知此《孝经衍义》应为《御定孝经衍义》修撰时所据的蓝本。《四库全书总目》将《御定孝经衍义》及《大学衍义》《大学衍义补》均置于子部儒家类(类似的还有夏良胜《中庸衍义》)。王重民当据此将《孝经衍义》归入子部儒家类中。

综上,国会图书馆馆藏善本中几乎没有涉及《孝经》的经学著作,故王重民不设此类。而袁本调整分类,补上了这一缺口,但又不宜有类无书,故移《孝经衍义》于此。

(二)史部

《四库全书总目》史部分为15类,《国会图书馆藏中国善本书录》承之。北大本分类与《四库全书总目》的差异主要在三级类目上。

表2　史部对照表

《四库全书总目》	北大本	袁本
正史类	正史类	正史类
编年类	编年类	编年类
纪事本末类	纪事本末类	纪事本末类
别史类	别史类	别史类

(续表)

《四库全书总目》		北大本		袁本
杂史类		杂史类		杂史类
诏令奏议类	诏令之属、奏议之属	诏令奏议类	诏令之属、奏议别集之属、奏议总集之属	诏令奏议类
传记类	圣贤之属、名人之属、总录之属、杂录之属、别录之属	传记类	先圣先贤之属、总传之属、分传年谱之属、列女之属、考试题名之属、族谱之属、杂录之属	传记类
史钞类		史钞类		史钞类
载记类		载记类		载记类
时令类		时令类		时令类
地理类	宫殿疏之属、总志之属、都会郡县之属、河渠之属、边防之属、山川之属、古迹之属、杂记之属、游记之属、外纪之属	地理类	总志之属、分志之属、舆图之属、名山之属、河渠湖泊之属、名胜古迹之属、边防海防之属、外纪之属	地理类
职官类	官制之属、官箴之属	职官类		职官类
政书类	通制之属、典礼之属、邦计之属、军政之属、法令之属、考工之属	政书类	通制之属、典礼之属、军政之属、法令之属、考工之属	政书类
目录类	经籍之属、金石之属	目录类	经籍之属、金石之属	目录类
史评类		史评类		史评类

由表2可见，二者的差异在于诏令奏议类、传记类、地理类的子类设置，下逐一分析。

1. 诏令奏议类

王重民析奏议之属为奏议别集之属、奏议总集之属。

就类名而言，王重民借鉴集部别集和总集的分类方式，将奏议分为收录个人奏议的奏议别集之属，与收录多人奏议的奏议总集之属两类。从本质上看，这一做法并非新创，而是继承自《四库全书总目》。《四库全书总目》中，奏议之属下的书目呈奏议专集与奏议总集两部分先后排列，每部分书目后以小字标注"以上专集"或"以上总集"，以示区分。在奏议专集后有按语云："以上所录皆以奏议自为一集者。其或编入文集之中,则仍著录于集部。"[7]1522 可见奏议专集为个人奏议的汇集。奏议总集之下虽无按语说明,但就收录书籍的内容来看,当为多人奏议的汇集,与奏议专集相对①。王重民将奏议专集改为奏议别集,实质上并无差别②。

此外,《四库全书总目》对诏令同样也做了诏令专集与诏令总集的区分,而北大本却无此细分。

2. 传记类

北大本传记类下分先圣先贤之属、总传之属、分传年谱之属、列女之属、考试题名之属、族谱之属、杂录之属,相较于《四库全书总目》,除杂录之属相同外,其他均有所变动。

《四库全书总目》史部传记类小序对其三级类目的设置有所说明:

> 纪事始者,称传记始黄帝,此道家野言也。……诸家著录,体例相同。其参错混淆,亦如一轨。今略为区别。一曰圣贤,如孔孟年谱之类。二曰名人,如《魏郑公谏录》之类。三曰总录,如《列女传》之类。四曰杂录,如《骖鸾录》之类。其杜大圭《碑传琬琰集》、苏天爵《名臣事略》诸书,虽无传记之名,亦各核其实,依类编入。至安禄山、黄巢、刘豫诸书,既不能遽削其名,亦未可薰莸同器。则从叛臣诸传附载史末之例,自为一类,谓之曰别录。[7]1561

下逐一考察王重民对史部传记类的三级分类设置。

其一,《四库全书总目》圣贤之属收录孔孟年谱之类的书籍,北大本先圣先贤之属的收录范围与之相同。二者仅仅是名称有所不同。

其二,北大本的总传之属、列女之属、考试题名之属与族谱之属实际上是对《四库全书总目》总录之属的细分。《四库全书总目》在总录之属后有按语云:

> 案:合众人之事为一书,亦传类也。其源出《史记》之《儒林》《游侠》《循吏》《货殖》《刺客》诸传。其别自为一书,则成于刘向之《列女传》。《册府元龟》有"总录"之目,今取以名之。[7]1603

以此言之,《四库全书总目》总录之属收录众人之事载于一书的书籍,其中包括专门记女性的书籍。王重民则将专门记女性的书籍析出,单独成一属。

此外,《四库全书总目》总录之属中亦包含登科录,如《宝祐四年登科录》;以

---

① 《四库全书总目》以降,《续通志·艺文志略》中亦承此做法。
② 《四库全书总目》集部对别集类有所说明:"案:诸史著录,但有别集、总集之分。《文献通考》始于别集之内析出诗集、歌词、奏议三门。考奏议皆关国政,宜与诏令并为一类,不宜列之于集。……今移奏议入史部,而别集、诗集则不复区分。"由此可见,奏议曾被归入别集之中,也是收录个人奏议,与奏议专集之意相似。王重民可能是考虑到奏议曾归入别集类,故改奏议专集为奏议别集,其本质并没有改变。

及族谱,如《王谢世家》①。王重民将这两类书析出,单独设属。这一做法也有先例可循。清代徐乾学《传是楼书目》就已在史部单独设科第类与家谱类。

总传指"合众人之事为一书"。北大本也已析出列女、考试题名、族谱三类。故可以看出北大本的总传之属,其类名和收录范围与《四库全书总目》的总录之属有所不同。

其三,北大本分传年谱之属与《四库全书总目》名人之属可相对应。《四库全书总目》名人之属收录书籍既包含人物传记,如《东方类语》《丰清敏遗事》②,又包含年谱,如《杜工部年谱》《朱子年谱》。北大本分传年谱之属下书籍亦包含这两类。从所收录的书籍来看,二者无明显差别,只是三级类名略有不同。

《四库全书总目》对名人之属的范畴有过说明:

> 案:此门所录,大抵名世之英,与文章道德之士也。不曰名臣而曰名人者,其中或苦节卓行,而山林终老;或风流文采,而功业无闻。概曰名臣,殊乖其实。统以有闻于后之称,庶为兼括之通词尔。[7]1573

可以看出,《四库全书总目》因这一三级类目收录的都是记录"有闻于后"之人的书籍,故谓之"名人之属",并非局限于庙堂。而王重民则从三级类目下收录有人物传记与年谱两类书籍的角度出发,来设置三级类名。在王重民之前就已有类似的命名方式,如张之洞《书目答问》史部谱录类下设有姓名年谱之属。

除此之外,《四库全书总目》传记类下设专门收录"叛臣"传记的别录之属,带有明显的时代局限性,故王重民将其删去。

3. 地理类

北大本史部地理类下设总志之属、分志之属、舆图之属、名山之属、河渠湖泊之属、名胜古迹之属、边防海防之属、外纪之属。其中除总志之属与外纪之属与《四库全书总目》三级类目设置相同外,其余均有所变动。

对比北大本与《四库全书总目》地理类各三级类目下所收录的书籍,可以看出北大本地理类下所变动的部分依然与《四库全书总目》有联系。王重民依据收录书籍的情况,对部分类别的名称进行了调整,具体情况如表3所示。

---

① 《王谢世家》三十卷,明韩昌箕撰,考南朝王、谢二家人物,各为之传。
② 《东方类语》,明朱维陛撰,类聚汉东方朔事迹。《丰清敏遗事》,宋李朴撰,编次礼部尚书丰稷事迹。

表 3　史部地理类对照表

《四库全书总目》	北大本
都会郡县之属、杂记之属	分志之属
河渠之属、山川之属、游记之属	河渠湖泊之属、名山之属
古迹之属	名胜古迹之属
边防之属	边防海防之属

　　王重民扩展了《四库全书总目》中"都会郡县之属"的范围，并将类名改作"分志之属"。具体来看，分志之属除收录各郡、县、府的方志外，还包含了《四库全书总目》中收录在杂记之属下的书籍，如《桂海虞衡志》《泉南杂志》①。"分志之属"应与"总志之属"对应。前文提到的奏议别集之属与奏议总集之属、总传之属与分传年谱之属，都是以这种"总—专"对应的方式来设置分类。

　　北大本河渠湖泊之属、名山之属，对应《四库全书总目》河渠之属、山川之属与游记之属。王重民将《四库全书总目》的河渠之属、山川之属、游记之属进行拆分，将《四库全书总目》山川之属中记录湖泊的书籍析出，与河渠之属合并为"河渠湖泊之属"；又将山川之属下记名山的书籍与游记之属下记游山的书籍析出，并入"名山之属"②。

　　北大本名胜古迹之属、边防海防之属，分别对应《四库全书总目》古迹之属、边防之属。《四库全书总目》古迹之属下包含记名胜的书《洛阳伽蓝记》《洛阳名园记》，北大本名胜古迹之属下收录③；边防之属下包含记海防的书籍《筹海图编》《两浙海防类考续编》，北大本置入边防海防之属下④。可见《四库全书总目》古迹之属、边防之属同北大本名胜古迹之属与边防海防之属并无本质差别。

　　除表3所示可与《四库全书总目》史部地理类对照的各类之外，北大本史部地理类增设舆图之属。根据其中收录书籍来看，是将《四库全书总目》总志之属

---

①　《桂海虞衡志》一卷，宋吴郡范成大纪、明新安吴琯校，自序云："凡所登临之处与风物土宜，方志所未载者，萃为一书。蛮陬绝徼，见闻可纪者，亦附着之。"《泉南杂志》二卷，檇李、陈懋仁、无功著，记泉南山川、古迹、禽鱼、花木及郡县事实。

②　例如《四库全书总目》山川之属下的《西湖游览志》，河渠之属下的《东吴水利考》《河防一览》《北河纪》，在北大本中收入河渠湖泊之属；《四库全书总目》山川之属下的《普陀山志》《嵩书》，游记之属下的《古今游名山记》，在北大本中收入名山之属。

③　国会图书馆藏《洛阳伽蓝记》五卷，魏杨衒之撰；《洛阳名园记》一卷，原题"宋华州李廌撰，明东吴毛晋订"。

④　国会图书馆藏《筹海图编》十三卷，明少保新安胡宗宪辑议，曾孙庠生胡维极重校，孙举人胡灯、胡鸣冈、胡阶庆全删；《两浙海防类考续编》十卷，明范涞辑。

下记舆图的书籍单独析出成一属①。

(三)子部

相较于《四库全书总目》，两版《国会图书馆藏中国善本书录》在杂家类后、类书类前增设丛书类。同时，北大本改子部小说家类为小说类，三级分类也较《四库全书总目》有所改动，如表4所示。

表4 子部对照表

《四库全书总目》		北大本		袁本
儒家类		儒家类		儒家类
兵家类		兵家类		兵家类
法家类		法家类		法家类
农家类		农家类		农家类
医家类		医家类	医书之属、本草之属	医家类
天文算法类	推步之属、算书之属	天文算法类	历日之属、算书之属	天文算法类
术数类	数学之属、占候之属、相宅相墓之属、占卜之属、命书相书之属、阴阳五行之属、杂技术之属	术数类	数学之属、占候之属、相宅相墓之属、占卜之属、杂技术之属	术数类
艺术类	书画之属、琴谱之属、篆刻之属、杂技之属	艺术类	书画之属、琴谱之属、篆刻之属、杂技之属、食谱之属	艺术类
谱录类	器物之属、食物之属、草木鸟兽虫鱼之属	谱录类	器物之属、草木鸟兽虫鱼之属	谱录类
杂家类	杂学之属、杂考之属、杂说之属、杂品之属、杂纂之属、杂编之属	杂家类	杂考之属、杂说之属、杂纂之属、杂编之属	杂家类
		丛书类		丛书类
类书类		类书类		类书类
小说家类	杂事之属、异闻之属、琐语之属	小说类	旧小说之属、传奇之属、通俗小说之属	小说家类
释家类		释家类		释家类
道家类		道家类		道家类

---

① 《四库全书总目》中总志之属下收录有《历代地理指掌图》与《今古舆地图》，北大本舆图之属下亦收录此两种书籍。

1. 丛书类

将丛书单独摘出设为子部一类，最早可追溯到明代祁承煠《澹生堂藏书目》，祁氏对丛书的范围进行了初步的划定："聚书家之目为国朝史、为经子杂史、为经汇、为子汇、为说汇、为杂集、为汇集，计七则。"[8]

明清时期，随着种类不断增加，丛书显现出独立于四部之外的趋势。清末张之洞《书目答问》首次将丛书增设为经、史、子、集四部之外的第五部，并指出："丛书最便学者，为其一部之中可该群籍，搜残存佚为功尤巨，欲多读古书，非买丛书不可，其中经史子集皆有，势难隶于四部，故别为类。"[9]叶德辉《书林清话》则从内容及实际使用情况方面对丛书的范围进行了划定，即"丛书举四部之书而并括之，诚为便于购求之事"[10]。可见丛书的主要特点在于所收子目众多，且内容涉及广泛。《国会图书馆藏中国善本书录》应是继承清末目录的思路，顺应丛书不断增多的趋势，故而在子部增设丛书类。

2. 小说类

《四库全书总目》子部小说家类小序称："迹其流别，凡有三派，其一叙述杂事，其一记录异闻，其一缀辑琐语也。"[7]3560 而北大本小说类分为旧小说之属、传奇之属、通俗小说之属。对比《四库全书总目》小说家类与《国会图书馆藏中国善本书录》小说类收录的书籍，可以看出北大本收录了《四库全书总目》中不收录的通俗小说，并改"小说家类"为"小说类"，并没有参考《四库全书总目》的分类方式，而是依据书籍体裁重新分类。而袁本不涉及三级分类，故再改为"小说家类"，与《四库全书总目》保持一致。

3. 三级分类

北大本子部三级分类与《四库全书总目》的区别主要集中在医家类、艺术类和谱录类之下。其余三级类目，均是根据书籍的收录情况进行了类别的删减，无本质变化。下对医家类、艺术类和谱录类的三级分类变化分别论述。

北大本医家类下设医书之属、本草之属。北大本医书下的书籍在《中国善本书提要》中归入医经中，可见"医书"与"医经"本质上无异。王重民应是结合《四库全书总目》的分类，将医家类细分为医书之属与本草之属。

北大本艺术类在书画之属、琴谱之属、篆刻之属、杂技之属外增加食谱之属。谱录类分为器物之属与草木鸟兽虫鱼之属。北大本的"艺术类食谱之属"位于该书谱录类最末，其中收录《茶董》一书。《四库全书总目》也已指出，食谱应归入谱录类下：

案：《齐民要术》备载饮食烹饪之法，故后之类于是者，悉入农家，其实贾思勰所言,间阎日用之常耳。至于天厨珍膳,方州贡品,连而入之,则非农家所有事矣。故诸书有可连类及者,书仪可附《礼》之类是也;有不可连类及者,曲韵不可附《小学》之类是也。今于近似农家者并改隶谱录,俾均不失其实焉。[7]2980

且《中国善本书提要》食谱之属亦在谱录类下,袁本也将北大本食谱之属下的书籍归入谱录类,故推测可能是北大本本身的疏误,将"谱录类食谱之属"误作"艺术类食谱之属"。

以上分析了中美两版《国会图书馆藏中国善本书录》的分类。总体来看,《国会图书馆藏中国善本书录》的分类承袭《四库全书总目》,但在三级分类上有一定的调整。为人所熟知的袁本《国会图书馆藏中国善本书录》却省略三级分类,未能充分反映王重民的本意。

三、中美两版《国会图书馆藏中国善本书录》的体例

北大本与袁本《国会图书馆藏中国善本书录》的著录体例也有所不同。北大本和袁本均无凡例,于此可参考《中国善本书提要》著录规则中对提要撰写的说明:

> 本书提要重在版本记述,故多录校刻者或刻书故实。所据底本与各本之同异,刻本之优缺点,以及刻工姓名、刻书地方及收藏印记等;有时亦兼述著者事迹和图书内容。[11]

可知,王重民撰写的提要更加侧重书籍版本,而非特别关注书籍内容、学术观点,涉及书籍内容的文字也多为揭示书籍的版本信息。下面以《国会图书馆藏中国善本书录》经部易类《周易本义》四卷为例,揭示北大本与袁本提要撰写的差异。

北大本作:

> 明嘉靖间刻本[十一行二十三字(16.8×11.4)] 3/3a V A132.72 C42
>
> 明成矩编。矩字叔度,长洲人,永乐十八年举人,官奉化教谕。其书即编于是时,为明代士子所习用。《四库全书》于朱子《本义》,既依宋刻十二卷本著录,复附矩书四卷于后,则以清代仍沿用故也。已详《提要》。[文渊阁于成氏《本义》另撰一提要,次朱本后。]朱彝尊《经义考》卷三十一云:"……"后遂无闻。沿至今日,今是书原刻本久佚,即明刻亦已不易得。此本卷末有"嘉靖甲午孟冬崇仁书堂新刊"牌记,卷端有洪常序,盖即从洪序本出也。兹录洪序于后:……[6]2

袁本作(内容相同处省略):

  明嘉靖间刻本[十一行二十三字]

  明成矩编。……沿至今日,是书原刻本久佚,即明刻亦不易得。此本卷末有"嘉靖甲午孟冬崇仁书堂新刊"牌记,卷端有洪常序,盖即从洪序本出也。[12]

通过对比,可知王重民注重与版本相关信息的记录,包括题名、卷数、行款、版框、作者、印记、序跋。这一点为后续出版的《中国善本书提要》所继承。而袁同礼对王重民的原初著录格式有所简化,删去书籍的版框尺寸、提要辑录的前人题记、序跋及书籍在国会图书馆的索书号。此外,北大本与袁本的提要内容虽有个别字词不同,但文义基本一致。

再者,《四库全书总目》从本质上可以视作丛书的提要目录,故不涉及书籍的不同版本问题。而《国会图书馆藏中国善本书录》是馆藏目录,必然涉及同一书的不同版本。王重民的处理方式是,将不同的版本全部列出,第一部提要较为详细,后续的从简。一般情况下仅仅记录版本、作者、序跋。对于不同版本之间的差异,则作额外的说明。

四、结语

本文讨论了中美两种版本的《国会图书馆藏中国善本书录》的分类与体例。总体来看,袁同礼的校订对王重民的原稿都有一定程度的简化。

《国会图书馆藏中国善本书录》对于海外古籍的整理与保护有重要的历史意义。美国国会图书馆作为世界上最大的图书馆,同时是海外中文古籍收藏规模最大的机构之一。《美国国会图书馆藏中文善本书续录》的作者范邦瑾指出:"王重民编著《美国国会图书馆藏中国善本书录》乃是对美国国会图书馆截至1947年所藏中文善本古籍的一次总结,经多次重印翻印,对我国古籍版本目录学影响颇大,居功甚伟。"[13]同时,王重民整理研究国会图书馆藏的中国古籍善本,也为早期海外古籍保护做出了贡献。向辉指出:"王重民夜以继日,全力以赴对这些古籍逐一展卷调查,并一一著录在案,撰写古籍提要1600余篇,拟题《美国国会图书馆所藏善本书录》,为此后该馆出版善本书录打下了基础。"[1]43-54

目前学界对于《国会图书馆藏中国善本书录》的认识多以袁同礼的校订本为主。本文主要关注北京大学出版组印行的清样,力求揭示《国会图书馆藏中国善本书录》的原初样貌,希望能对今后的研究有所帮助。

(王子怡,天津中医药大学图书馆助理馆员;王泽丰,天津师范大学历史文化学院古籍修复与出版方向硕士研究生)

参考文献：

[1] 向辉. 王重民先生 1939—1949 年的古籍保护实践[G]//《古籍保护研究》编委会. 古籍保护研究：第 4 辑. 郑州：大象出版社,2019.

[2] 王泽丰. 浅析《美国国会图书馆藏中国善本书目》[D]. 天津：天津师范大学,2021：2.

[3] 李墨. 王重民年谱[D]. 保定：河北大学,2008：53.

[4] 姚伯岳. 北京大学图书馆新发现的三部王重民先生原藏线装书[G]//沈乃文. 版本目录学研究：第 5 辑. 北京：北京大学出版社,2014：103-112.

[5] 王重民. 论《四库全书总目》[J]. 北京大学学报(哲学社会科学版),1964(2)：74.

[6] 王重民. 国会图书馆藏中国善本书目[M]. 北京：北京大学出版组,1948.

[7] 纪昀. 四库全书总目提要[M]. 石家庄：河北人民出版社,2000.

[8] 祁承㸁. 澹生堂藏书目[M]. 商丘：宋氏漫堂抄本.

[9] 张之洞. 书目答问补正[M]. 北京：中华书局,2018：267.

[10] 叶德辉. 书林清话外二种[M]. 漆永祥,点校. 北京：北京联合出版公司,2018：272.

[11] 王重民. 中国善本书提要[M]. 上海：上海古籍出版社,1983：编辑说明 1.

[12] 王重民. 美国国会图书馆藏中国善本书录[M]. 袁同礼,校. 台北：文海出版社,1983：2-3.

[13] 范邦瑾. 世界最大图书馆的中文善本书[J]. 博览群书,2012(8)：42-45.

编后记

王振良

2021年11月,"中华古籍资源库"全面开放,约10万部(件)古籍实现统一检索免费阅览,古籍的传播和利用效率大大提升,保护成果全民共享得到最大限度的实现。在这样的背景下,《古籍保护研究》完成了第十辑的编辑。本辑共刊出稿件17篇,分别纳入10个栏目。

"古籍保护综述"栏目刊文1篇。计思诚、张云湘《云南省藏文古籍保护工作调研报告》统计,云南省现存藏文古籍17000多册(件)。为了更好地开展相关保护工作,云南省图书馆2020年5月对迪庆藏族自治州藏文古籍公藏单位进行全面调研,通过实地考察与调查问卷相结合的方式,从藏文古籍保护现状、藏文古籍修复成果和保护宣传推广情况、完成课题项目及出版成果几方面,厘清并掌握了保护工作情况,为藏文古籍保护工作深入开展打下基础。

"普查与编目"栏目刊文3篇。鲍国强《善本家谱序跋与出版年考订》认为,家谱序跋与出版年关系密切,但需要分析考订具体情况。家谱的前序、后序、跋文、世系、传记、识语、付梓、告文、谱号、手书及谱外等资料,均可证实序跋所系年代是否为出版年。在序跋与出版年关系考订中,应正确处理序跋与全谱、修谱与刊谱、谱成与书成、付梓与梓竣的相互关系。这一认知对考察确定家谱出版年代至关重要。董桂存编译的韩国金正贤《"四书五经"书目关系的FRBR应用研究》,以书目关系类型为基础,利用韩国国立中央图书馆网站OPAC系统,抽取

2940 件有关"四书五经"书目记录作为样本,进行书目关系特性实证分析,同时开展 FRBR 在"四书五经"上的应用研究,结果显示在关联作品中对原作品进行解说、译注或翻译的次数最多。在"四书五经"FRBR 应用方案中,文章建议导入"超级作品"概念并应用 RDA 规范检索点,同时列举了在 630 字段以主题标目描述统一标题的范例。此文虽为个案研究,但具有一定普遍意义。张磊《书画文献在四部分类体系中的部类演变——兼谈书画史传著作的归类问题》,通过对历代书目中书画类目的部属调整和收录内容的梳理,明确子部艺术类书画之属的收录范围,认为主要内容应包括与书画有关的理论、史传、品评、著录、谱帖等方面。针对书画史传著作在各种书目中归类不一问题,文章从著作体例和类表设置两方面进行了具体分析并提出解决方案。

"修复与装潢"栏目刊文 4 篇。张黎俐、许卫红《四川大学图书馆藏三册清人手迹文献的修复》,以四川大学图书馆藏三册清人手迹文献修复实施过程为例,针对修复前、中、后期所遇到的困难及应注意的问题,结合修复过程中出现的实际情况,探讨了手迹类文献的修复方法与保护措施,并对修复重点和难点进行了梳理总结,可为同类文献修复提供参考。邢雅梅《〈退想斋日记〉修复保护述略》认为,该日记作为山西学者刘大鹏重要著述,跨度长达半个世纪,内容翔实,史料珍贵。但因破损严重,不能充分利用,修复迫在眉睫。文章记录了日记修复的详细过程,通过对原有装帧形式、破损状况、病害类型、用纸特点及黏合剂使用情况的研判,确定并实践了有针对性的修复方案,对类似情况的古籍修复具有参照意义。臧春华《桐城派珍稀古籍修复研究二则》,针对桐城派女诗人张令仪《蠹窗诗集》、桐城派学者姚鼐编《敬敷书院课读四书文》两书存在的霉蚀粘连、糟朽腐蚀等严重破损现状,经局部加固和整页加托,恢复了书册平整度,文字内容和版框信息也得以较好保留。此项研究对修复霉蚀粘连和酸化破碎严重古籍具有借鉴意义。徐晓静《试论古籍修复的"上门服务"》提出,古籍保护事业近年取得巨大进展,但仍有部分古籍存藏单位不具备修复能力,缺少古籍修复专业人员,因此需要借助外援满足古籍修复和保护的需求。文章以中国书店古籍修复中心近年承接的古籍修复业务为例,介绍了在古籍不便出馆修复情况下开展"上门服务"的过程,并分享了驻场修复的体会和经验。

"再生与传播"栏目刊文 1 篇。陈东辉《〈两浙藏书志辑刊〉前言》指出,浙江地区藏书志约占近现代全国藏书志总数一半,极具代表性和学术价值。为了给研究者提供便利,特汇辑为《两浙藏书志辑刊》影印出版。文章对收入辑刊的《善本书室藏书志》《八千卷楼藏书志》《皕宋楼藏书志》《抱经楼藏书志》《适园藏书志》《传书堂藏书志》《约园藏书志》《文瑞楼藏书志》《武林妙赏楼藏书志》等九部书的内容和价值，作了简明扼要的介绍。

"人才培养"栏目刊文1篇。唐亚《图书馆学本科专业古籍修复课程建设的探索与实践——以贵州民族大学为例》认为，在条件允许的情况下，图书馆学本科专业应开展古籍保护教育，而古籍修复课程则是其中重要组成部分。文章以贵州民族大学图书馆学本科专业为例，从教学目标、教学方式、课程内容等方面论述了该校在古籍修复课程建设方面的探索与实践，同时提出切实可行的人才培养方案：传递古籍保护理念，激发学生兴趣；培养专业过硬、人员充足的教学团队；推进教学内容及方法的规范化和前沿化；丰富课程人文内涵，以古籍修复为载体传播典籍文化。

"史事与人物"栏目刊文1篇。潘超《1923年中国对日本东京大学捐赠古籍活动考——以日本外务省赈灾档案为线索》指出，1923年日本关东大地震发生后，中华民国的高校、图书馆、慈善协会及热心人士，向馆藏损毁严重的日本东京大学图书馆捐赠图书15000余册，其中广东筹赈日灾总会所捐7000余册古籍文献价值较高。文章依据日本外务省赈灾档案，复原了中国历史上首次参与国际图书援助事业的过程和细节，有助于我们认知近代以来中华古籍流布海外的背景情况。

"名家谈古籍"栏目刊文1篇。李致忠先生《宋代的出版管理与宋人的版权意识》，在梳理阐释《宋会要辑稿》《宋九朝编年备要》《庆元条法事类》中记载的宋代有关出版管理法律的基础上，举例论述了宋代官、私、坊刻书中体现的宋人版权意识。具体分为三种情况：一是官雕书籍版片许人出纸墨钱赁版刷印，如国子监雕印《说文解字》；二是雕造官署发布雕印某书所用成本，加上赁版费，先行印好，而后出卖，如南宋淳熙三年舒州公使库刊本《大易粹言》；三是私宅刻书出版向监司申请版权保护，如《丛桂毛诗集解》《东都事略》《方舆胜览》等。

"版本与鉴赏"栏目刊文3篇。裘振濮、秦帮兴《钱谦益〈重编义勇武安王集〉稿本考论》通过考察该书稿本提出四点发现：一是该书为钱谦益手稿，钱氏身后由顾湄、陈奂等递藏；二是确定该书始编于清顺治十八年（1661），分为三卷；三是主要文献来源为元胡琦著《关王事迹》与明吕柟著《义勇武安王集》，另有钱氏搜集的正史、杂剧、小说等材料；四是结合明末清初历史背景与钱氏的出处选择，可知其编纂此书不但是为了表明心志，更重要的是想宣扬忠义观念，鼓舞抗清势力的斗志。周余姣、汪明杰、杨效雷《〈张皋文笺易诠全集〉考略》指出，张惠言这部全集作为清代自著丛书，常见题名为《张皋文笺易诠全集》，但作者发现内封题名作《张皋文笺易注全集》。而从"诠""注"一字之差出发,进一步发现该丛书还有《笺易注元室遗书》《茗柯全书》等题名。文章考察分析了三种题名的丛书子目及其存藏、刊刻、流传情况,有利于世人了解张惠言之学术,对汉易和清易研究有参考价值。杨健《马叙伦藏书题跋补录》辑录北京师范大学图书馆所庋马叙伦藏书题跋九则并作了笺释。题跋内容涉及马氏藏书来源、购书经历、师友交往等,对研究其生平、交谊、藏书、治学等有一定史料价值。

"书评与书话"栏目刊文1篇。凌一鸣《吴文津的古籍书缘——兼评〈书剑万里缘:吴文津雷颂平合传〉》,认为王婉迪为北美华人图书馆学家吴文津及夫人雷颂平所作的合传以时间为明线,以"情"为暗线,详述了传主夫妇一生经历。本书虽未刻意强调吴文津的学术研究成就,但通过其言行从不同侧面彰显了其学者本色,从而反映出吴氏对北美汉籍收藏、整理、研究事业的卓越贡献,特别是他对沈津先生的引进与任用,直接催生了古籍书志"哈佛模式"的诞生。吴文津先生对美国东亚图书馆事业与中文书籍研究贡献卓越,为学界所公认,堪称北美华人图书馆界的领军人物之一。王婉迪为其伉俪撰写合传后,专门通过姚伯岳教授委托我刊组织撰写学术书评。编辑部成员凌一鸣曾有赴美访学经历,对吴先生学行素怀向往,故请缨承担此任。书评完成后未及刊行,吴文津先生于2022年8月2日以百岁高龄遽归道山。本刊谨以此书评向这位前辈致以深切的敬意与怀念。

"研究生论坛"栏目刊文1篇。王子怡、王泽丰《中美两版〈国会图书馆藏中国善本书录〉的分类与体例研究》,对比研究了20世纪40年代王重民所撰《国会图书馆藏中国善本书录》两种版本:1948年北京大学出版组印行的王重民校订本、1957年出版的袁同礼校订本。文章从分类与著录体例两个层面考察了王著的编纂特点,得出在目录分类和著录体例上,袁订本对王重民原稿均进行了一定程度简化的结论。

行文临近收束,还有两件事必须要谈。

一是天津师范大学历史文化学院考古与博物馆系系主任杨效雷教授,于2022年1月15日突发心脏病辞世,年仅55岁。杨老师不但对天津师范大学古籍保护方向人才培养和学科建设贡献卓著,而且不惮烦琐多次担任《古籍保护研究》审稿人。十余年前参加"津门读书会",我与杨老师多有交集。后来虽然见面不多,但于其行藏不时得闻,公认是学术江湖中难得的好人。本辑恰有一篇杨老师与两名弟子合作的文稿,可算作对杨老师的一点纪念!

二是从下一辑开始,《古籍保护研究》将移至国家图书馆出版社出版。我们极为怀念与大象出版社共同走过的时光,甚至可说没有"大象"的鼎力相助,就不会有《古籍保护研究》的问世。感谢大象出版社前社长王刘纯先生、现社长汪林中先生、副总编辑张前进先生,他们对《古籍保护研究》的出版给予了持续的支持与关照。更要感谢本刊的编辑与校对人员,他们高超的业务水平和严谨认真甚至苛刻的编校态度,使《古籍保护研究》一直保持着很高的编校水准,令我们编辑部全体同仁感佩铭心。

王振良

2022 年 9 月 26 日

征稿启事

《古籍保护研究》集刊的编辑出版,旨在推行"中华古籍保护计划",为古籍保护工作者搭建一个古籍保护工作与研究成果的交流平台,广泛宣传古籍保护工作的重要意义,总结先进工作经验,及时发表古籍保护研究成果,推进古籍保护工作与学科建设向纵深发展。

本刊由国家古籍保护中心主办,自2015年底到2018年底共出版三辑。自2019年第四辑起,由国家古籍保护中心主办、天津师范大学古籍保护研究院承办,刊期半年,分别于每年3月31日、9月30日前由大象出版社出版,每辑约25万字。

本刊设定栏目为"古籍保护综述、探索与交流、普查与编目、修复与装潢、保藏与利用、再生与传播、人才培养、史事与人物、名家谈古籍、版本与鉴赏、书评与书话、研究生论坛、古籍保护大事记"等。敬希广大古籍保护工作者、专家学者及古籍爱好者垂注并赐稿。

一、稿件要求

1. 稿件必须为原创,要求观点明确,层次清楚,结构严谨,文风朴实。

2. 篇幅一般在1万字以内,有关古籍保护方面的重要工作综述、重要研究成果和特邀稿件不受此限。

3. 论文层级一般为三级,采用"一、(一)、1"的形式。文章结构为:文章标题(附英文标题)、作者姓名、摘要(100~300字)、关键词(3~5个,用分号间隔)、正文、参考文献、作者介绍。

4. 文章标题用三号宋体加黑,居左;作者姓名用小四号仿宋,居左;摘要、关键词用楷体,居左。正文用五号宋体,1.5倍行距;小标题加黑,居左空2格。

5.参考文献列于文后,请按《信息与文献　参考文献著录规则》(GB/T 7714—2015)要求标注。

6.注释采用页下注的形式,每页重新编号,均用圈码(①②③……)表示。

7.所有来稿请提供作者基本信息,包括姓名、工作单位、职称或职务、联系地址、邮政编码、电子邮箱、电话号码。

二、投稿事宜

1.请登录本刊网站(https://gjbh.cbpt.cnki.net),在页面左下方的"作者投稿系统"登录个人账户(首次投稿须注册),完成"导航式投稿"或"一步式投稿",投稿后可随时查阅审稿进程。

2.来稿将在2个月内得到录用或退稿答复;如无答复,作者可转投他刊。

3.来稿一般采用双向匿名外审制度,本刊将为作者保守个人信息。

4.来稿一经刊用,即按本刊标准支付稿酬,出版后另寄赠样书2册。

5.本刊已被中国知网、维普资讯收录,正式出版后所有文章可在中国知网内下载。

三、联系方式

联系人:周余姣　凌一鸣

电话:022-23767301

邮箱:gjbhyj2018@163.com

地址:天津市西青区宾水西道393号天津师范大学古籍保护研究院

邮编:300387

《古籍保护研究》编辑部

2022年9月26日